KB210801

불자로 산다는 것

불자로 산다는 것

행복한 삶으로 이끄는 현대 불교생활백서

도일
지음

불광출판사

서문

한국의 승단에서 크고 작은 아름답지 못한 일들이 발생할 때마다 우리는 율장정신의 회복을 말하곤 한다. 그러다가 시간이 지나면 그러한 주장들은 금세 잊혀져버린다.

수행생활의 근본은 계율이다. 나아가 선지식이 없는 곳에서는 계율이 스승도 된다. 오늘날처럼 물질이 풍부하고 모든 것이 편리한 세상에서 올곧은 수행자의 길을 걷고자 한다면 계율을 잘 배우고 지키는 것만이 바른 방법이다.

계율에 대하여 부정적인 견해를 갖는 수행자는 곧 불법을 부정하는 것과 같다. 부처님께서는 개인의 깨달음도 중요하게 생각하셨지만 승가 공동체의 체계와 질서를 더욱 중요하게 여기셨다. 비구가 의무적으로 5년 동안 계율을 배우고 익혀야 할 까닭은 네 가지의 목적 때문이다. 첫째는 승가의 화합을 위하고, 둘째는 깨달음을 위해서고, 셋째는 세속의 비난을 피하며, 넷째는 불법이 오래 머물기 위함이다.

불법의 완성은 계·정·혜 삼학을 통해서 가능하다. 계율이 없는 선정과 지혜는 두 다리만 있는 솥과 같다. 우리는 그동안 참선과 경학에만 치중하면서 계율은 소홀히 여겼다. 계율의 회복은 곧 불교를 번성하게 하는 열쇠이다. 따라서 미래불교의 결과는 계율의 토대 위에서 완성된다. 그러므로 한국의 승단이 가야 할 길은 다름 아닌 율장에 의거한 수행의 삶뿐이다. 왜냐하면 출가자는 그 목표가 세속적인 것에 있지 않고 삼학을 성취하여 중생을 구제하는 데 있기 때문이다.

이 글들은 송광사 율원에서 10여 년을 지내는 동안 송광사 사보에 기고했던 것이다. 율장을 연찬할수록 승가를 위한 부처님의 마음이 깊이 느껴졌고, 여러 이유를 대며 따르지 못하는 자신에 대해 한없는 부끄러움을 느꼈다. 이 글들은 계율에 대한 내용을 쉽게 풀어서 알리려고 쓴 것이지만, 한편으로는 내 자신의 공부를 위함이었다.

묻혀질 뻔한 이 글들이 단행본으로 간행될 수 있었던 것은 송광사 중현 스님의 공덕이다. 이 글들을 말미암아서 계율에 관심을 가지고 율장을 가까이하는 사람이 있다면 중현 스님이 애쓴 보람이 있을 것이다.

율원 소임을 보는 동안 큰 울타리가 되어주신 범일보성 방장스님께 존경의 예를 올린다. 그리고 물심양면으로 도와주신 율주 지현 스님과 늘 따뜻이 대해주셨던 송광사 스님들께도 지면을 빌어 감사의 뜻을 전하고자 한다. 잘 읽히지 않을 이 책을 기꺼이 출판해주신 불광출판사 여러분들께도 고마움을 표한다.

2015년 5월 부처님오신날을 앞두고
참괴두타 도일 화남(和南)

목차

1장
승가에 살어리랏다

2장
불자로 살어리랏다

3장
불자의 의식주 생활양식

4장
현대사회에서의 불교적 삶

1 ─ 승가에 살어리랏다

머리 깎고 중이나 될까?

승가(僧伽, Sangha)는 출가자 4인 이상이 모여서 이루어지는 수행 공동체이다. 그러므로 한 사람의 스님으로는 승가라고 부를 수 없다. 그러나 승가를 구성하는 수행자 개인의 중요성은 아무리 강조해도 지나치지 않다. 사회에서 흔히 삶이 고될 때 "머리 깎고 중이나 될까" 하는 말을 하곤 하는데, 이것은 스님이 되는 것이 얼마나 어려운지 모르고 하는 소리이다. 머리를 깎는다고 다 스님노릇을 할 수 있는 것은 아니다.

스님이 되려면 우선 자신이 의지해서 출가할 수 있도록 해주는 출가 화상(흔히 은사스님으로 부른다)을 구하여야 한다. 다음으로는 스님으로서 적합한지를 판정하는 갈마(羯磨)를 거쳐, 10인 이상의 스님들이 증명하는 가운데 구족계를 받아야 스님으로 인정이 된다. 스님들이 많지 않은 나라인 경우에는 5인의 계가 청정한 스님만으로 구족계를 받을 수 있다.

"중이 제 머리 못 깎는다"라는 말 역시 실제로 머리를 혼자 깎을 수 없다는 뜻이 아니다. 스님이 되려면 위와 같이 은사스님을 비롯하여 계를 주는 계사스님, 갈마하는 스님, 그리고 증명하는 스님들이 갖추어져서 법대로 수계를 받아야 비로소 머리를 제대로 깎은 셈이 된다는 말이다. 출가(出家)라는 말은 집을 떠나와 세속을 버렸다는 뜻이고, 득도(得度)하였다는 말은 원래는 구족계를 받았다는 의미인데 지금은 사미계만 받아도 득도하였다고 칭하기도 한다. '득도(得度)'는 승니(僧尼)로서 수계의식을 하여 불교로 건너왔다는 의미이다. 도를 얻었다는 '득도(得道)'와는 다른 뜻이므로 혼동해서는 안 된다.

수계의식은 말을 알아들을 수 있는 중생이면 누구나 다 받을 수 있는 보살계, 남성에게 해당되는 비구계, 여성에게 해당되는 비구니계(비구계·비구니계를 구족계라고 한다), 비구니가 되기 전에 받는 식차마나니계, 20세 미만의 어린 남자에게 주는 사미계, 20세 미만의 어린 여자에게 주는 사미니계, 재가신도에게 주는 우바새계, 팔관재일에 주는 팔관계 등 여러 가지로 나누어져 있다. 이 가운데 가장 중요한 것은 구족계로서, 일반적으로 신도가 이 의식에 참여하지는 않지만 남방불교권에서는 신심 깊은 불자들이 참관하는 일도 있다.

보살계는 스님과 신도가 함께 받는 수계의식이다. 대승불교권인 우리나라에서는 해마다 각 사찰에서 행해지는 중요한 의식이며, 구족계의 의식과는 다소 다르다. 구족계가 여러 가지 계 가운데 먼저인 것은 비구 승단이 가장 먼저 생기고, 이어서 비구니 승단이 생겼기 때문이다. 보살 계는 대승불교가 발달하면서 생겨났기 때문에 부처님이 제정하신 계율 은 아니다. 그러므로 보살계에는 부처님이 만드신 구족계 계목에는 없는 것이 제정되어 있으며 좀 더 광범위한 내용으로 이루어져 있다. 비구가 되는 구족계는 역사가 거듭되면서 발전해 왔다. 구족계는 다음과 같은 몇 가지 종류가 있음을 율장(律藏)을 통해 발견할 수 있다.

첫째는 부처님께서 처음 법을 설하였을 때의 다섯 제자, 그리고 야사 비구와 그의 친구들에게 주신 구족계이다. 아무런 의식없이 '에히 빅쿠 (Ehi bhikku)', 즉 '잘 오너라 비구여'라고 하면 곧 계가 이루어진다.

두 번째는 부처님께서 비구스님들이 비구계를 줄 수 있도록 허락하 셨는데, 이때는 팔리어로 삼귀의를 따라하면 비구가 되었다.

세 번째는 매우 특수한 경우로서, 부처님 생애에 단 한 번만 있었다. 부처님께서 가섭 존자에게 말씀하시기를 "가섭이여, 너는 높은 가문에 태어나서 자존심이 큰 사람이다. 그래서 나이가 많은 이거나 적은 이거 나 중간이거나를 떠나, 같이 지내는 대중에게 크게 부끄러워할 것이 있 는 것처럼 수행해야 한다."라고 하셨다. 가섭은 부처님의 이 말씀만으로 비구가 되었는데, 이와 같이 비구가 된 사람은 그가 유일하다.

네 번째는 일곱 살의 동자가 비구가 된 경우이다. '소빠까'라는 아이 가 출가하기를 원하자 부처님께서는 다음과 같은 질문을 하셨다. "부풀은 시체를 생각하는 것과 몸이라는 생각, 이 두 가지의 문법과 뜻이 다르다고 생각하느냐? 그렇지 않으면 뜻은 같고 문법만 다르다고 생각하느냐?" 소빠까는 이러한 부처님의 질문에 자세하게 대답하였고, 부처님께서는 비구가 되는 것을 허락하셨다.

다섯 번째는 의지할 곳 없던 '라다'라는 바라문이 비구가 되려고 함에, 한 번 고하고 세 번을 공표하는 의식(백사갈마)을 행한 뒤 교단에 들어오는 것을 제정하게 되었다. 이 의식은 지금까지 남방에서 지켜져 내려오며 이때 계를 주는 스님이 계율의 전문을 일러주기도 한다.

여섯 번째는 따로 비구니계를 받지 않고 팔경법(八敬法)만 받아들이고 비구니가 된 이로서, 부처님을 키워준 '마하파사파제'이다. 마하파사파제가 비구니계를 받지 않아 비구니 승단에서 말이 많았으나, 부처님께서 "팔경법만으로 이미 비구니가 되었다"고 말씀하셨다.

일곱 번째는 비구니가 되려면 비구 승가와 비구니 승가에서 네 번씩, 합하여 모두 여덟 번(두 번의 백사갈마)의 수계 받는 의식을 읽어야 비구니가 될 수 있다. 현재 이 제도는 남방에서는 사라졌으며, 우리나라에서는 백사갈마 없이 비구니 승가와 비구 승가에서 한 번씩 통일된 의식을 하고 있다.

구족계 수계는 이와 같이 일곱 가지 방법으로 시행되었다. 오늘날 한국에서 비구가 되려면, 행자생활을 거치고 4년여를 사미로 수행한 연후에 비로소 구족계를 받게 된다.

남방에서는 한 가정에서 비구가 나오는 것을 크나큰 경사로 생각하며, 대대적인 잔치를 벌인다. 비구는 삼보로서 중생의 복전이 되고 세간의 지혜가 되기 때문에, 그만큼 축하하며 공경하게 되는 것이다. 심지어 태국 같은 나라에서는 남자라면 누구나 출가를 해서 승가 속에서 지내는 것을 당연하게 여기며, 사회생활을 할 때에도 출가를 경험했었다는 사실은 매우 중요한 이력으로 취급된다.

우리 주변의 불자들은 스님들의 삶에 존경심을 가지면서도 정작 자신들의 자녀가 출가의 길을 걸으려 하면 극구 반대하는 것을 적지 않게 볼 수 있다. 이것은 출가에 가치를 두지 않았던 조선시대 유교적 성향이 뿌리 깊게 작용하는 것이다. 가톨릭 신자들은 자신의 아들이 신부가 되려 하면 매우 환영하는 분위기인데 반해, 불자들의 이러한 생각은 불교의 가르침을 제대로 이해하지 못하고 있다는 것을 단적으로 보여주는 것이다.

삼국시대에는 화랑이나 스님이 되는 것이 남자의 길이라 생각할 정도였고, 고려 때에는 왕자를 비롯한 귀족의 출가가 성행할 만큼 사회적으로 존경받는 길이었다. 가까운 일본은 불교가 우리와 달리 결혼하는 제도를 가지고 있지만, 스님들의 비중은 상당히 높으며 출가에 대한 호감이 여전하다.

청정한 출가인이 많아질수록 사회나 국가가 청정해지는 것은 당연한 일이다. 『수호국계주경(守護國界主經)』에 보살은 스스로 삼보의 씨를 계승할 뿐 아니라 다시 중생으로 하여금 불·법·승을 계승하여 끊어짐이 없게 한다고 하였다. 좋은 출가자를 배양하는 것은 승가뿐만 아니라 인류의 미래를 위해서도 필요한 일이다.

불자로 산다는 것

사미, 스님인 듯 스님 아닌

_{沙彌}

        총림을 비롯한 비교적 규모가 큰 사찰들은 전통강원을 운영하고 있다. 강원은 예로부터 일대시교(一代時教)라고 부르는 부처님의 가르침을 전반적으로 배우는 것을 위주로 한다. 현재 강원의 교육은 4년제로서 2년은 장차 스님으로서 필요한 신심과 위의 그리고 한국과 중국의 선종사상(특히 간화선)에 대한 기본 이해를 배우고, 나머지 2년은 대승경전을 다루게 된다.

        강원은 가장 전통적인 방법으로 스님의 자세를 익히는 곳이지만, 강원마다 각기 조금씩 다른 특색을 가지고 있기도 하다. 갓 출가한 스님들을 위한 교육기관으로 중앙승가대학이나 동국대학 등이 있지만 전통적

대중생활을 영위하며 수도자의 기본을 익힐 수 있는 곳은 아무래도 강원을 꼽지 않을 수 없다.

강원의 주된 인원은 사미(沙彌)로 이루어져 있다. 스님들이 가장 많이 모여 사는 총림들도 실제로 정식 스님인 비구(比丘)의 숫자보다 예비 스님들인 사미가 과반수 이상 차지하는 것이 현실이다. 교육시설이 있는 큰 사찰에 비구의 수보다 사미의 수가 많은 것은 불교를 숭상하는 여러 나라 가운데 유독 한국에서만 있는 현상이다.

사미의 기원은 부처님께서 자신의 아들인 라후라를 출가시킴으로써 비롯되었다. 즉 비구계를 받기에는 어린 나이이므로 예비스님의 신분으로 두었던 것인데, 사미라는 단어도 '부지런히 채찍질한다' 혹은 '악행을 그치고 원적(열반)을 찾는다'는 의미를 가지고 있다.

사미는 20세 이하의 출가자에게만 해당되는데 어리더라도 일을 감당할 만한 나이가 되어야 사미가 될 자격을 얻는다. 즉 비록 작은 일이라도 무엇인가를 할 수 있어야 출가할 수 있는데, 이것은 비구에게도 해당되어 70세가 된 노인도 자신을 스스로 돌볼 수 있어야 출가할 수 있다.

『마하승기율(摩訶僧祇律)』에 의하면 가장 어린 사미의 연령은 7세다. 이때는 밭에 있는 까마귀라도 쫓을 수 있다고 해서 구오사미(驅烏沙彌)라고 하며 13세까지 해당된다. 두 번째로 능히 불법을 공부할 수 있는 연령이라고 해서 응법사미(應法沙彌)라고 일컬으며 14세에서 19세까지이다. 세 번째는 20세가 넘어 출가하는 이를 부르는 것으로, 사미가 될 연령을 초과했으나 아직 구족계를 받지 않았으므로 이름만 사미라는 의미인 명

자사미(名字沙彌)이다.

따라서 대계(大戒)라 부르는 구족계(具足戒)를 받기 전에는 사미라고 부르며 사미에게는 10가지 지켜야 할 계목(戒目)이 주어진다. 또 사미에게는 일상적으로 해야 하는 14가지 일[十四事]과 72가지의 위의[七十二威儀]에 관한 규칙이 있다. 이처럼 율법에 따라 사미계를 받아 사미가 된 사람을 법동사미(法同沙彌)라 하는데 이것은 법답게 사미가 되었다는 뜻이다. 그리고 머리를 깎고 있으면서 아직 사미계를 받지 않은 사람을 형동사미(形同沙彌)라 부르는데 즉 형상만 사미와 같다는 뜻이다.

우리나라에서는 삭발은 하되 사미계를 받지 않은 사람을 행자(行者)라고 하는데 이것은 중국적 표현이다. 사미의 좌차(座次)는 비구와 달리 출가한 햇수로 정하는 것이 아니라 세속의 나이로 그 순서를 정하며, 나이가 같을 때만 출가한 순서로 위아래를 정하게 된다.

여성으로 20세 미만에 출가한 이를 사미니(沙彌尼)라 하는데 사미와 동일한 계목을 지켜야 한다. 『사분율(四分律)』에 따르면 18세 이하의 미혼 여성은 사미니가 된 뒤 2년간의 식차마나(式叉摩那)의 시간을 가져야 하며, 10세 이후에 결혼하였다가 사미니가 되었다면 역시 2년간의 식차마나의 단계를 거쳐야 한다. 이처럼 식차마나로서 2년을 보내는 것은 조혼(早婚)의 풍습이 있는 인도에서 임신한 채 출가하는 일을 막으려고 생겨난 제도이다.

모든 율장에는 20세가 넘은 남녀가 출가를 하면 곧바로 구족계를 주어 비구(비구니)가 될 수 있다. 그러나 우리나라에서는 연령에 관계없이 의무적으로 4년을 사미(사미니)로 있어야 하며, 4급 승가고시를 통과해야 구족계를 받을 수 있는 자격이 주어진다.

율장대로라면 비구의 자격으로 출가하더라도 기본 교육을 6년 거쳐야 한다는 조항이 있기 때문에, 기본교육 제도와 교사(敎師)만 잘 갖추면 굳이 긴 사미기간을 거치지 않아도 부처님이 제정하신 그대로 승가전통을 유지할 수 있다.

한국을 비롯한 북방의 불교는 대승을 표방하며 사미계와 비구계에 더하여 보살계를 받도록 되어 있다. 보살계는 출가자와 재가자를 가리지 않고 받게 되며 스님들은 구족계와 함께 받게 된다. 부처님 당시에는 출가하는 그 순간 구족계를 받았지만, 지금은 형동사미(행자)를 거쳐 사미가 되었다가 구족계를 얻게 된다.

이 제도는 20세 이상이면 바로 구족계를 설해주어야 하는 율장의 규칙에 어긋나기 때문에 중국은 삼단대계(三壇大戒)라는 제도를 만들어 수계제도를 보완하고 있다. 삼단은 곧 사미계단, 비구계단, 보살계단을 일컫는다. 수계를 할 때 이 세 가지를 한꺼번에 하든가 그렇지 않으면 일주일, 늦어도 석 달 내에는 모든 계를 받게 하는 제도이다.

구족계를 받은 스님들이 지켜야 하는 바라제목차(波羅提木叉)에는 구족계를 받지 않은 이들과 포살(布薩, 보름마다 스님들이 모여 계율을 암송하고 지은 허물을 참회하는 의식)은 물론 경전을 함께 독송하는 것도 금하고 있으며, 사미와 같이 지내는 것도 이틀 밤 이상은 허락되지 않는다. 이것을 범하는 것은 바일제(波逸提, 계율의 죄명으로 범하면 대중에게 참회해야 한

불자로 산다는 것

다)의 죄에 해당된다. 비구와 사미는 이처럼 기본 생활에서 함께 할 수 없는 것들이 있다.

사미로서 지내는 강원 생활은 승단 일원으로서의 역할을 배우기도 하지만, 구족계를 받기 전에는 비구나 승가를 상대로 어떠한 형태의 갈마도 할 수가 없다. 사미에게는 율장에서 요구하는 규칙 외에 중국이나 한국에서 제정된 여러 가지 율의(律儀)가 있다. 다시 말해 남방불교권에서는 전혀 적용되지 않는 법이 북방불교권에서는 제도화된 것이 많이 있다.

신라의 충담 스님은 경덕왕의 요청에 의해 '안민가(安民歌)'라는 백성을 편안하게 할 수 있는 노래를 지어주었다. 그 노래의 마지막 구절은 '임금답게 신하답게 백성답게 할지면 나라 안은 태평하리라'로 끝을 맺고 있다. 바로 자신의 위치와 본분을 아는 것이 평안과 조화가 될 수 있다는 뜻이다.

마찬가지로 승단 역시 율장에 의거하여 제때 수계를 받아 사미와 비구가 정해진 교육을 받고, 비구는 비구답고 사미는 사미다울 때 승단이 승단다울 수 있는 것이다. 아무리 우리가 만든 제도가 뛰어나다 하더라도 부처님께서 제정하신 법은 넘어설 수 없으니, 그 까닭은 수행자를 기르기 위한 제도로서 출세간(出世間)의 율법보다 더 이상적인 것은 없기 때문이다.

식차마나의 2년

　　불교에서 출가한 사람을 분류하면 모두 다섯 종류가 되는데 비구, 비구니, 식차마나, 사미, 사미니로 구성되어 있으며 이를 출가오중(出家五衆)이라고 한다. 그러나 출가하였다고 모두 스님은 아니며, 스님이라고 불리는 출가자는 오직 비구와 비구니인데 이를 이부승(二部僧)이라 한다. 따라서 출가오중 가운데 식차마나, 사미, 사미니는 그 명칭 그대로 불러야 한다. 왜냐하면 아직 승가에 들어오지 않은 이는 스님이라고 불러서는 안 되기 때문이다.

　　불자들이 흔히 범하는 오류 가운데 행자를 행자스님이라고 하는 것도 일단 출가하여 옷을 갈아입으면 모두 스님인 양 생각하기 때문이다.

　　　　　　　불자로 산다는 것

사미나 사미니도 사실은 스님이라는 존칭을 붙이면 안 되지만 얼마 뒤에 구족계를 받기 때문에 존중해서 그렇게 부르고 있는 것이다.

출가오중 가운데 식차마나라는 이름이 있는데 절에 오래 다닌 불자라도 어떤 신분인지 잘 모르는 경우가 많다. 식차마나는 여성출가자에게만 해당되며 남성출가자는 이러한 신분이 없다. 여성출가자는 비구니, 식차마나, 사미니로 이루어져 있는데 식차마나는 비구니가 되기 바로 전단계의 출가자이다.

식차는 학(學), 마나는 법녀(法女)라는 뜻으로 식차마나는 '학법녀(學法女)' 즉 법을 배우는 여자라는 말이다. 여성출가자가 식차마나로 있는 기간은 2년인데, 이 기간 동안 앞으로 비구니로 살아가기 위해 세 가지 법을 배우게 된다.

첫째는 근본율법을 익혀야 하는데 비구니의 팔바라이(八波羅夷)가 그것이다. 바라이는 구족계를 받은 비구·비구니가 반드시 준수해야 하는 가장 무거운 근본계율이다. 이것을 어기는 사람은 마치 목숨을 잃은 사람처럼 비구·비구니의 신분을 잃게 되어 다시는 회복되지 않는다. 바라이 계목은 비구 4가지, 비구니 8가지가 있다. 식차마나는 8가지 바라이를 잘 배우고 익혀야 한다.

둘째로 식차마나는 6법을 익혀야 한다. 6법은 사미니계나 비구니 바라이계와도 비슷한 점이 있으나 적용되는 범위가 다르다. 식차마나 6법이란 남자와 접촉하는 것〔摩觸〕, 4전을 훔치는 것〔盜四錢〕, 축생을 죽이는 것〔殺畜〕, 작은 거짓말을 하는 것〔小妄〕, 때 아닌 때 먹는 것〔非時食〕, 술을 먹는 것[飮酒] 등이다. 이 6법 중 비구니계에서는 4전을 훔치는 것, 축생을 죽이는 것과 작은 거짓말이나 때 아닌 때 먹는 것, 그리고 술을 먹는 것은 바라이에 해당되지 않는다. 다만 남자와 접촉하는 계는 바라이로 취급된다.

셋째는 일체의 비구니 행(行), 즉 계율을 미리 배우는 것이다. 막상 비구니가 되어서 율법을 몰라 수행자답지 않은 행위를 하는 일이 없도록 사전에 잘 교육하는 데 그 목적이 있다.

식차마나 6법의 특징은 위의 사항을 범하더라도 멸빈(승적 박탈)되지는 않고 참회의 기회를 주는 것이다. 다시 말해 비구니계보다 낮은 것을 배우게 하여 점차로 큰 계율을 익혀나가게 한 것이다. 2,500여 년 전 인도여성들의 배움이나 처지를 고려해 본다면, 이처럼 점차적인 방법으로 수행자다운 면모를 갖추어 나가게 배려한 것은 부처님의 깊은 자비가 있다고 생각한다. 식차마나가 6법을 범했을 경우에 그 범한 시점을 시작으로 다시 2년간 수학해야 한다.

모든 계에는 계체(戒體)라는 것이 있다. 계체는 계를 받은 뒤 그 계가 자신의 몸과 마음에 일치되는 것을 말한다. 비유하면 약을 먹고 난 뒤 그 약이 몸속에 스며들어 필요한 부분에 작용하는 것과 같다. 비구ㆍ비구니가 받는 구족계의 계체는 승려의 몸으로 죽기 직전까지 유효하며, 누구나 받을 수 있는 보살계의 계체는 세세생생에 그 효력이 있다.

구족계의 계체가 왜 일생 동안만 효력이 있는가 하면, 금생에는 승려로 살더라도 내생까지 스님이 된다는 보장이 없기 때문이다. 이에 반해 보살계를 한번 받으면 다음 생에 어떠한 모습의 몸을 받더라도 그 계체는 살아있고 스스로 버리기 전까지는 성불에 이르도록 계체의 효력이 있다.

사미계 · 사미니계 역시 계체가 있으며 그 시효는 사미·사미니가 끝날 때까지이다. 그런데 유독 식차마나계에는 계체가 성립되지 않으니 그것은 6법이 비구니가 되기 위한 예비계와 같기 때문이다. 6법은 범한다 해도 멸빈이 없고, 참회가 가능하기 때문에 멸빈이 있는 구족계나 사미계 · 사미니계와는 다르다.

식차마나의 2년 기간은 몸을 깨끗하게 하고, 6법은 마음을 깨끗하게 닦는 역할을 한다. 또 한편으로 그 사람이 과연 비구니로 살아갈 수 있는 알맞은 성품과 인내심을 갖고 있는지 살펴보는 기간이 되기도 한다. 『유가사지론(瑜伽師地論)』에는 여인은 번뇌가 많기 때문에 이처럼 점차로 닦아서 계를 받는다고 하였지만, 실제로 식차마나가 생긴 인연을 보면 현실적인 문제 때문인 것을 알 수 있다.

식차마나의 연령은 18세나 10세인데 모두 2년 뒤에 비구니가 될 수 있다. 그러나 현재에는 출가하는 모든 연령의 여성에게 균등하게 식차마나가 적용된다. 처음 식차마나가 제정된 연유는 다음과 같다. 18세 된 여인이 임신한 줄 모르고 출가하였다가 비구니가 된 뒤에 아이를 낳았다. 그 뒤 젖먹이를 데리고 걸식을 갔다가 거사들이 비난하는 말을 들었다. 이에 부처님께서 출가하려는 여성에게 2년간 유예기간을 두어서 임신 여부를 살피라는 법을 제정한 것이 곧 식차마나 법이다.

식차마나 제도는 옛 인도의 조혼풍습에서 기인한다. 그 당시에는 10

세 전후의 어린 여자들이 강제로 시집가는 일이 많았는데 이것은 대체적으로 노동력이 부족한 집안에서 일손을 돕기 위한 것이었다. 율장에 의하면 이런 갓 결혼한 어린 여자가 절에 도망쳐 와서 구족계를 받고 비구니가 되었는데 나중에 그녀의 남편이 알고 곧 찾아와서 데리고 가버렸다. 이 일이 발생한 뒤에 부처님께서는 만약에 10세가량의 여자가 비구니가 되려면 2년의 식차마나 기간을 주어 이러한 문제가 발생하는 일이 없게 제정하셨다. 여자는 10세라도 식차마나 2년이 지나면 비구니가 될 수 있지만, 남자는 반드시 20세가 넘어야 비구가 될 수 있는 것도 크게 다른 점이다.

현대 여성들은 자신의 몸에 일어나는 변화를 잘 알고 있으며 10세에 강제 결혼하는 일도 거의 없다. 그렇지만 식차마나의 제도를 그대로 존속해야 하는 것은 극도로 발달된 물질문명의 편리함 속에 자라난 여성들이 어려운 출가생활을 견딜 수 있도록 유예기간을 두는 것이 필요하기 때문이다. 또 식차마나 기간 동안 율장을 공부한다면 부처님의 가르침에 어긋나지 않는 비구니로 살 수 있다.

식차마나는 비록 짧은 2년이지만 그동안 받는 교육은 삶의 전체를 지배한다. 식차마나를 거치는 기간에 받는 교육은 경전이나 참선보다 6법과 율장을 배우는 것이 더 바람직하고 부처님 가르침에도 위배되지 않는다.

불자로 산다는 것

승가의 자기정화 방식

불교를 오래 신행해온 불자라도 '갈마(羯磨)'라는 단어는 비교적 생소하게 들리는 불교용어이다. 물론 불교용어 가운데 어렵고 생소한 것이 너무나 많기 때문에 어쩌면 당연히 모를 수밖에 없지 않나 하지만, 갈마라는 단어는 '바라밀'이나 '보리'라는 용어처럼 많이 써야 마땅한 단어이다.

갈마는 재가신도에게는 해당되는 경우가 거의 없기 때문에 널리 알려지지 않은 것이지만 승가에서는 일상화되어야 하는 것이다. 그러나 오늘날 승가에서조차 갈마는 몇몇 행사 때 형식적으로 하는 것을 제외하고는, 평소의 생활 속에서는 명칭조차도 거론하지 않는 현실이다. 갈마가 무엇이며 어떻게 하는 것인가를 이해하는 것은 스님이라면 삼보의 일원으로 제대로 사는 법을 아는 것이 되고, 재가신도라면 자신이 귀의하고 있는 승가의 가치가 이것을 통해 형성된다는 것을 확인할 수 있다.

갈마란 본래 인도 말인 카르마(karma)를 중국에서 음사해 한문으로 표기한 것이다. 다시 말해 북방에서 흔히 업(業)이라고 하는 것이 갈마이다. 일반적으로 업이라는 단어를 사용할 때는 몸(身)이나 입(口), 그리고 뜻(意)으로 짓고 있거나 지은 행위를 나타낸다. 하지만 갈마라는 단어를 율장 용어로 사용할 때는 주로 일을 판단하거나(辦事), 행사를 하거나(作事), 불교의 법에 대한 일(作法事)에 사용한다.

일이나 행사 또는 불교의 법이란 수계나 참회에서부터 의복이나 약에 이르기까지 승가의 생활에 관한 거의 모든 일들을 의미한다. 갈마는 이런 일의 과정과 결정을 내리는 것을 말한다. 승가의 생활은 몸과 입, 뜻으로 짓는 업을 갈마라는 방식을 통해 청정하게 하므로, 원래는 단순히 업이라는 뜻의 갈마가 업을 정화하는 법사(法事)로까지 그 의미가 발전된 것이다.

갈마는 크게 법(法), 사(事), 인(人), 계(界) 등 네 가지가 갖추어져야 할 수 있다. 첫째, 법은 참회하거나 갈마하는 법 등 작법(作法)에 관한 것이다. 둘째, 사는 계를 범한 일이나 갈마를 할 만한 일을 말하는 것이니 갈마해야 할 갖지 상황을 의미한다. 셋째, 인이란 갈마를 행할 때 일의 크고 가벼움에 따라 갈마하는 스님들의 수가 정해지는 것을 말한다. 넷째, 계는 갈마하는 장소를 뜻한다. 이 네 가지를 현대적 개념으로 본다면 법은 재판할 수 있는 법조항(헌법)을 말하고, 사는 재판하려는 사안이 되며, 인은 재판에 필요한 인원, 즉 판사와 변호사 등이며, 계는 법을 판결하는 장소인 법원과 같다.

갈마하는 방법으로는 단백갈마(單白羯磨), 백이갈마(白二羯磨), 백사갈마(白四羯磨) 등 세 가지가 있는데, 이것으로 어떠한 갈마라도 할 수 있다. 이 세 종류 갈마를 다시 나누면 134개가 있지만, 실제적으로 사건에 따라 줄어들거나 늘어나기도 하기에 고정된 수는 아니다.

단백갈마는 갈마 가운데 가장 간단한 갈마법으로 사안이 가벼울 때 시행한다. 단백갈마를 하는 방법은 갈마를 받을 비구가 다른 비구를 향해 단 한 번 고백하는 것이다. 단백갈마는 모두 39가지 법이 있다. 백이갈마는 정족수 이상의 스님들 가운데서 한 스님을 뽑아 참주(갈마를 진행하는 스님)로 하고, 갈마를 받을 스님이 참주에게 한 번 고백하면 참주는 대중에게 한 번 공표(公表)하는 갈마법이다. 백이갈마는 57가지 법이 있다.

백사갈마는 사안이 무거운 경우에 하게 되는데, 정족수 이상의 스님들 가운데서 참주를 뽑아서 갈마를 받을 스님이 참주에게 한번 고백하면, 그 스님이 대중스님에게 세 번 공표하는 방법의 갈마법이다. 백사갈마는 38법이 있다.

이 세 가지 갈마법으로 행해지는 비교적 중요한 갈마의 종류는 다음과 같다. 모든 장소(界)를 맺고 푸는 갈마, 스님들의 안거와 자자에 대한 갈마, 안거 때 보름마다 포살설계(布薩說戒)하는 갈마, 죄를 풀어주는 갈마, 옷과 의약 및 발우를 받고 버리는 갈마, 옷을 나눌 때 하는 갈마, 수계

갈마, 외도(타종교인)가 출가하려 할 때 제도하는 갈마 등이 있는데 이 갈마 내에서도 다시 많은 갈마법이 세분되어 있다.

이들 갈마 가운데 승가에서 가장 많이 하는 것은 포살설계하는 갈마와 죄를 풀어주는 갈마이다. 특히 죄를 풀어주는 갈마는 구족계를 깨뜨렸을 때 그 범한 것의 무게에 따라 참회를 하게 한다. 갈마를 마치고 출죄(出罪, 죄에서 벗어남)가 되면 다시 청정이 회복된다. 청정이 회복된 스님의 범계 사실을 다시 들추거나 그 일을 거론하는 사람이 있으면, 말하는 사람이 대중의 갈마를 받아야 할 만큼 완벽하게 죄가 없어지는 것이다.

율장에는 스님들 사이에서 일어날 수 있는 다툼이나 송사를 해결하기 위해 여러 가지 장치를 마련해 두고 있다. 이 가운데 갈마법은 가장 합리적이고 공정한 방식의 해결법이다. 만일 갈마할 때 한 스님이라도 이의가 있으면 그 갈마는 성립되지 않고 이의가 해소될 때까지 기다려야 한다. 오늘날 스님들 사이에 분쟁이 생기면 세속의 법에 호소하여 해결하려는 경우가 많다. 또 난립하고 있는 불교종단들은 앞다투어 자신의 이익에 부합하는 종법을 만들어 율장의 상위개념으로 이를 시행하고 있다. 호법(護法)이나 호계(護戒) 같은 조직을 두어도, 율장대로 갈마하고 처리하지 않으면 이 역시 비불교적인 것은 말할 나위도 없다.

율본(律本)에는 "갈마를 할 때 고백하는 법대로 고백하지 못하고, 갈마법대로 갈마를 하지 못한다면 이것이 점점 정법이 사라지게 되는 것이니, 항상 문구대로 따라서 더하거나 생략하지도 말고 비니법(율법)을 어기지 말며 마땅히 이와 같이 배우라."고 하였다.

갈마는 승가의 공동이익과 청정회복에 그 목적을 두고 있다. 공동이익이란 출가대중의 삶의 방식에 알맞은 제도 위에서 법과 비법을 가려 대중을 편안하게 하는 것이고, 청정회복이란 계를 깨뜨린 사람에게 비난이나 질타보다 참회를 통하여 늘 청정성을 유지할 수 있도록 하는 것이다.

승가가 승가다운 모습으로 존재할 방법은 새로운 제도나 세간적 가치의 모색을 통해서 될 수 있는 것은 아니다. 물론 부분적으로 긍정적인 면이 없지는 않지만, 승가 전체의 통일된 도덕이 확립되고 난 뒤에나 거론될 문제이다. 갈마는 고대의 어떤 제도보다 훌륭한 의결방식이며 자기정화 방법이어서 수행자적 삶의 기준에서 이보다 더 나은 제도가 없다.

민주사회에서 만장일치는 불가능하다고 하지만, 승가는 민주를 위한 목적으로 모인 것이 아니라 해탈이라는 출세간적 목적을 가지고 있기에 갈마를 통한 대중의 일치는 당연한 것이다. 지금처럼 부처님이 만드신 승가라는 교단보다 종단이 더 강조되고 힘을 얻는 것은 역설적으로 갈마를 법답게 행하는 승가가 없기 때문은 아닐까 한다.

승가의 질서유지, 좌차座次

　　　　　어느 사회든지 그 사회가 가지고 있는 고유한 질서가 있고 그 질서를 정하기 위해 상하를 구분한다. 한 가정으로부터 나라에 이르기까지 다양한 형태의 상하 질서를 유지하는 방법이 있다.

　　예컨대 정치를 위한 관리의 직제로 상하를 가리는 경우, 한 지방의 수령으로 부임을 하게 되면 비록 나이가 어리더라도 상석에 앉게 되며, 상석에 앉은 사람은 늘 어른으로 섬김을 받았다. 또 현대의 기업 또한 직제에 따라 상하석이 나누어지게 마련이어서 연령별로 자리 순번을 정하지 않는다. 이러한 직제에 의한 자리배정은 후배라도 능력이 있으면 윗

불자로 산다는 것

자리에 갈 수 있고, 선배라도 말단의 자리에만 맴도는 경우도 있다.

차례에 따라 앉는 자리가 배정되는 것을 불교에서는 좌차(座次)라고 하는데, 세간과 출세간을 떠나 좌차에 대한 문제는 중요한 일이 아닐 수 없다. 부처님께서는 교단의 질서에 대해 매우 엄격한 태도를 취하셨다. 부처님은 승가의 좌차를 출가한 연령인 승랍(僧臘)에 의해 정하시고 어떤 예외도 허용하지 않으셨다. 이것은 바로 어떤 종류든 세속적 계급에 의한 질서를 승가에는 수용하지 않겠다는 의지 때문이었다.

승랍을 세는 방법은 비구로서 매년 여름안거가 지나면 한 살씩 되는 것으로 하였다. 부처님 당시에는 20세 이상이면 바로 비구가 되었기 때문에, 승랍과 비구계 받은 연령이 동일하였다. 그리고 사미는 반드시 20세 미만이라야 하고 승수(僧數, 스님을 세는 수)에 속하지 않기 때문에 승랍을 세지 않았다. 비구가 된 사람은 세속의 지위나 나이를 불문하고 승랍의 순서로 앉아야 했다. 아난다, 아나율, 난타와 같은 귀족들이 자신들의 아만심을 제거하기 위하여 이발사 우파리를 먼저 출가시켜 위 좌차에 앉게 하고 자신들은 아래 좌차에 앉은 것은 유명한 이야기이다. 이러한 출가 순에 따라 좌차를 정하는 것은 그 시행이 간단하면서도 시비가 없다. 가장 출세간다운 질서를 세워 평등을 구현할 수 있는 최상의 방법이다.

한국불교는 오랫동안 억불정책에 의해 승가다운 승가가 존재하지 못하였고, 해방 이후에 비로소 비구승이 모인 종단인 조계종이 출범하였다. 조계종은 선 수행을 종지로 하고 경학과 염불을 아울러 하는 이른바 통불교적인 성향을 가졌으나 계율에 대한 관심은 여타의 것에 비해 미미한 정도였다. 조계종이 1962년에 정식으로 출범한 뒤 1981년에 비구계 단일 계단이 생겼다. 행자교육원은 1991년에 발족되었을 만큼 계단은 느린 걸음을 걷고 있었다.

1981년 이전에 이미 조계종은 사미계를 받고 4년 뒤에 비구계를 받도록 규정하고 있었으나 이것이 제대로 시행되지 않았다. 수계도 본사 단위로 하여 일률적으로 적용할 만한 기준이 없었다. 또한 사미계만 지키기도 어려운데 비구계까지 받을 필요가 있는가 하고 생각하는 스님도 있었고, 수도하는 데 구태여 비구계를 받지 않아도 무방하다는 의식이 깔려있기도 하였다.

이러한 상황 아래서 사미계는 일찍 받았으나 비구계를 늦게 받은 스님이 있는가 하면, 반대로 출가는 늦게 하였지만 비구계를 1~2년 내에 받은 스님도 있어 그 차례가 섞이고 어지러웠다. 당시에 출가한 스님들 가운데 계첩이나 사진, 본사의 기록마저 없는 경우가 있는 것을 보면 얼마나 제도가 미비하였는가를 잘 알 수 있다.

1981년 이후에는 출가한 순서에 따라 비구계를 받은 경우가 상대적으로 많으며, 1991년 행자교육원이 설립되면서 사미계를 받은 뒤 4년 후에 비구계를 받도록 하는 법이 엄격히 적용되었다. 그러나 여전히 사미계만 받으면 승려로 인정하여 승려증을 발급하였다. 이것은 1995년이 되어서야 비로소 사미에게는 사미증을 발급하고, 승려증은 비구계를 받은 사람에 한해서만 주도록 개정되었다. 따라서 종단에는 사미계로 승랍을 세는 스님과 비구계부터 승랍을 세는 스님이 있게 되었는데, 승려증

불자로 산다는 것

에 있는 번호는 곧 승랍을 나타내는 것이다.

좌차를 정할 때 비구수계의 순서로 하는 것이 당연한 것이나, 조계종
은 이러한 복잡한 현실을 안고 있으므로 어떤 잣대로 해야 할지 늘 혼란
스러웠던 것이 사실이다. 비구계 순서로 하면 비구계를 일찍 받은 사제
가 사형 위에 앉을 수 있고, 심지어 비구계를 늦게 받은 은사 위에 상좌
가 앉게 되는 모순도 생길 수 있는 것이다.

또 다른 혼란을 가져오는 좌차가 바로 관료의 형식을 따온 것으로, 이
것은 매우 오랫동안 관행으로 내려온 것이다. 실제로 승랍의 좌차를 인정
하는 스님들조차 주지나 유나, 강주 등 비교적 중책의 소임자만큼은 승랍
에 관계없이 위의 자리에 앉아야 한다는 생각을 하는 일이 많다. 그렇지
않으면 대중 통솔이 어렵다고 여기는데, 통솔하는 것은 능력의 문제이므
로 그것이 좌차를 무너뜨려야 할 만큼 당위성을 갖고 있지 않다.

소임과 좌차를 동일하게 여기는 것은 관료주의이므로 승랍대로 앉
는 전통이 세워지지 않았던 것이다. 소임 위주의 좌차는 선배와 후배의
질서가 무너질 뿐만 아니라, 큰 소임을 맡지 못한 스님들은 비록 승랍이
장로급에 이르더라도 마땅히 앉아야 할 자리에 영원히 앉지 못하는 일이
생기게 된다. 소임자가 그 소임에 적합한 일을 진행할 때는 언제든지 주
체가 되어 일을 하고, 그 일을 마치면 자신의 좌차에 돌아가는 것이 승가
의 질서이다. 따라서 일반적으로 소임시간이 아닌 예불, 공양, 포살 등에
서는 승랍대로 앉는 것이 바른 태도이다.

종단의 체계가 제대로 잡혀 있지 않을 때 생겨난 문제점을 일소하고,

1981년 이전에 출가한 스님들과 그 이후의 스님들에게 일괄적으로 적용할 수 있으며, 어른스님들이 서로 만났을 때 차례를 정할 수 있는 방법은 종단이 정한 승랍, 즉 현 승려증에 있는 순서대로 좌차를 정하는 것이다.

승랍에 의한 좌차는 부처님 때부터의 기준인데, 다만 당시에는 사미를 거치지 않고 비구가 되었기 때문에 비구가 된 이후의 나이가 곧 승랍이 되었다. 우리는 여러 과정들을 거치는 동안 승랍의 기준이 일정하지 않았으나, 1995년부터는 비구계를 승랍으로 확정하였기 때문에 세월이 흐르면 자연적으로 부처님 당시의 좌차 방법으로 돌아가게 된다.

그렇다면 시간이 지나면 저절로 비구승랍대로 좌차가 정해지게 되는데, 구태여 '지금 종단의 승랍으로 좌차를 정해 앉아야 하는가'라는 질문이 있을 수 있다. 그것은 나중에 비구계 순으로 앉는다 하더라도 소임자가 위에 앉는 관행이 계속 남아 있게 되면 관료의식은 사라지지 않으며, 따라서 비구승랍대로 하는 것이 큰 의미가 없게 된다. 그러므로 지금부터 종단이 정한 승랍대로 좌차를 적용한다면, 나중에 소임과 관계없이 오직 승랍만이 기준점으로 남게 되어 모든 문제가 타결될 수 있다.

그동안 몇 사찰에서 비구계 순으로 좌차를 시행하였으나 모두 실패로 끝났다. 이것은 아직 우리나라에서는 비구계만으로 기준을 삼을 수 없는 상황이라는 것을 여실히 보여준다. 그러므로 종법에 의거한 승랍 순으로 자리를 정하는 것이야말로, 현실적으로는 승가의 질서를 확립하고 마침내는 부처님의 법대로 돌아갈 수 있는 가장 합리적인 방법이라 하겠다.

사
제
간
의
책
임
과
의
무

    부처님께서는 출가한 사람이 스님다운 행위와 바른 교육을 익히며 의지할 수 있게 법을 제정하셨는데, 이것이 곧 어느 특정한 스님을 은사로 정하여 출가하는 제도이다.

    이것은 세속의 부자(父子) 관계와 비슷한데 스승은 아버지처럼 제자를 보살펴 승가의 일원으로 키워야 할 의무가 있고, 제자는 아들처럼 스승의 말씀에 수순(隨順)하며 모셔야 할 책임이 있다. 독신생활을 영위해야 하는 승가의 특성상, 이러한 제도가 제정된 것이다. 스승은 오랜 경륜과 지혜로 제자를 바른 법으로 이끄는 동시에 노후를 의탁할 수 있고, 제자는 그 스승을 본받고 의지하면서 훌륭한 인격을 지닌 비구로 성장할 수 있다.

한국의 승가에서 스승과 제자의 모습은 부처님께서 생각하셨던 제도와 조금 다른 양상을 가지고 있다. 이것은 유교적 전통이 강하게 반영된 것으로, 지역이나 문화의 차이로 치부하기에는 너무나 승가적이지 못하다. 일부 권승(權僧)은 제자를 자신의 사조직 일원처럼 여기거나, 혹은 시봉(侍奉)이나 기도라는 명목으로 사찰의 유지를 위한 일에 투입하는 등 인천(人天)의 사표(師表)가 될 자질을 길러 주는 것에는 관심도 없는 경우도 있다. 또 어떤 제자는 권세나 돈이 없는 스승을 업신여겨 문안과 도리를 다하지 못하고 권력이나 이익만을 쫓아다니며 출가의 목적을 망각하는 일도 있다.

파행적 사제관계가 오래되다 보니 이것이 관습처럼 당연시되어 부처님의 유훈과는 다른 모습으로 살고 있는 것이다. 수행자다운 스승과 제자 관계를 회복하려면 율장에 의거하여 그 정신을 살리는 길만이 유일하다 하겠다.

스승이 은사로서 무슨 의무가 있는가를 바로 아는 것은 곧 올바른 제자를 기르는 기초이기 때문에 무엇보다 먼저 이해되어야 한다. 승가에서는 은사를 화상(和尙, 和上)이라고 부른다. 화상은 팔리어로 우빠쟈야(upajjhaya)이며 이것이 중국에 와서 오파타야(鄔波馱耶) 등으로 음역되었다. 그 말의 뜻은 대중(大衆)의 스승, 또는 친교사(親教師)이다. 구마라집은 화상을 역생(力生)으로 번역하고 있는데, 제자는 스승을 의지해서 도력(道力)이 생기기 때문이다. 위에서 보듯 화상은 교사라는 입장이 강조된 말이며, 승가에서는 고승을 의미하는 일반적 단어로도 쓰인다.

율장에는 출가하려는 사람이 구족계를 받을 때 화상을 정하였는지를 묻도록 규정되어 있다. 그러므로 화상의 존재는 출가의 가부에까지 영향을 미치고 있는 것이다. 『사분율』에 의하면 어떤 병든 비구가 제자나 보는 사람이 없는 가운데 임종하게 되어 부처님께서는 화상이 되는 법을 제정하셨다. 이 법을 '화상법(和上法)' 또는 '화상으로서 행해야 하는 법[和上行法]'이라 하며 제자를 두려고 하는 스님은 반드시 숙지하고 있어야 한다.

제자를 받을 수 있는 가장 중요한 조건은 구족계를 받은 후 10년 이상 되는 지혜가 있는 비구라야 한다. 바꾸어 말하면 비록 스님이 된 지 오래되어도 제자를 가르칠 만한 지혜가 없으면 제자를 두지 못한다. 사미를 제자로 둘 때에는 일반적으로 한 사람의 사미만 둘 수 있고, 두 사람을 가르칠 수 있는 지혜가 있으면 두 사람을 둘 수 있으며, 지혜가 출중하여 여러 사람을 거둘 수 있으면 여러 사람을 거둘 수 있다. 또 화상이 출타하거나 일이 있어 제자를 가르치지 못할 때에는 다른 지혜 있는 스님에게 맡겨 교육하여야 한다.

이러한 규칙으로 보면 화상의 첫째 의무가 제자를 교육하는 것에 있음을 알 수 있다. 불법이 오래도록 머물고 세상에 널리 이익이 되도록 하는 방법은 오직 교육에 달려 있다는 부처님의 깊으신 뜻이 배어 있다.

제자가 행동을 잘못하게 되면 스승은 승가에 갈마를 청하여 참회하게 하고, 제자에게 문제가 생겼을 때는 스승은 마치 제자가 스승을 대하듯 자신의 제자를 돌보아야 한다. 제자가 거처하는 곳을 싫어하면 스스로 옮겨주거나 남을 시켜 옮겨 주어야 하고, 제자가 의심나는 곳이 있을 때는 법(法)과 율(律)로써 가르쳐야 한다. 또 나쁜 견해를 버리게 하고 좋은 견해를 생기게 하며, 두 가지 일로서 보호한다. 두 가지 일이란 첫째는 법으로서 계율과 수행과 지혜를 증장시키고 학문과 경을 외우도록 하는 일이며, 둘째는 음식과 옷, 각종 생필품과 의약 등을 힘껏 마련해 주는 일이다.

승가에서는 스승이라고 해서 대접만 받는 것이 아니라, 제자가 병이 들었을 때 스승은 그 곁에서 간호하거나 사람을 시켜야 하며 혹 제자가 임종하더라도 이와 같이 한다. 또 스승이 승잔(僧殘, 바라이죄 다음으로 무거운 죄) 이상에 해당되는 허물을 범했을 때에는 제자가 승가에 갈마를 청하여 스승으로 하여금 참회하도록 해야 한다. 이것은 스승의 허물을 숨겨주는 것보다 갈마를 통하여 청정함을 유지하는 것이 상호간에 도움이 되기 때문이다. 제자가 스승의 죄를 승가에 청할 수 있다는 이 조항은 승가가 얼마나 평등한 구조를 가진 건강한 조직인지 잘 알게 하는 대목이며, 불교의 뛰어난 자정기능을 보여준다.

스승을 위한 '화상법'이 있다면 제자를 위한 '제자법(弟子法)'도 있다. 율장에는 제자법을 상세히 열거한 뒤 "화상법을 행하는 법은 제자법과 같다"라고 하고 있어, 스승은 군림하는 존재가 아니며 제자 또한 출가했다고 마음대로 행동할 수 없음을 보여주고 있다.

제자는 비구가 된 뒤 화상 아래에서 6년을 머문 후에 비로소 자유롭게 유행할 수 있으니, 화상은 그동안 제자에게 세세한 위의와 불법을 잘 가르쳐 홀로 독립하여도 허물이 없을 만큼 가르쳐야 할 책임이 주어진다. 이러한 화상법이나 제자법은 종속을 위한 제도가 아니라 서로 도와서 도과(道果)를 성취하는 데 그 목적이 있으므로 질서에는 상하가 있지만 의무는 평등하다.

불교의 궁극적 목표인 열반은 행복이라는 의미를 내포하고 있다. 이 행복은 번뇌(煩惱)와 갈애(渴愛)가 없는 상태에서 얻을 수 있는 것이다. 출가자는 이 행복을 위해 집과 부모를 버리고 스승(화상)을 선택한 것이다. 화상은 가장 위대한 인류의 교사였던 부처님이 교시하신 방법으로 제자를 가르쳐야 그들이 추구하는 행복으로 이끌 수 있다. 그러기 위해서는 화상 자신이 먼저 도사(導師)다운 인격과 수행을 닦아 나가지 않으면 안 된다.

'교육의 알파와 오메가는 가르치는 사람'이라는 말이 있다. 뛰어난 스승은 글이나 말이 아닌 행동으로 가르친다고 하였다. 고등화되어 가는 세상 속에서 세간해(世間解)의 역할을 해야 할 제자들을 위해 짊어져야 할 화상의 책임은 부처님이 부여하신 그 이상이다.

제자를 두는 것이 목전의 이익이나 자신의 세력이 아닌 백년 혹은 몇백년 뒤의 불교를 위한 것이라는 자각이 있어야 한다. 옛날 중국의 조사 스님들은 한 사람이라도 뛰어난 제자를 길러내게 되면 자신의 평생 밥값을 다했다는 표현을 자주 사용하였다. 불교의 미래가 제자를 잘 기르는 데 있다는 것은 거듭 강조하여도 지나침이 없을 것이다.

안거安居의 힘

　　일반적으로 스님들이 두문불출하고 수행에만 전념하는 시기를 안거(安居)라고 한다. 우리나라에서 안거는 여름안거와 겨울안거가 있으며 각 3개월의 기간이 주어진다. 안거의 시작을 결제(結制)라고 하고 안거가 끝나서 자유롭게 다닐 수 있는 기간의 시작을 해제(解制)라고 한다. 여름안거는 음력 4월 15일에 시작하여 7월 15일에 끝나며, 겨울안거는 음력 10월 15일에 시작하여 1월 15일에 끝난다. 안거는 스님들의 삶 가운데 기본적인 것이지만, 결제와 해제를 구분하여 모이거나 흩어지는 경우는 주로 선원에서 안거를 지내는 스님들이다. 율원이나 강원은 짧은 기간의 방학을 제외하고 결제나 해제와 관계없이 공부를 계속하게 된다.

안거를 지낸 햇수는 스님들의 좌차를 정하는 기준이 되는데, 이때의 안거는 여름안거를 기준으로 한다. 즉 스님들은 출가한 이후 여름안거를 지낼 때마다 나이를 한 살 더하게 되며 이것을 승랍 또는 법랍(法臘)이라고 부른다. 직위에 따라 서열이 정해지는 세속의 기준과 달리 승가에서는 승랍으로 위아래를 삼으므로 안거를 지낸 햇수는 중요하다.

안거는 부처님 당시부터 지켜져 온 법으로, 부처님께서 열반에 드신 후에도 승가에서는 점을 찍어서 표시하기도 하였는데 이때 점을 찍는 시기가 곧 여름안거이다. 이것이 유명한 중성점기(衆聖點記)로, 중국의 양무제 때 승가발마가 중국에 와서 전한 『선견율(善見律)』이라는 율장 속에 수록되어 있다. 그 책의 권말에는 무수한 점이 찍혀 있었고 아울러 기록되기를 "부처님께서 열반하던 해로부터 시작하여 제자 우바리가 한 점을 찍고, 이후로 스승과 제자가 대대로 전하면서 매년 한 점씩 찍어서 제나라 영명 6년 자신이 최후의 일점을 찍기까지 975점이다."라고 하였다. 이 안거 지낸 표시를 근거로 부처님이 생존하신 연대를 유추하는 학자가 있을 만큼 안거의 전통은 면면히 이어졌음을 알 수 있다.

추운 겨울이 없는 인도에서 부처님께서 제정하신 안거는 여름안거(하안거)뿐이었다. 물론 인도에 히말라야처럼 추운 지방이 없는 것은 아니지만, 부처님 당시 비구 대부분이 여름안거를 지내기 좋은 곳에 지내면서 수행하였기에 구태여 겨울안거(동안거)를 제정할 필요가 없었다. 북방으로 불교가 전래되면서 추운 겨울을 보내야 했고, 더욱이 걸식하기에는 풍토적으로 마땅하지 않아 겨울에도 안거를 제정한 것이다.

안거는 본래 인도의 우기인 몬순(monsoon)기를 비교적 안전하게 보내기 위해 인도의 전통적 수행자(외도)들이 행하고 있었던 관습 가운데 하나이다. 그러므로 안거를 우안거(雨安居)라 부르거나 좌하(坐夏)라고도 하며, 결제를 결하(結夏), 해제를 해하(解夏)라고 부른다. 『사분율장(四分律藏)』에 전해지는 안거를 제정하게 된 동기는 다음과 같다.

부처님께서 사위국의 기수급고독원에 계실 때, 아직 안거법이 정해지지 않아 스님들이 여름에 비가 많이 오고 큰 홍수가 났을 때도 계속 유행(이곳저곳을 다니는 것)하였다. 이 기간 동안 스님들이 옷과 발우 등의 생필품을 잃어버리게 되고, 초목이나 작은 생명들을 밟게 되어 여러 거사들의 비방을 받게 되었다. 모든 외도들도 오히려 석 달 안거를 지내고 벌레나 새들마저도 머물고 있는데 스님들은 유행하며 부끄러움을 모른다는 말을 여러 스님들이 듣고 부처님께 여쭈었다. 부처님께서는 이러한 인연으로 석 달 여름 안거를 허락하셨다.

안거할 때는 유행만 하지 않을 뿐이지 걸식 등을 위한 바깥출입은 허용되었다. 부처님 당시 스님들의 수행은 주로 유행하는 가운데 이루어졌으므로, 안거 때에는 법에 대한 토론과 자유로운 정진을 하며 보냈다. 안거가 승가생활의 중요한 기간으로 자리매김한 까닭은 승가의 생명이라 할 수 있는 포살, 갈마 등을 행함으로 청정성을 유지할 수 있다는 것이다.

포살은 보름마다 비구와 비구니 계목을 설하는 것이고, 갈마는 일정한 수의 스님들이 모여 계를 범한 스님들의 출죄를 결정하는 것이다. 대중이 모여 있는 안거기간을 통하여, 허물이 있는 스님들은 포살과 갈마를 통해 죄를 드러내어 참회하고 다시 청정함을 회복하게 된다. 안거가 끝나기 하루 전에는 모든 대중이 모여 자자(自恣)를 하게 되는데 이 때 자신의 허물이 있으면 말해달라고 대중 앞에 고한다.

비록 안거 제도는 인도 고유의 외도 법에서 따온 것이지만 포살이나 갈마, 자자와 같은 승가 특유의 청정법이 첨가되면서 한층 발전된 모습을 띠게 되었다. 부처님께서 정한 안거법은 세 종류가 있는데 전안거(前安居), 중안거(中安居), 후안거(後安居)가 곧 그것이다. 전안거는 4월 16일부터 7월 16일까지 지내는 것이고, 중안거는 4월 17일에서 5월 15일 사이에 안거를 시작하여 그 시작일로부터 3개월을 채우는 것이며, 후안거는 5월 16일부터 8월 16일까지 지내는 것을 말한다.

안거 중 외출은 부처님·법·스님에 관한 일을 처리해야 하거나, 부모나 신도의 수계나 참회를 위한 것은 허락된다. 외출할 수 있는 날짜의 수는 7일이나 15일, 나아가 1개월까지이며 정해진 날의 밤을 넘겨서 돌아오면 안 된다. 비구니스님은 다만 7일만의 외출이 허락된다. 만약 비구로서 안거를 하지 않으면 스스로 참회해야 하는 '돌길라(突吉羅)'를 범하는 것이 되고, 비구니가 안거하지 않으면 대중에게 참회해야하는 '바일제(波逸提)'를 범하는 것이 된다.

우리나라에서는 안거의 본래 의미보다도 이 기간 동안 밖으로 나가지 않고 열심히 정진하는 것에 주력하고 있다. 또 선원에서 정진하는 스님만 안거를 지낸 것으로 간주하고 있는데, 같은 계내(界內)에서 여름안거 기간을 보내는 모든 대중은 다 함께 안거를 지낸 것으로 해야 부처님이 제정하신 법에서 벗어나지 않는다.

또 안거할 때 매달 보름과 그믐에 설계포살(說戒布薩)을 하도록 되어 있는데, 이것은 안거의 가장 중요한 과정으로 계율에 밝은 비구가 하여야 한다. 부처님 당시에는 스님네가 계율을 지키면서 선정을 익히는 것이 기본이었으나, 지금은 계율은 율사가 선은 선사가 하는 것으로 그릇 인식하고 있는 경우가 많다. 총림이 아니면 설계포살이 지켜지지 않으면서 안거를 나는 일도 있다. 안거를 나려면 의지할 수 있는 율사[依止師]가 있어야 하는데 이것은 율장의 안거조항에 규정된 것이다. 그러므로 안거는 사실상 율사를 중심으로 지내게 되는 것이다.

만약 안거하는 사람이 장로이면서 계율을 잘 아는 사람이면 의지사가 필요 없으나, 그렇지 않으면 의지사가 있어야 한다. 안거는 한 사람이나 두세 사람이 할 수도 있으나 율법에 맞는 안거법을 정해야 하며, 네 사람 이상이면 승가를 이루는 기본 인원이 성립되어 계목을 읊고 갈마를 할 수 있다. 그러나 비구니스님은 한 사람만 안거하는 것이 인정되지 않는다.

안거를 율장에서 제정한 대로 시행하지 않으면, 안거를 이루지 못한다는 파하(破夏)가 되므로 유의해야 한다. 안거는 스님들이 모여서 승랍에 의해 좌차 질서를 잡고 설계포살을 통해 청정을 유지하며, 나아가 서로 탁마하는 귀중한 시간이다. 안거 제도가 율장에 의거해 시행되는 것은 곧 승가의 본래 위상을 되찾는 첫 걸음이 될 것이다.

불자로 산다는 것

부처님이 제정한 율장

부처님은 세존(世尊)이나 여래(如來) 등 여러 가지 이름으로 칭송되었는데, 그 가운데 하나가 조어장부(調御丈夫)이다. 조어장부는 일체의 장부들을 잘 교화하여 조절하시는 분이라는 뜻이다. 이 이름을 지금의 말로 풀어 본다면 이 세상 모든 사람들을 잘 가르치는 훌륭한 교육자라는 뜻이 된다. 실제로 부처님께서는 뛰어난 교육자였으며, 그 자신 또한 스스로가 말한 가르침대로 살아가신 분이다.

율장 속에는 출가자들을 위한 다양한 교육 방법이 기록되어 있다. 율의 제정 목적은 안으로는 깨달음에 방해가 될 수 있는 요소들을 제거하고, 밖으로는 세인들의 비난을 받지 않을 모습을 갖추기 위해서이다. 그러므로 율장은 스님들의 행동지침서인 동시에 가장 바람직한 교육 실천을 위한 교과서라고 해도 과언이 아니다. 율장 속에 나타난 부처님 당시 승가교육의 모습을 살펴보는 것은 미래의 불교 발전을 위해서라도 꼭 필요한 일이다.

출가자는 화상이 구해지고 구족계를 받은 후, 5년 동안 화상 아래서 계율을 집중적으로 배워야 한다. 만약 화상에게 무슨 일이 있어 며칠 동안이라도 자리를 비웠을 때는 화상과 같은 조건의 스님을 의지사(依止師)로 모셔야 한다.

5년간 계율을 배우고 나면 '아사리'라고 불린다. 비구가 된 지 5년이 되었고 계율을 잘 익혀 5법(五法)에 저촉되지 않는 사람은 의지사 없이 유행하며 수행하는 것이 허락되었다. 『십송율(十誦律)』에 의하면 그 5법은 범하는 것인지를 모르는 것, 범하지 않는 것인지를 모르는 것, 가벼운 것인지를 모르는 것, 무거운 것인지를 모르는 것, 계율을 널리 외우지 않고 이해도 못하는 것 등이다.

비구가 되어 5년이 넘도록 계율을 잘 익히지 못하면 계속 의지사를 두어야 한다. 뿐만 아니라 만일 비구의 속세 나이가 80세가 되고 승랍이 60하(夏)가 되더라도, 계율을 잘 외우지 못하고 그 뜻을 이해하지 못한다면 의지사를 두어야 한다. 이 때 의지사는 승랍이 많은 스님으로 하고, 혹 승랍이 많은 스님이 없다면 10하 이상의 비구를 의지사로 두어야 한다.

승랍 60하의 비구가 젊은 비구를 의지사로 모실 때에는 예배하는 것만 제외하고 모든 것은 제자가 스승에게 하듯 하여야 한다. 승랍 60세가 넘도록 계율을 잘 알지 못하면 노소비구(老小比丘)라고 부르게 되는데, 이 뜻은 '늙어도 작은 스님'이라는 말이다. 이러한 적용은 비구가 100세가 되어도 마찬가지인데 목숨이 다할 때까지 의지사를 두어야 한다.

10하나 5하의 비구, 혹은 100세라도 계율을 잘 배우지 않았다면 승가의 물건을 매일매일 도둑질을 한 것이 되므로 그 죄가 무겁다. 또한 계율을 모르는 비구는 다음과 같은 일을 할 수 없다. 제자를 둘 수 없고, 의지사를 떠나지 못하며, 화상이 될 수가 없고, 아사리가 될 수 없으니, 이것을 이름하여 계를 외우지 못하는 자의 죄〔不誦戒者罪〕라고 한다.

부처님께서 구족계를 받고 이처럼 엄격하게 5년 동안 계율을 배우라 하신 것은 계율을 소홀히 하는 지금 더욱 깊은 의미로 다가온다. 선종(禪宗) 일방주의의 불교는 도인(道人)은 많이 배출할지는 모르나, 삼보의 하나인 비구를 배출하는 일에는 그다지 성공적이지는 않다.

비구란 기본적으로 계율이 바탕이 되고 그 위에 선정과 지혜를 닦는 이들로, 명실 공히 부처님의 제자라 칭할 만한 사람이다. 도인이란 계율과 관계없이 도를 닦는(혹은 깨닫는) 사람으로 도교인(道教人), 술사(術士)나 예술가도 그러한 명칭을 사용할 수 있다. 그러므로 불교 입장에서는 백 사람의 도인보다도 한 사람의 참다운 비구가 더 중요하다. 비구에게 계율도 중요하지만 깨달은 안목이 더 중요하다는 말이 있으나, 아래와 같은 율장의 내용을 보면 부처님께서는 그렇게 보시지 않았다는 것을 알 수 있다.

부처님께서는 만약 구족계를 받은 지 3년이 되는 스님이 경·율·론

을 통달하고 삼명(三明: 전생을 아는 숙명명, 온 세상을 다 볼 수 있는 천안명,
번뇌가 사라진 누진명)을 얻고 탐·진·치를 다하였다 해도 의지사를 두어
야 한다고 하셨다. 5하 미만의 스님에 대해서는 도를 못 얻었거나 이미
얻었거나, 증득하지 못했거나 이미 증득했거나, 깨닫지 못했거나 이미
깨달았거나 의지사를 떠나는 것은 허락하지 않는다고 말씀하시고 있다.

만약에 깨달음만이 전부라면 구족계의 유무나 승랍의 많고 적음을
떠나 스승이 될 수 있으나, 부처님이 제정한 비구의 법은 계율이 모든 것
을 우선하기에 부처님은 "내가 열반에 든 뒤 계율을 스승으로 삼으라"고
하신 것이다.

현재 한국의 사미 출가자에 대한 교육은 참선에 관한 교재와 몇 개의
대승경전에 국한하고 있다. 4년 과정을 마치면 율원에서 율학을 배우는
스님은 그나마 얼마 되지 않는다. 이러한 제도는 부처님의 가르침에 따
르지 않는 것이 될 뿐만 아니라, 계율정신의 몰이해로 비구로서 어떤 모
습으로 살아야 할 것인지 잊고 살아가게 된다. 오히려 전통적인 유교적
예절과 도덕이 적당히 섞인 모습을 잘 사는 것으로 인식하기도 한다.

승가의 교육은 부처님 말씀대로 20세가 넘는 출가자에게 비구계를 주
고, 5년 동안 계율을 닦게 해야 한다. 그런 다음에 경학과 참선을 해도 늦
지 않다. 불교는 부처님 말씀대로 이행할 때 가장 불교다울 수 있고, 비구
의 교육은 비구로서 가장 먼저 갖추어야 할 것으로부터 시작해야 한다.

불자로 산다는 것

사분율의 존재 이유

　　본래 부처님께서 제정하신 계율은 한
종류였지만, 세월이 흐르고 교단에 분열이 생기면서 종지를 달리한 갖가
지 부파들이 출현하게 되어 계율도 자신들의 방식대로 세우게 되었다.
이러한 부파에서 나온 율장이 여러 종류가 되는데 사분율, 오분율, 십송
율, 마하승기율, 남방율, 티벳율 등이 그것이다. 부파의 율장에 따라 내
용이 증감되거나 약간 다른 부분이 있기는 하지만 크게 다르지 않다.

　　우리나라는 예로부터 중국불교의 영향으로 사분율장을 중시해 왔
다. 사분율장이라는 것은 율장을 송출할 때 네 번에 나누어 외웠으므로
이렇게 부르며, 오분율 혹은 십송율이라는 명칭도 그 수만큼이나 나누어

외운 것에 비롯한다.

계율을 제정한 것을 살펴보면 그 당시 지역의 특성과 풍습, 인민의 수준, 가치관 등 여러 가지가 혼재되어 있음을 알 수 있다. 따라서 율장에는 부처님께서 생존해 계셨던 2,500여 년 전 스님들의 삶의 흔적이 고스란히 녹아 있다.

계율은 승단이 커짐에 따라 여러 가지 허물을 짓는 스님들이 생겨나면서 제정되었다. 이것은 후에 구족계라는 이름으로 출가가 허락되는 기준점이 되었다. 다시 말해 누구든 출가하려면 이 구족계를 받아 지키는 것을 맹세한 뒤 스님이 될 수 있다는 것이다. 이러한 구족계의 전통은 부처님 당시부터 내려오던 것으로, 스님이 되려면 반드시 받아야 한다.

오늘날 스님들의 생활은 계율이 처음 제정될 때와는 모든 것이 다르다. 특히 우리나라의 경우 인도나 남방과는 전혀 다른 기후와 생활습관을 가지고 있다. 나아가 신봉하는 교리도 대승불교여서 2,500여 년 전의 계율을 지키며 살기는 어려운 실정이다. 그러므로 불교계 일각에서는 지킬 수 없는 사분율보다 실제적인 종법이나 청규에 더 무게를 두기도 한다. 또한 사분율을 소승율이라 하여 대승율인 보살계를 더욱 중요하게 여기는 경우도 있다. 선종을 중시하는 한국불교의 정서상, 계율을 지키고 살면 걸림이 많은 삶으로 잘못 인식되어 사분율을 더욱 멀리하는 요인이 되었다.

계율은 이미 부처님 계실 때에도 지키기 어려운 것들이 있었다. 이러한 까닭에 부처님께서는 지역에 따라 계율을 새로 제정할 수 있는 수방

불자로 산다는 것

비니(隨方毘尼)를 인정하셨다. 나아가 입멸하실 때에는 유언으로 소소계(小小戒)는 지키지 않아도 좋다는 허락을 내리신 것이다.

이후 구족계의 어디까지를 소소계로 볼 것이냐에 대한 논쟁으로, 결국 전체 계율을 다 지키자는 결론에 도달하였다. 하지만 오랜 세월이 지난 지금에는 지키는 문제가 아니라, 율장 자체가 존폐의 위기에 처해 있다고 해도 과언이 아니다. 특히 일본의 경우 승려의 결혼 등으로 이미 율장과 관계 없는 불교로 변질되었으며, 한국불교도 율장과 부합되지 않는 부분이 많은 것이 사실이다. 율장은 절대적이라기보다 당시의 도덕성을 따르고 있으므로, 사실상 가장 변화가 가능한 부분이라고 할 수 있다.

율을 연구하는 율사가 대체로 보수적이라는 평을 받는 것은 가급적 율장에 충실한 삶을 강조하다 보니 그러한 인상을 갖게 된 것이다. 율장대로 살지 않는 일본의 스님들이 훌륭한 도덕성과 리더십을 보이고 있는 것은 그 시대와 사회가 요구하는 정신을 수용하였기 때문이다. 사실 율장의 정신은 인류의 근본도덕과 시류에 합당한 행위를 의미하는 것이다. 율장에서는 계율이 존재하는 이유에 대해, 출가자의 수행을 돕는 목적과 불법의 오랜 생명을 위한다고 정의하고 있다. 따라서 율장은 삶을 얽어매려고 만든 것이 아니라, 오히려 더 큰 자유와 진리를 위해 제정한 것임을 알 수 있다.

오늘날 사분율대로 살 수 없는 것은 모든 스님들이 잘 알고 있다. 그럼에도 사분율이 존재해야 하는 이유는 계율을 지킬 수 있느냐 없느냐는 것보다 그 상징성에 더 무게를 둘 수 있다. 상징성에는 세 가지가 있다.

첫째는 위에 밝힌 바와 같이 스님들은 구족계를 통하여 출가가 허락되는데 우리나라에서는 그 구족계가 사분율에 근거하고 있다. 다시 말해 출가의식을 위해서라도 사분율이 필요한 것이다.

둘째는 청규나 종헌종법과 같은 부수적인 법의 모태로서 사분율은 존재가치가 있다. 사분율에는 승가의 규칙들이 시대나 풍습에 따라 변하더라도 승가에서 발생되는 문제들이 왜 일어났으며 어떻게 해결해야 되는지에 대한 풍부한 사례를 담고 있어, 근본적인 물음에 대한 해답이 있다.

셋째로 사분율에는 계목만 있는 것이 아니라 승가의 공동생활에 필요한 조항들이 자세하게 들어 있다. 또한 승가다움을 유지하는 방법을 잘 담고 있기 때문에, 청정한 승가의 회복을 위해서라도 반드시 배워야 할 필요가 있다.

출가인의 가장 기본 계율은 4가지 반드시 준수해야 하는 바라이법이 있는데, 이것은 재가신도의 계율인 5계에 모두 들어 있는 것이다. 재가불자의 5계와 조금 다른 점은 재가인은 불살생계(不殺生戒)인데 출가인은 불살인계(不殺人戒)이며, 재가인은 불사음(不邪婬)인데 출가인은 불음(不婬)이라는 점이다. 중생의 근기로는 이 5계만 잘 지녀도 도덕적으로 훌륭하다고 할 수 있는데 구족계 역시 넓게는 이 5계 속에 모든 의미가 포함되어 있다고 보아도 무방하다.

구족계의 많은 조항은 생활 속에서 일어나는 사소한 것들을 통제하는 수단이다. 그것은 수행에 필요하거나 사람들의 비난을 미리 방지하자는 목적이 있기 때문에, 사실상 출가자에게는 크게 장애가 되지 않는다.

불자로 산다는 것

오히려 지역의 풍습적인 것을 제외하고는 많은 부분이 오늘날에도 실행될 수 있는 대목이 있다. 또 조항의 문구만 가지고 보는 것보다 그 해석을 어떻게 하느냐에 따라 계목을 현대적으로 유용할 수 있다.

2,500여 년 전의 부처님 말씀을 오늘날 어떻게 사용하여 중생을 이롭게 하는가는 현대를 살아가는 우리의 몫이다. 오래된 말씀이라고 치부해 재해석할 수 없다면, 그것은 그대로 죽어버린 법문이 될 것이다. 아무리 진리의 말씀이라고 해도 현실에서 적용할 수 없고 사람들에게 도움이 되지 않는 것은 진리로서의 가치가 상실된 것이다.

위에서 말했듯 계율만큼 변화할 수 있는 것도 없다. 그것은 계율이야말로 시대와 풍습, 중생이 원하는 근기에 따라 고칠 수 있기 때문이다. 바로 이러한 인식이 바탕을 이루고 있어, 대부분의 사분율 계목이 재가제자들의 요청에 따라 제정되었다. 또한 이미 제정된 계율도 상황에 따라 수정된 것이 허다하다.

부처님께서 계율을 제정하신 것은 바른 삶으로 스님들이 찬탄 속에 머물기 원하셨던 까닭이다. 신·구·의 삼업에 허물이 없어 원만하면 그것은 그대로 수행이 되며, 그런 수행자를 공양하는 불자는 큰 신심으로 공덕을 얻게 된다. 계율이 삼업을 청정하게 하는 수단이라는 것을 깨닫게 되면, 계율을 지키기 어려워하는 태도를 버리게 된다. 왜냐하면 우리가 불교를 믿고 수행하는 목적이 바로 이 삼업을 원만히 하고자 하는 데 있기 때문이다.

계율은 절대적인가

일반적으로 계율을 연구하는 스님을 생각할 때 매우 보수적이고 딱딱하다는 선입견을 가지게 된다. 계율 자체는 어떤 것을 전공하든지 관계없이 스님이라면 지켜야 하는 기본적인 것이기에 율학을 전공하는 스님만 지키는 것이 아니다. 율학을 연구한다는 것은 마치 사회에 법률전문가가 있는 것처럼 불교의 율법에 밝은 것뿐이다.

율학을 연구하는 스님을 보수적이라 하는 것은 승가의 여러 가지 일들이 발생될 때 부처님께서 제정하신 법을 우선적으로 살펴보고 다음으로 시대상황이나 관습들을 고려해서 판단하게 되므로, 아무래도 보수적

불자로 산다는 것

인 느낌이 들 수밖에 없는 것이다. 계율이 생긴 까닭은 수행생활에 장애되는 요소를 제거하고 승가가 세속으로부터 공양과 존경을 받을 수 있게 하기 위하여 부처님께서 제정한 것이다. 그러므로 세속적이거나 시류적인 것에 부합하지 않을 수도 있는 것이다. 율장의 이러한 정신은 계율은 엄격하다든가 고루하다는 편견을 낳게 되었고, 나아가 율장을 연구하는 스님들도 동일하게 보게 되었다. 또 과거에는 실제로 고집스러울 만큼 자신이 율사라는 의식을 가지고 계율을 소홀히 하는 다른 스님들과 차별을 하기도 하였다.

그런데 '과연 계율은 털끝만큼도 범하지 않아야 하며 절대적이어야 하는가'에 대한 의문을 갖지 않을 수 없다. 왜냐하면 유일신의 신앙을 가진 타종교의 율법은 신과의 계약관계로 구성된 것이어서 범하면 신의 뜻대로 처벌을 받게 되지만, 깨달음으로 행복을 얻기 위해 수행하는 불교의 계율은 목적을 위한 가장 적절한 방법으로서의 율법이기에 절대적인 죄를 얻는 것은 아니기 때문이다. 범하면 승려로 남아있지 못하는 엄격한 조항도 있으나, 이것은 범한 계목이 승가공동체의 삶에 적절하지 않은 까닭이며 허물의 문제도 승가에 남아있는 동안 존재하는 것이다. 계율이 절대적인가에 대한 것은 율장에 나타난 부처님의 태도를 살펴보면 그 해답을 얻을 수 있다.

부처님께서는 계율에 대해 수정주의자적 입장을 취하고 있다. 부처님께서 계율을 제정하실 때는 제자들이 수행자에게 부적절한 행위라고 판단되는 일을 범하였을 때마다 그때의 상황에 따라서 정해주셨다. 그러므로 계율의 성립부터 어떤 이유가 발생되어야 한다는 전제조건이 있었다. 그런데 또 다른 이유로 이와 비슷한 일이 생겼을 때, 그 계율을 수정하지 않으면 안 될 상황이면 부처님께서는 계율을 스스럼없이 고치셨다.

예컨대 모자를 쓰지 말라는 계율을 정한 뒤에, 어떤 비구들이 추운 지방에서 모자 없이 지내는 것을 견디기 어려워하자 부처님께서 모자가 필요한 지방이면 모자를 사용하는 것을 허락한 것 등이 그와 같은 경우이다. 심지어 어떤 계목은 두세 번에 걸쳐 수정하신 것도 있으니, 이것은 부처님께서 얼마나 현실적인 것을 중요하게 여기셨는지 알 수 있는 대목이다.

비구스님들이 받는 구족계는 북방은 250계, 남방은 227계로 되어 있는데 이 두 곳의 계목 수가 다른 것은 율장이 전승하는 곳의 풍습과 교의에 영향을 받은 때문이다. 계목 수가 다르다는 것은 그만큼 계율이 절대적인 것은 아니며 지방에 따라 변화할 수 있는 여지를 가지고 있다는 것을 보여주는 증거이다. 특히 부처님께서 열반하실 무렵에 율장 속의 소소한 계율은 버려도 좋다는 말씀을 하신 일이 있는데, 어디서부터 소소한 계율인지 명확하게 제자들이 여쭙지 않아서 나중에 율장을 결집할 때 문제가 되기도 하였다.

소소한 계율에 대해 다양하고 분분한 의견이 나오자, 분쟁을 잠재우기 위하여 결집을 책임졌던 가섭 존자는 작은 계율까지라도 버리지 않고 모두 지키자는 결정을 하게 된다. 특히 불교초기에 승단이 상좌부와 대중부로 분열하게 된 근본원인이 "쓰다 남은 소금을 뿔로 만든 그릇에 보관하여 다른 날 사용해도 되는가?" 혹은 "밥 먹은 뒤 저어서 지방을 제거한 우유를 마셔도 되는가?", "금이나 은(돈)을 받아도 되는가?" 하는 등의 열 가지 법 아닌 것[十事非法] 때문이다. 그런데 이 열 가지 내용을 현대인의 눈으로 본다면 한두 가지를 제외하고는 본질적인 수행에는 크게 영향을 주는 것들이 아니다. 이것이 원인이 되어 분열을 가져왔으니, 어찌 보면 소소한 계율에 집착한 결과, 승가 스스로 화합을 근본으로 한다는 승단의 분열을 초래한 것이다.

부처님께서 소소계를 버리라든가 지역에 따라 비니법(율법)을 정하라고 하신 것은 각 지역의 특성에 따라 수행생활을 잘 할 수 있도록 배려하신 것으로, 우리는 여기서 부처님의 탁월한 선견지명을 발견하게 된다. 열 가지 법 아닌 것 때문에 분열이 일어날 때 자신들은 정법(?)을 고수하겠다고 선언한 상좌부에서, 지금은 자신들이 하지 않겠다고 한 이 법들을 오히려 범하고 있는 형편이다. 물건의 축적은 물론 금과 은, 돈 등을 받고 있는 것이 오늘의 남방 상좌부의 현실이다. 가사만 걸치고 맨발로 탁발한다든가 오후불식하는 것으로 불교의 정통을 이어간다는 생각 아래, 북방불교의 전통을 가끔 비불교적인 것으로 간주하는 남방적인 시각도 있다. 그러나 북방에서는 추운 겨울에 얇은 가사만 걸치고 맨발로 걸식하러 가는 것만큼 어리석은 일도 없을 것이다.

부처님께서 제자들의 사정을 살펴 계율을 때때로 수정하시는 분이라 할 때 그 반대의 입장에서 명성을 얻으려고 노력한 사람이 있다. 그는 현대적 용어로 근본주의자라고 부를 만한 사람으로 부처님의 사촌이자 제자였던 제바달다였다. 제바달다는 여러 방법으로 부처님 자리를 빼

앗으려고 노력하였는데, 그에게는 여러 사람들의 존경을 받을 만한 힘도 있었던 것으로 여겨진다. 그는 승가에 들어온 뒤 신통력을 닦는 데 힘써 여러 신통을 얻었고, 아사세 왕자를 자신의 신도로 거둬들였으며, 뒤에 따로 교단을 차릴 때 500명이라는 많은 수의 비구가 그를 따라갔을 정도였다. 그는 부처님께 다섯 가지의 수행원칙을 정하여 도를 닦자고 제의하였는데, 그 가운데 몇 가지는 부처님께서도 초기 교단이 성립될 때 지키셨던 원칙들이었다.

그 원칙은 전해오는 전적에 따라 다소 차이가 있다. 『십송율』에서는 목숨이 다하도록 분소의만 입고, 걸식하고, 하루에 한번만 먹고, 맨땅에 앉으며, 육식을 하지 않는다 등이라 하고, 유부(有部)의 비나야(毘奈耶)에서는 우유를 먹지 않고, 물고기와 육식을 하지 않으며, 소금을 먹지 않고, 긴 베를 사용하지 않으며, 마을에서 지내고 조용한 암자〔阿蘭若〕에서 지내지 않는 것 등이라 한다. 이와 같은 제바달다의 제안을 부처님께서는 거부하셨던 것이니 바꾸어 말하면 승가에게 위의 여러 가지 일들을 허락하신 셈이 된다. 제바달다는 끝내 악도에 떨어졌다고 경전에 전하고 있는데, 재미있는 것은 천여 년 뒤에 당나라 현장 스님이 인도에 갔을 때 제바달다의 가르침을 중심으로 수행하던 승가가 그때까지 존속하고 있었다는 사실이다. 이것은 원칙을 존중하는 사람들은 어디에서나 있기 마련이고 또 사람들은 그런 것에 깊은 의미를 부여한다는 사실이다.

부처님께서 계율에 수정을 가하신 것은 무조건적인 규율을 위한 계율이 아니다. 안으로는 수행에 도움이 되는 계율로 하기 위함이고, 바깥으로는 세상의 비방을 없게 하려는 의도가 있는 것이다. 시간적으로는 2,500년의 차이가 있고 공간적으로는 인도와는 전혀 다른 풍습을 가진 한국에서 부처님 당시의 계율을 그대로 적용하는 것은 아무래도 무리가 있다.

부처님이 정하신 계율을 바탕으로 하되 이 땅에 알맞은 승가의 제도들을 만든 것이 청규나 종법 따위이다. 그러나 청규는 정진하는 장소에서만 지키도록 규정된 것이어서 실제로 모든 일상의 삶에 영향을 줄 수 있는 것이 아니다. 종법은 허물을 지은 스님들이 그때마다 참회할 수 있도록 하는 방법이 없으며 아울러 그 제도 자체가 사회법을 많이 모방하고 있다. 제도를 많이 만드는 것보다 더 중요한 것은 수행자 개인이 도덕과 품위를 스스로 높이고 지키는 것이다.

승가의 분쟁해결법

　　　　　　　　서양의 법정건물 앞에 안대로 눈을 가리고 손에는 칼과 저울을 들고 있는 여신의 조각이 세워져 있는 것을 볼 수 있다. 이 여신은 원래 그리스 신화 속에 등장하는 정의의 여신 디케(Dike)인데 로마시대에는 유스티티아(Justitia)라고 불렀다. 영어에서 '정의'를 뜻하는 '저스티스(justice)'는 바로 이 여신의 이름에서 유래한 것이다.

　　눈을 가린다는 것은 법을 집행할 때 잘 알거나 모르거나, 지위의 고하나, 남성이거나 여성이거나, 부자이거나 가난하거나에 관계없이 사심 없이 사실 그대로 판단하겠다는 뜻이다. 여신이 들고 있는 저울은 판결의 공평함을 나타내고, 칼은 법 집행의 준엄함을 의미한다.

고대 동양에서 법을 심판하는 관리들은 해태관이라는 모자를 썼는데 이 역시 공정성과 법의 엄격한 실행을 강조하는 의미를 담고 있다. 해태관은 해태(또는 해치)라는 짐승으로부터 유래되었다. 『이물지(異物誌)』라는 책에 해치라는 짐승이 동북쪽의 거친 곳에 살고 있는데 뿔이 하나에 성품이 충직하여, 사람이 싸우는 것을 보면 바르지 못한 사람을 뿔로 받고 사람이 논란을 벌이는 것을 보면 바르지 못한 사람을 물어뜯는다고 하였다. 또 『논형(論衡)』이라는 책에는 개호라는 짐승이 뿔이 하나밖에 없으며 죄를 지은 사람을 찾아내는 신통한 재주가 있었다고 한다. 순임금 때 고도(皐陶)라는 법관이 범죄의 사실을 판단하기 어려울 때는 이 짐승으로 하여금 사람을 들이받게 했는데, 죄가 있으면 들이받고 죄가 없으면 가만히 있었다. 그 뒤에 법을 집행하는 사람은 이 짐승의 모양을 모자에 장식하여 이름을 해태관이라고 하며 사용하였다. 동서양 모두 여신이나 신령스러운 짐승을 내세운 것은 사람이 공평무사하게 판결하는 것이 매우 어려운 일임을 말해주며, 동시에 법이 그만큼 공정하게 세워지기를 바라는 뜻이 깃들어 있는 것이다.

청정과 화합을 목적으로 하는 승가도 다양한 종류의 사람들이 모인 집단이어서 크고 작은 분쟁들이 생기기 마련이다. 스님과 스님 사이에서 분쟁이 일어나면 어떤 방법으로 해결을 하는가는 많은 사람들이 궁금해하는 것 가운데 하나이다. 이러한 분쟁은 부처님이 계실 당시부터 발생하였는데, 부처님께서는 승가의 화합을 위해 여러 가지 분쟁 해결 방법들을 내놓으셨다. 분쟁이 발생되면 우선 그 일을 맡아서 진행할 스님을 뽑아야 하는데 아래의 열 가지 조건을 갖춘 자라야 그 자격이 주어졌다.

계를 구족하여 잘 지키고, 들은 것이 많고, 비구·비구니 이부승의 계율을 잘 외우되 극히 예리하며, 그 이치를 널리 알며, 말을 잘하고 언사가 분명하며 문답을 잘 감당할 수 있고, 다투는 일이 일어나는 것을 능히 멸하게 하며, 편애하지 않고, 성을 잘 내지 않고, 두려워하지 않으며, 어리석지 않아야 한다.

이 열 가지 조건을 살펴보면 판결의 진행을 맡은 스님 자신이 계율을 잘 지키고 있어야 하고, 법을 잘 알아야 하고, 자신과 친하다고 해서 유리하게 만들지 않고, 세력이나 권위를 두려워하지 않고, 판결의 목적이 무엇인가를 잘 헤아리는 지혜가 있어야 한다는 것이 중요한 점이다. 이러한 조건들은 쟁사(諍事)를 맡은 스님들을 위한 것이지만, 오늘날 사회의 법을 판결하는 법관들도 반드시 새겨야 할 중요한 대목이다.

스님들 사이에서 다투는 일이 벌어지면 그 일의 경중에 따라 판결한다. 개인의 잘잘못을 따져서 벌을 주는 것에 중점을 두지 않고, 쟁사 자체를 없애는 데 주력하는 것이 특징이다. 쟁사를 없애기 위해서는 법답고[如法], 계율답고[如毘尼], 부처님 가르침과 같아야[如佛所敎] 제대로 된 판결이 된다. 쟁사를 없애는 대표적인 방법으로 일곱 가지가 있다. 첫째는 쟁사를 일으킨 사람을 스님들 앞에 드러내는 일이고, 둘째는 문제의 발단을 정확하게 기억하게 하여 분쟁을 없애며, 셋째는 허물을 지었을 때 어떤 이유로 정신이 혼미하였는데 지금은 정신이 맑다는 것을 규명해 주어 분쟁을 없애는 것이며, 넷째는 본인이 자백해서 분쟁을 없애는 것이고, 다섯째는 다수결로 분쟁을 없애는 것이며, 여섯째는 허물의 증거를 찾아서 분쟁을 없애고, 일곱째는 증거나 기억이 명확하지 않는 문제들은 풀로 땅을 덮듯 해서 분쟁을 없애는 것이다.

스님들 사이에서 어떤 문제가 발생하면, 대개 대중이 모인 곳에서 고백하고 공표하는 갈마의식으로 문제를 해결하는 것이 일반적인 방법이다. 그러나 풀기 어려운 쟁사는 여러 대중의 의견을 뽑기 형식으로 묻는 일종의 투표로써 해결하였다. 이러한 투표방법을 사라(舍羅)를 행한다고 하였다. 사라를 진행할 때는 다섯 가지 법이 없는 스님을 뽑아서 진행을 맡겼다. 이 다섯 가지법이란 편애함이 있고, 성냄이 많고, 두려움이 있고, 어리석음이 있고, 해야 할 것을 알지 못하고, 하지 말아야 할 것을 하는 것이다.

분쟁은 크게 법에 대한 분쟁과 사람에 대한 분쟁, 그리고 재물에 의해 일어나는 분쟁으로 나눌 수 있다. 법에 대한 분쟁은 경·율·론의 해석이나 수행방법에 대한 견해 차이로 일어나는 분쟁이며, 사람에 대한 분쟁은 대개 개인의 명예나 이성(異性) 때문에 일어나는 분쟁이 많다. 재물에 의한 분쟁은 돈이나 재산 때문에 일어나며 지금도 이러한 문제는 끊임없이 발생되고 있다. 법에 대한 분쟁으로 승가가 상좌부와 대중부로 갈라졌으며, 그 뒤 많은 종파가 나누어졌다. 타종교가 다른 교파에 대해 이단시하는 것과 달리, 불교는 부처님을 교주로 삼는다면 종파가 다르다고 이단시하지는 않는다.

사람에 대한 분쟁이나 재물에 의한 분쟁은 인간의 속성상 역사에 늘 나타나는 것이어서 승가라고 해서 예외가 되지는 않는다. 다만 승가는 수행자의 모임이기에 분쟁이 있다 하더라도, 결국은 출세간적 이상에 알맞고 화합공동체에 어울리는 방법으로 문제를 해결해 나가는 것이다.

현대의 스님들은 재판이 필요한 일이 발생되면 승단에 이 일을 묻지 않고 세속의 법정에 맡긴다. 사회에 문제가 생길 때 지혜와 해결의 실마리를 제공해야 할 승가가 오히려 자신들의 문제로 세속 판정을 구하는 것은 부끄럽기 짝이 없는 일이다. 사실 스님들 사이에 분쟁이 있어 승단에 의뢰하려 해도, 부처님 법에 의거해서 판단할 승가가 존재하지 않는 것이 현 실정이기 때문에 부득이 세속의 법에 판단을 구하는 것이다. 현재 각 불교종단마다 종헌종법이라는 것이 있어서 실제로 강력한 효력을 가진다. 그러나 이러한 종법이 과연 부처님이 의도하신 승가의 제도와 율법정신에 부합하는가에 대해서는 의문을 제기하지 않을 수 없다.

율장에 기록되어 있는 방법들을 오늘날 그대로 적용하기에는 무리가 있는 부분도 있다. 그러나 분쟁의 본질은 옛날이나 지금이나 별 다를 바가 없고, 더욱이 승가가 지향하는 바는 사회의 변화와 관계없이 그 가치가 변하지 않기에 율장에 의한 분쟁 해결법이야말로 부처님제자로서 따라야 할 일이다. 경과 율이 세계의 어느 종교보다 잘 갖춰진 불교에서 그 장점을 제대로 살리지 못하는 것은 스스로 집안의 보물을 포기하는 것과 같다.

불자로 산다는 것

페
미
니
즘
과
팔
경
계 八敬戒

비구니의 기원은 일찍 어머니를 잃었던 부처님을 양육했던 마하파사파제로부터 시작한다. 부처님의 모국인 카필라국이 코살라국에 의해 멸망하기에 앞서 부처님은 많은 석가종족의 젊은 남자들을 출가시킨다. 당시 석가족의 젊은이들에게 있어 출가는 마치 유행처럼 번졌으며, 명망 있는 가문에서 출가한 사람이 없다면 부끄럽게 여길 정도였다. 이러한 상황 속에서 남편을 잃은 여성들과 의지할 곳이 없는 여성들이 부처님 곁을 오게 되었다.

경전에 의하면 500여 명의 여인이 맨발로 분소의를 입고 먼 길을 걸어와 부처님께 출가를 허락해달라고 간청하였다고 하는데, 이들 500여

명은 거의가 왕궁에 거처하였던 여인이거나 남편이 출가해버린 귀족의 부녀가 주를 이루고 있었다.

이것은 비구가 비구니에게 교계(敎誡)를 하기 위해 교수사를 뽑을 때 족성(族姓) 출신, 즉 귀족 출신을 우선 선발하는 것을 보면 추측할 수 있다. 다시 말하면 당시 비구니의 출신성분이 모두 높기 때문에 그들보다 낮은 종족의 비구가 가게 되면 업신여김을 당할 수 있다는 배려에서 족성 출신의 비구를 차출하였던 것이다. 또 아무리 출가를 하였지만 아름다움을 잘 느끼는 여성 본능에 따라, 교계하는 비구의 용모가 단정해야 한다는 조건이 있다. 이것은 호감을 느끼는 용모의 소유자에게 교육을 받으면 그 효과가 크다는 심리적인 것을 부처님께서 잘 파악하고 계셨던 것 같다.

부처님은 이모인 마하파사파제로 대표되는 이 여성들의 출가 간청을 세 차례나 거절하셨을 만큼 여성들의 출가를 부정적으로 생각하셨다. 결국 '여성도 도를 얻을 수 있는가'라는 아난 존자의 물음은 결국 여성 출가의 허락을 얻어내는 데 결정적인 역할을 하였다. 부처님께서는 여인도 아라한과 등의 도를 얻는 것은 가능하다는 것을 말씀하셨고, 결국은 도를 닦는 것이라는 이유로 여성의 출가를 허락하시기에 이르렀다.

부처님께서는 여성들의 출가를 허락하시기 전에 '비구니가 지켜야 할 여덟 가지 조목'을 말씀하셨는데 이것이 유명한 '팔경계(八敬戒)'이다. 이 여덟 조목을 지키겠다면 출가를 허락하되, 지키지 못하면 출가를 허락할 수 없다는 것이 부처님의 뜻이었던 것이다.

불자로 산다는 것

여성들의 대표였던 마하파사파제는 이를 반드시 지키기로 맹세하고 비구니승가를 탄생시키었다. 마하파사파제가 팔경계를 맹세한 뒤 함께 따라온 여성들은 구족계를 받고 정식으로 비구니가 되었다. 그런데 뒷날 마하파사파제가 팔경계만 맹세하고 구족계를 받지 않은 것을 트집 잡아 비구니가 아니라는 말이 분분하여 자격시비를 논하고 있을 때, 부처님께 서는 마하파사파제는 팔경계를 맹세한 것이 곧 구족계를 받은 것이라고 말씀하셨다. 이것은 비구니계의 계체(戒體)가 팔경계를 인정하고 지키는 것에서 시작되며, 팔경계 단독으로도 비구니계를 대체할 만큼 강력한 조항인 것을 알 수 있게 하는 대목이다.

따라서 팔경계는 비구니계 348개의 조항 속에는 들어있지 않지만 비구니계를 받기 위한 전제조건으로 반드시 맹세해야 하며(만약 비구니가 되려는 사람이 팔경계를 받지 않으면 비구니계를 받을 수가 없다), 비구니계를 받은 뒤에도 당연히 지켜야 할 조목이다. 이러한 흐름으로 볼 때 비구니로서 팔경계를 부정한다면 비구니계를 부정하는 것이 되며, 비구니계를 부정하는 사람은 승가의 일원으로 인정될 수 없는 것이다. 비구니의 팔경계는 율장마다 그 내용이 조금씩 차이가 있지만 큰 틀에서는 그다지 다르지 않다. 『사분율』에 의거한 팔경계는 다음과 같다.

1 비록 백세 비구니라도 새로 계를 받은 비구를 보면 마땅히 일어나서 맞이하고 예배하며 깨끗한 자리를 펴서 앉기를 청하라.

2 비구니는 비구를 욕하거나 꾸짖지 말 것이며 '파계(破戒), 파견(破

見), 파위의(破威儀)'라고 비방하지 말라.

3 비구니는 비구의 죄를 드러내거나 기억시키거나 자백시키지 못하며 그들이 죄를 찾는 일이나 설계(說戒)하는 일이나 자자(自恣)하는 일을 막지 못한다. 비구니는 비구를 꾸짖지 못하고 비구는 비구니를 꾸짖을 수 있다.

4 식차마나가 계를 배워 마치면 비구에게서 대계(大戒, 구족계)를 받아야 한다.

5 비구니가 '승잔(僧殘)'을 범하면 마땅히 이부승중(二部僧衆)에서 보름 동안 마나타를 행하여야 한다.

6 비구니는 보름에 비구에게 교수해주기를 청해야 한다.

7 비구니는 비구가 없는 곳에서는 하안거를 하지 말라.

8 비구니승가가 안거를 마치면 마땅히 비구승가에 (가서) (그동안) 보고[見] 듣고[聞] 의심되는[疑] 것이 있다면 이 세 가지에 대한 자자(自恣)를 구하여야 한다.

위의 팔경계의 문장만 놓고 보면 일부 비구니스님들의 페미니즘적 주장이 그럴 듯하게 들리고 부처님은 비구 우월주의자처럼 생각되기도 할 것이다. 그러나 애초에 승가가 비구 위주로 출발하였고 비구니는 팔경계와 같은 불평등(?)한 조건을 받아들이면서까지 출가를 선택하였기 때문에 원망할 수 있는 여지가 없다. 위의 팔경계를 뜯어보면 비구니가 불평등하다고 여기게 되는 부분은 1, 2, 3번이며 4, 5, 6, 7번은 비구에게 비구니가 예속된 것 같은 느낌을 주는 조항들이다. 부처님 당시 비구들은 비구니 처소에 함부로 들어가지 못하였고 비구니는 포살이나 갈마도 비구대중과 함께 하지 않았으므로, 실제로 비구와 비구니가 만날 경우가 많지 않았다. 따라서 1번 조항이 적용되는 일은 그리 흔한 것은 아니었으며, 2번과 3번 또한 쉽게 일어날 수 있는 경우가 희박하였다. 비구니가 비구에게 예를 표하는 것은 승가의 좌차 때문이며, 비구를 꾸짖지 못하는 것과 비구의 죄를 드러내는 것을 하지 못하는 것은 비구가 문제가 있을 때는 비구승가에 청원해서 처리하는 것이 좋기 때문이다.

율장에서는 비구라도 사사로이 비구니를 꾸짖지 못하게 한 조항도 있고 비구가 비구니 절에 와서 법답지 못한 행위를 할 때에는 비구니들이 그를 공경하지 않겠다는 갈마를 지을 수 있다. 비구니 사찰에 파견되는 승려는 승랍 20년이 넘고 십덕(十德)을 갖춘 자라야 하되 비구니스님들이 요구하는 비구스님을 우선해서 발탁해야 한다.

이러한 것을 보면 비구는 비구로서의 의무를 잘 지킬 때 비구니의 공경을 받을 수 있으니, 승가가 비록 비구 중심이기는 하지만 비구니를 함부로 대할 수 없도록 되어 있다. 팔경계의 4번은 구족계는 비구가 주게 되어 있기 때문이고, 5번은 비구니가 범한 승잔계는 비구·비구니 40여 명이 함께 승인하여야 출죄를 할 수 있다. 6, 7번의 보름마다 비구가 가서 교계하고 안거는 비구가 있는 곳에서 하라는 것은 비구로 하여금 비구니승단을 바로 이끌고, 비구니들이 비구들의 보호 속에서 안전하게 지낼 수 있도록 배려한 것이다.

큰 계율의 갈마나 교계를 제외하고 비구니승가의 수행은 거의 자율에 맡겨져 있기 때문에 수행을 위해서는 실제 팔경계나 계율이 아무런 장애가 되지 않는다. 그러므로 비구니계를 지금의 페미니즘적인 잣대를 들이대어 성토하는 것은 도를 닦기 위해 출가한 사람이 할 행위가 아니다. 부처님의 계율이나 법을 싫어하거나 버린다고 말하는 것은 사계(捨戒)에 해당되며 사계하는 순간 곧 비구나 비구니의 신분을 잃어버리게 된다.

부처님이 정하신 계율들은 우리와는 다른 시대와 나라에서 만들어져서 지킬 수 없는 조항들도 있다. 상황에 따라 방편적으로 제정된 소소계와는 달리 비구니승가가 성립된 근본조항은 시대나 나라를 떠나 불교가 존재하는 한 지켜질 수 있는 것들이다. 승가 특유의 구조가 세속적인 방법으로 조직되어 있지 않기에 승가는 중생의 귀의처가 될 수 있다. 승가를 구성하는 중요한 두 가지가 청정과 질서이며, 승가가 존속하는 큰 이유가 부처님의 율과 경을 전승하고 수행하는 것이다. 이러한 특징을 제외한 승가가 어떻게 귀의처가 되고 공양을 받을 수 있는가를 생각해 보아야 한다.

출
가
와

효
도

           불자들 사이에서 회자되는 말 가운데
한 사람이 출가하면 구족(九族)이 하늘에 태어난다는 것이 있다. 이 말은
출가하여 구도의 길을 걷는 일이 그만큼 귀하고 어려운 만큼 공덕도 많
아서, 그 여파가 가족 친지에 이르기까지 널리 퍼진다는 뜻일 것이다.

    한 사람이 출가하여 구족이 하늘에 태어날 정도로 공덕이 많다면 출
가는 정말 더할 나위 없이 좋은 일이고 기뻐해야 할 일이다. 그런데 역대
고승을 비롯해서 현재 출가자들까지 가족의 축복을 받으면서 출가한 사
람은 그리 많지 않다. 오히려 부모 몰래 집을 빠져나오거나, 처자를 뒤로
하고 소식을 끊어버린 일을 당연한 것처럼 여기는 경향이 많다.

이렇게 출가한 사람들 대부분은 고향이나 부모 곁에 가는 것을 꺼려하고, 자신의 수행을 열심히 하는 것을 효도라고 생각한다. 나아가 부모나 친지가 오는 것보다 신도가 오는 것을 더 반갑게 여기며, 늙은 부모에게 안부를 여쭙는 것보다 단월(檀越, 불교신도)에게 전화하는 횟수가 더 많은 일도 허다하다. 출가했더라도 부모에게 효도해야 한다고 부처님께서 말씀하신 것은 여러 경전에 나오며, 특히 율장에는 안거 중에 외박할 수 있는 조건에 부모를 문안하기 위한 것은 허락될 정도로 효를 중요하게 여기고 있다.

가족에게 알리지 않고 출가하는 일은 부처님으로부터 시작된 역사이지만, 부처님께서는 성도하신 후에 고향에 돌아오셔서 부왕과 가족을 교화했으며, 부왕이 돌아가셨을 때는 자신이 관 앞에서 향로를 들 정도로 지극한 효심을 보이셨다. 『정반왕반열반경(淨飯王般涅槃經)』에 의하면 부처님께서는 이런 말씀을 하셨다고 한다.

"후세사람들이 포악해서 부모의 길러주신 은혜에 보답하지 못하면 이것은 불효자다. 이런 후세중생을 위해 방편의 가르침을 만들 필요가 있으므로, 나 자신이 몸소 부왕의 관을 맬 것이다."

작은 나라였던 카필라가 강대국인 코살라에게 멸망을 당할 때 거의 모든 백성이 죽임을 당하지만, 부처님께 출가했던 많은 청년들은 살아남게 되었으니 부처님은 자신의 나라에 대해서 할 수 있는 일은 모두 노력하신 것이다. 만약 부처님께서 출가하지 않고 카필라국의 국왕이 되었다면 현실적으로 초강대국인 코살라에 대항하기는 역부족이었을 것이며,

따라서 석가종족이 완전히 전멸될 수도 있었을 것이다.

출가는 당사자에게는 좋은 일이긴 하지만 출가자의 부모나 친지에게는 큰 슬픔을 안겨주기도 한다. 가끔 연세가 지긋한 어른들이 자식의 속명을 대면서 아들을 찾아달라고 절에 와서 눈물을 글썽이며 호소하는 것을 보면, 얼마나 많은 부모들이 같은 마음이었을까 하고 생각하게 된다.

부처님은 출가자가 되려면 우선 부모님의 허락을 받아야 된다고 하셨다. 부처님이 계실 당시의 교단은 오히려 부모를 존중하고 가까이 하는 풍토였던 것을 확인할 수 있는 대목이 율장의 군데군데에서 발견된다. 부모 몰래 출가하는 것은 아들에 대한 선호나 제사와 같은 유교적 관습으로 묶여 있던 중국이나 한국에서 보편화된 것일 뿐이다.

지금도 태국이나 스리랑카와 같은 남방불교권에서 아들이 출가하게 되면, 온 마을에 이 소식을 알리고 잔치를 열며 축제분위기에 싸이는 것을 볼 수 있다. 또 나이 어린 출가한 아들 앞에 절을 하고 삼보로 공경하며 기뻐하는 부모를 보는 것도 어렵지 않다.

율장에서는 처음 비구가 될 때 부모에게 허락을 받았는가 묻게 되어 있으며, 이때 거짓으로 허락받았다고 하면 올바른 계체가 성립되지 않는다. 부처님께서 성도하신 지 얼마 되지 않아, 야사라는 부유한 가정의 청년을 제자로 받게 된다. 야사의 부모는 아들이 부처님 제자가 되어있는 것을 보고 자신들도 삼보에 귀의하여 최초의 신도가 된다. 그때 야사의 아버지는 아들이 말없이 출가했을 때 마치 수천 개의 화살로 심장을 맞은 것 같은 마음의 고통을 느꼈다고 부처님께 사뢰며, 다음에 출가하는 사람은 반드시 그 부모의 허락이 전제되기를 간청하였다. 부처님께서는 이를 쾌히 승낙하시고 이제부터 출가하는 사람은 부모의 허락을 받지 않으면 안 된다고 선언하셨다. 이러한 이유로 말미암아 출가하여 비구계를 받을 때 부모의 허락 여부를 묻게 된 것이다.

불자들이 좋아하는 것 가운데 '이산혜연 선사 발원문'이라는 게송이 있다. 그 발원문 가운데 어린 나이에 출가하여 말과 뜻이 진실하고 서리 같은 계율을 털끝만큼이라도 범하지도 않고 만행을 다 닦아 중생을 구하겠다는 서원이 들어 있다. 그러나 실제로 불자들의 자녀 가운데 누군가 출가하겠다면 흔연히 그 말을 들어줄 불교신자는 거의 드물 것이다. 삼보가 복전이 되고 귀의처라는 말은 하면서도, 정작 자신의 자녀가 그 길을 가겠다고 하면 네가 무엇이 아쉬워서 출가하느냐며 목숨을 걸어놓고 만류하는 것이 허다한 실정이다.

그와 반대로 가톨릭의 신자 가운데는 자녀가 원하기만 하면 신부나 수사의 길을 걷게 하겠다고 긍정적인 대답을 하는 사람이 많다. 그들은 그들이 믿는 신의 뜻에 따라 성직자가 되는 자녀를 자랑스럽게 여기고, 그들 자녀가 신부가 될 때 같은 교우들끼리 모여 축하해 주면서 그 부모를 부럽게 생각한다.

아무리 불교의 내용이 훌륭하다 하더라도 실천이 없으면 그림속의 떡과 같다. 불교신도가 불법의 훌륭함을 칭찬하더라도 정작 불교를 위해 자녀를 출가시킬 마음이 없다는 것은 말로만 스님들이 훌륭하다고 하는 것뿐이다. 자녀가 판검사나 의사, 교수가 된다면 온갖 노력을 다하면서 보내려 하지만, 모든 중생의 스승이 되고 부모를 제도하는 부처님 제자가 되려고 하면 거부감을 느낀다. 이것은 우리나라 불자들의 승가에 대한 시각을 단적으로 보여주는 것이다. 또 출가자들도 부모를 제도해야 의무가 있는데 『비나야율(毘那耶律)』에는 이렇게 말하고 있다.

"만약 부모가 신심이 없거든 신심을 일으키게 해야 한다. 만약 계를 안 지키거든 계에 머물게 해야 한다. 만약 성질이 인색하거든 보시를 행하게 해야 한다. 만약 지혜가 없거든 지혜를 일으키게 해야 한다. 자식이 이렇게 하면 비로소 보은이라 할 수 있다."

출가한 사람도 부모에게 효도하여야 하는 경전의 말씀들은 많은 곳에서 발견할 수 있을 만큼 부처님은 효를 강조하고 있다. 출가자는 무조건 부모를 멀리해야 한다는 그릇된 관념과 불교는 좋지만 내 자녀는 출가자로 지내는 것을 허락하지 않는 편견은 아울러 버려야 할 것들이다. 효도하는 공덕은 아무리 강조하여도 지나치지 않는다. "나는 세세에 온갖 부처님네의 지극한 효행을 본받아 행했으므로, 덕이 높아지고 복이 왕성해져 마침내 부처가 되어 삼계에 독보(獨步)하게 되었느니라." 하신 부처님 말씀이 『육도집경(六度集經)』에 남아있는 것을 보면 효행은 부처에 이르는 길이기도 한 것이다.

2 — 불자로 살어리랏다

나는 '불자'다

불교신자들 모습에는 몇 가지 유형이 있다. 불교교리와 절의 풍속을 잘 알아 거의 스님과 같은 수준의 사람도 있고, 불교의 내용은 모르지만 불교 집안이기 때문이거나 혹은 복과 명을 빌러 습관적으로 절에 다니는 사람도 있다. 그런가 하면 부처님오신날이나 동지 같은 불교명절에만 절에 나오는 사람도 있고, 절에 다니지는 않지만 부모의 종교가 불교이거나 불교의 분위기가 좋아서 그냥 자신을 불교와 가까운 사람이라고 생각하는 경우도 있다.

일반적으로 우리는 위와 같은 사람들을 일컬어 불자라고 부르고, 자기 자신도 불자라고 여기게 되는 경우를 흔히 본다. 그러나 절에 다닌다

불자로 산다는 것

고 해서 모두 불자라고 불릴 수 있는 것은 아니다. 엄밀한 의미로 불교신도라고 할 수 있는 기준은 소리 내어 삼보에 귀의하는 것〔三歸依〕과 다섯 가지 계율〔五戒〕을 지키겠다고 맹세하였을 때부터다.

설령 매일 절에 와 살다시피 하고 기도나 참선을 평생 하였으며 팔만대장경을 모두 외우더라도, 삼귀의와 오계를 맹세하지 않았으면 불자라고 할 수 없는 것이다. 그러므로 삼귀의와 오계는 불자가 되는 첫 번째 문이며 불도를 완성할 때까지 지니고 가는 등불이 된다.

불자가 된 후 법회를 할 때나 예경할 때, 반드시 먼저 삼귀의와 오계를 소리 내어 외워서 신심을 굳게 하고 자신의 잘못을 반성하여 청정하게 하여야 하는 것이 불교신자다운 태도이다.

삼보에 귀의하는 맹세를 삼귀의계(三歸依戒)라고 하니, 이것은 목숨이 다할 때까지 삼보를 의지처로 삼겠다는 것을 약속하는 것이므로 계(戒)에 해당된다. 『선생경(善生經)』에는 삼귀의를 받는 까닭을 모든 고통을 깨트리고 번뇌를 제거하고 열반의 즐거움을 얻기 위함이라고 밝히고 있다.

삼보는 부처님〔佛〕, 가르침〔法〕, 스님〔僧〕을 보물에 비유해서 일컫는 말인데, 불·법·승을 왜 보물이라 부르는가에 대한 이해가 선행되어야 올바른 신심을 일으킬 수 있다. 『대승본생심지관경(大乘本生心地觀經)』에 의하면 부처님께서 오백 명의 스님들에게 불·법·승이 보물인 까닭을 열 가지로 설명하신 것이 있는데 간추리면 다음과 같다.

비유하면 세상에 제일가는 보물은 열 가지 의미를 갖추고 있어 세상을 꾸미고 모든 생명을 이롭게 하는데, 부처님·법·스님의 보배도 이와 같다.

1 좋은 보배는 부서지지 않는 것처럼 삼보도 이와 같아 나쁜 무리나 다른 사상으로 파괴할 수 없다.

2 뛰어난 보배가 깨끗하여 먼지가 없듯 삼보도 이와 같아 번뇌의 때를 멀리한다.

3 보배로 만든 병이 평안과 즐거움을 느끼게 하듯 삼보도 이와 같아 중생과 번뇌에서 벗어나는 즐거움을 함께한다.

4 정말 뛰어난 보배는 얻기 어렵듯 삼보도 이와 같아서 업의 장애가 있는 중생은 만나기 어렵다.

5 가치 있는 보배는 가난을 벗어나게 하는 것처럼 삼보도 이와 같아서 능히 마음의 가난에서 벗어나게 한다.

6 세상을 통치하는 왕의 보물 무기가 모든 원수를 항복받듯 삼보도 이와 같아서 여섯 신통으로 악마를 항복시킨다.

7 신비로운 보배구슬이 여러 보물을 쏟아내듯 삼보도 이와 같아서 중생들에게 착한 원력을 쏟아내게 한다.

8 세상의 여러 가지 보물로 궁전을 장엄하듯 삼보 역시 법의 궁전을 장엄한다.

9 천상의 보배가 모든 보물 가운데 가장 뛰어나듯 삼보 또한 이와 같아서 세상의 모든 것 가운데 가장 뛰어난 보배이다.

10 금이 불 속에서도 변하지 않듯 삼보도 이와 같아서 세상의 여러 풍파에도 움직임이 없다.

불자로 산다는 것

불·법·승이라는 보배는 생명들의 즐거움과 이로움을 위해 잠시도 쉬지 않는데 이러한 의미가 있기에 모든 불·법·승을 보배라고 이름한다.

삼보에 귀의한 뒤에야 불자로서의 첫 문이 비로소 열리는 것이다. 그러므로 삼귀의계가 이루어지지 않으면 신도가 받는 오계나 팔계, 나아가 스님들이 받는 비구계나 비구니계도 성립되지 않는다. 삼보에 귀의하는 것은 과거의 여러 나쁜 업을 없애고 좋은 삶으로 나아가는 길이 되며, 우리의 몸과 마음을 행복한 곳으로 이끄는 견인차가 된다. 비유하면 부처님은 좋은 의사이고 가르침은 건강을 얻는 것이며, 스님은 유능한 간호사가 되고 계율은 보약과도 같다.

삼보에 귀의하는 의식은 반드시 단을 차리고 격식을 갖춰야 하는 것은 아니다. 가장 간단하게 하는 방법으론, 한 분의 스님 앞에서 "저 000은 생명이 다할 때까지 부처님, 가르침, 스님들께 귀의합니다" 하고 세 번 말하면 삼귀의계가 이루어지게 된다.

삼귀의는 불자들의 생활에서 중심이 되며 따라서 어떤 일을 할 때라도 먼저 삼귀의를 마음 속이나 혹은 소리내어 염하는 자세를 가져야 한다. 삼보에 귀의하면 여러 가지 공덕을 얻게 되는데『희유교량공덕경(稀有校量功德經)』에 "사천하(四天下)와 육욕계(六欲界)를 교화하고 일체 중생이 아라한과를 얻는 것보다 삼보에 귀의하는 공덕이 더 크다."고 하였다.

『출요경(出曜經)』에는 "삼보에 귀의하면 원을 이루지 못함이 없고 천

인의 공양하는 바가 되며 스스로 깨달음을 얻어 영겁에 걸쳐 복을 받는
다."고 하였다. 또 "사람이 의지하는 바가 없는 것은 나무에 뿌리가 없는
것과 같은데, 만약 의지하는 삼보가 있기만 하다면 무슨 일인들 이루지
못할 것이 없다."고 하여 삼보에 귀의한 공덕이 무량함을 설하고 있다.

부처님이 이 세상에 계실 때에도 어떤 사람이 어려운 일을 당한 경
우, "나무불" 하고 염하여 고난을 벗어난 예를 많이 볼 수 있다. 그러므
로 귀의삼보를 염하는 것은 곧 바른 기도법이기도 하다.

야사 존자의 부모와 옛 아내가 불교역사상 최초로 부처님 앞에서 삼
보에 귀의하고 우바새 우바이가 된 뒤로, 불교도가 되는 방법은 오랜 시
간이 지난 지금도 부처님 당시와 같이 변함이 없다. 삼귀의계를 지니는
것은 믿음에 있어서는 주춧돌이 되고 인생에 있어서는 길잡이가 되며 행
복으로 들어가는 정문이 된다. 삼귀의계를 항상 지니면 자연스럽게 불자
로서의 긍지와 함께 올바르고 자비로운 마음을 갖게 되어, 행동이 단정
해지고 자신의 삶을 책임 있게 살게 되는 것이다. 이러한 불자의 자세는
가정과 사회를 건강하고 밝게 이끄는 사람이 되기에 충분하다. 이미 믿
음을 낸 사람은 더욱 굳건한 신심을 위해, 아직 삼보에 귀의하지 못한 사
람은 얻기 어려운 인연을 맺기 위해 함께 삼귀의계를 염하여 보자.

저는 생명이 다하도록 부처님께 귀의합니다(나무불).
저는 생명이 다하도록 가르침에 귀의합니다(나무법).
저는 생명이 다하도록 스님들께 귀의합니다(나무승).

불자로 산다는 것

오계, 불자로 바로 서다

五戒

길거리에서 대상을 가리지 않고 공격하는 사람이 늘고 어린이들을 대상으로 하는 성폭력 사태가 증가하면서 우리 사회가 충격에 빠져 있다. 사실 이러한 문제뿐만 아니라 도덕의 불감증이 사회에 만연하여 정치인은 국민에게 거짓말하고 상인은 상품을 속이고 종교인들까지도 해서는 안 될 일을 하고도 크게 부끄러움을 느끼지 않는 현실이다.

선진국이 되는 요건 가운데 가장 중요한 것이 국민의 도덕성인데, 대한민국의 현재 상황은 선진국이 되기에는 너무나 부족한 상태이다. 비슷한 예로 중국이 경제능력이 있지만 선진국으로의 진입이 어려운 까닭도 바로 이 국민도덕성이 못 미치기 때문이다.

반면에 세계 각국에서 일본을 인정하는 것은 국민의 전반적인 도덕 수준이 모범이 될 만하기에 그러한 것이다. 물론 이것은 전쟁의 사과나 독도문제와 같은 정부 입장의 도덕을 의미하는 것은 아니다. 우리는 봉건제도의 청산 이후 일제 강점기와 전쟁, 그리고 열악하고도 치열한 시기를 견뎌내야 했다. 이 과정에서 교육은 인격의 형성보다는 경제적 풍요를 위한 방법으로 인식되었고, 실제로 그 효과가 사회 곳곳에서 현실화되었다.

모든 가치는 재물의 소유에 따라 등급이 정해지고, 상위 등급에 오르기 위해 다른 것은 간과되었다. 그 결과 우리 사회를 책임져야 하는 중년은 자신의 정체성에 대해 고민하고 청소년은 갈 길에 대해 방황하고 있으며 심지어 노년층에서도 철학 없이 삶을 보내는 경우가 허다하다.

스칸디나비아 지역 국가들은 전인적 교육을 중요하게 여긴다. 직업이나 빈부, 혹은 신분의 고하를 떠나 가장 주안점을 두는 것이 개개인의 인격이다. 그러한 인격은 그 개인만의 책임이 아니고 사회와 국가가 관심을 가지고 교육시스템을 만들어 키워나가게 한다.

이러한 전인교육은 인간이 근본적으로 영위해야 하는 존엄과 복지, 그리고 높은 삶의 질을 위한 것이다. 어떤 제도든지 완벽한 것은 없지만 인간의 가치를 우선에 두는 교육이야말로 자본주의 속에서 사람들을 바로 세우는 한 방법인 것이다.

오상(五常)을 가르치는 것은 옛 사람들이 전인교육을 하는 하나의 제도였다. 과거에 급제하여 벼슬에 나아가는 것도 공부의 목적이었지만, 그보다 우선하는 것은 그래도 학문으로 몸을 닦고 집안을 다스리는 것이었다. 사회의 일원이 된 후에도 오상을 바탕으로 제대로 된 인격을 기르는 것이 일종의 전인교육과 같은 것이었다. 어릴 때 배우는 『동몽선습(童蒙先習)』이나 어른이 된 후에 읽는 『사소절(士小節)』 같은 책도 전인교육의 연장선에 있는 것이다.

전인교육의 근본이 되는 오상은 유학에서 말하는 인의예지신(仁義禮智信)으로, 늘 함께 하면서 인간됨됨이를 키워주는 덕목을 말한다. 인은 인성의 기본으로 성품의 바르고 어짊을 함양하는 것을 의미하고, 의는 정의를 구현하는 용기를 기르는 것이며, 예는 상하의 구별과 배려와 예의를 익히는 것이다. 그리고 지는 사회구성원으로 살아가는 상식과 지식을 의미하며, 신은 신용으로 정직한 삶의 자세를 지키는 것을 말한다. 오상을 제대로 익히고 실천하기만 한다면 사회는 살맛나는 곳으로 변하고 개인도 바른 인생으로 살아갈 수 있다.

올곧은 자세의 인간을 유학에서는 군자(君子)라고 부르는데, 군자의 최고 덕목이 바로 인을 이루는 것이다. 인을 이루려면 다른 네 가지 덕목이 함께 어우러져야 가능한 일이다. 결국 군자를 양성하는 일은 곧 범죄가 없고 배려심이 가득한 사회를 만드는 일과 다름 아니다.

이러한 오상을 불교에서는 오계(五戒)에 비교하여 설명할 수 있다. 오계는 죽이는 것, 도둑질하는 것, 삿된 음행을 하는 것, 거짓말하는 것, 술 마시는 것 등 다섯 가지 행위를 하지 않는 것이다.

죽이는 것을 금하는 것은 곧 자비를 실천하는 것이다. 인(어짐)에서 한 걸음 더 나아간 것으로 그 대상이 일체의 생명이다. 도둑질을 금하는 것은 재물이나 지식에 관한 모든 비양심적인 행위를 금하는 것이니, 의(의로움)보다 더 적극적인 행동을 해야 한다. 삿된 음행을 끊는다는 것은 부적절한 남녀관계뿐만 아니라 음란에서 생기는 일체 좋지 않은 일을 사전에 방지하는 목적이 있는 것으로, 예(예의)에 배대하여 생각할 수 있다.

거짓말을 하지 않는다는 것은 정직한 풍토를 정착시켜 상호간에 믿고 살 수 있는 사회를 건설하는 것이다. 신(신용)의 근본은 거짓말을 하지 않는 것에서 시작하므로, 이 계의 중요성을 잘 알 수 있다. 술을 마시지 말라는 것은 술 자체를 부정하지 않지만 지나친 음주습관이 가져다주는 폐해를 금하자는 의미이며, 단지 술만을 뜻하는 것이 아니라 도박이나 마약과 같은 습관성이거나 정식적 피해를 주는 것까지 금하라는 것이다. 이것은 지(지식, 지혜, 상식)에 배대할 수 있으며 맑은 정신을 유지함으로써 자신의 존엄과 행동을 지킬 수 있는 방법이 되는 것이다.

이와 같은 오계는 불자라면 누구나 받아야 하고 실천해야 하므로, 선택이 아니라 의무인 것이다. 오계는 다른 종교의 계율과는 달리 사회도덕의 보편적 실천덕목이므로, 불자가 아니더라도 갖추어야 한다. 살생, 도둑질, 부적절한 음행, 거짓, 나쁜 습관에서 오는 폐해 등이 사라진 사회는 그야말로 우리가 원하는 이상적 공동체이다. 다양한 중생이 사는 세상에서 이러한 것이 사라진 완벽한 사회는 꿈꾸기 어렵겠지만 그나마 안심하고 살아갈 수 있는 세상을 건설하려면 작은 노력들은 필요한 법이다.

불자로 산다는 것

보살의 길은 군자가 되는 것보다 더 어려운 일이다. 보살은 대중을 위한 삶을 늘 염두에 두어야 하기 때문이다. 오계와 더불어 육바라밀을 실천하는 삶이란 대단히 어렵고 또 그것이 스스로 선택한 사항이기 때문에 상당한 의지력을 필요로 한다.

이 의지력이야말로 보살행을 닦는 원동력으로서 불교용어로는 원력(願力)이라고 부른다. 결국 오계의 실천도 원력이 있으므로 가능하기 때문에 매일매일 원력으로 살아가는 용기가 있어야 한다. 원력의 실천은 작게는 자신부터 넓게는 일체 중생에게 그 영향이 미치므로 결코 가볍게 여겨서는 안 된다. 보살이라는 말의 쉬운 표현은 전인적 삶이다. 다시 말해 가장 인간답고 인격적으로 사는 인간이며, 깊은 자비심으로 사회와 더불어 살아가는 사람이라는 말이다.

따라서 전인교육을 하는 것은 보살의 삶을 배우는 것이니, 불자의 길이야 말로 전인적인 교육이 되는 셈이다. 나에게도 이익이 되고 타인에게도 이익이 되는 효과를 내는 사회는 인류가 꿈꾸는 사회이다. 불자들이 지니는 작은 계율 하나가 곧 예토(穢土)에서 정토(淨土)로 바꾸는 샘물이 된다. 샘물이 모여 큰 바다를 이루듯 오계의 실천이 모여 우리가 원하는 사회를 건설할 수 있을 것이다. 오계는 일반사람들에게는 바른 삶을 위한 기본 잣대가 되고 불자에게는 보살의 길을 위한 첫 걸음이 되기에, 오늘날 같은 혼란한 시절에 더 강조되어도 모자람이 없다 하겠다.

재가불자의 수행법

　　부처님께서 남기신 말씀을 모은 것이 지금의 대장경이다. 대장경에는 여러 가지의 말씀이 있지만 거의 대부분이 출가한 스님들을 위한 법문이다. 물론 재가신도가 주인공이 되는 『유마경』이나 『승만경』과 같은 경전도 있고, 부분적으로 출가는 하지 않았지만 보살이라는 위치로 등장하는 『법화경』이나 『화엄경』도 있다.

　　이러한 대승경전을 제외하고는 초기경전들의 말씀은 출가자의 생활이나 수행 위주로 되어 있다. 또 대승경전에 나와 있는 재가보살의 법문도 사바에 사는 우리 범부중생으로는 실천하기 너무 어려운 것으로 구성되어 있어 현실적이지 못한 것이 사실이다. 현대인이 처해져 있는 상황이나 조건들이 과거와는 매우 다르기 때문에 재가인들이 수행하고 실천할 수 있는 것으로 모색되어야 한다.

율장은 여러 경전 가운데 가장 원전에 가깝다고 여겨질 만큼 부처님 당시의 모습과 여러 말씀들을 전하고 있는데, 이 역시 율장의 속성상 출가자를 위한 것들이다. 그러나 이 속에 부처님께서 재가신도에게 어떤 법을 설하셨는지 밝히고 있는 부분이 있다.

그 내용을 보면 출가수행자와는 다른 법을 설하셨는데, 이것은 재가 신도의 일상적인 삶과 조화될 수 있는 것이다. 이 가르침은 과거에는 물론 현재에 이르러서도 여전히 실천할 수 있는 조항이며, 오히려 경쟁 속에 살아야 하는 현대인에게 더욱 도움 되는 것이라 할 수 있다.

부처님께서 재가신도에게 간단하면서도 실천할 수 있는 법을 알려 주신 것에 주목해야 한다. 부처님께서는 우선 보시(布施)의 공덕을 찬탄하셨다. 얼핏 생각하면 단순한 것 같지만 실제로는 대단한 마음의 변화를 요구하는 법문이다. 왜냐하면 중생의 마음은 근본적으로 자신의 것을 아끼고 더 많은 소유를 요구하는 욕망으로 가득 차 있으므로, 보시하는 생각을 내는 것은 그만큼 자신을 변화시키지 않으면 안 되기 때문이다.

보시하는 마음을 냄으로써, 간탐하고 인색한 마음을 없애고 다른 사람과 다른 생명들을 생각하는 큰 가슴이 열리게 된다. 이러한 마음이야말로 보살도를 시작하는 첫걸음으로 불교수행의 근본이 되는 것이다. 육바라밀이나 사섭법 등 대승을 닦는 모든 수행법의 첫머리에 보시가 제시되는 것이 이와 같은 이유이기 때문이다. 보시는 실천하기 쉬운 것 같아

보이지만 주었다는 생각 없이 보시하기는 어렵고, 지속적으로 보시행을 닦아 나아가기도 힘들기에 만행(萬行) 가운데 으뜸이 된다.

보시에 이어 두 번째로 부처님께서 권하시는 법은 계를 지키라는 것이다. 재가제자의 계는 곧 오계(五戒)로 인간을 인간답게 살도록 만드는 근본 도덕이다. 오계는 불교신자뿐만 아니라 일반사람들이 추구하는 행복을 얻기 위한 보편적 가치로 보아도 무방하다. 개인의 높은 도덕성은 그 사람뿐만 아니라 사회를 변화시키며, 나아가 주위 중생들의 삶의 질을 향상시킨다. 계는 탐진치와 같은 성품을 거슬리는 인격의 대반전을 가져오지 않으면 지켜나가기 어렵기 때문에, 타성에 젖은 삶을 완전히 바꾸지 않으면 안 된다. 그런 까닭에 계를 지키려고 노력할 때 인생이 변화 발전한다는 것을 부처님께서 일깨워주신 것이다.

세 번째는 천상에 나는 것을 말씀하셨다. 이것은 사후세계에 대한 당시의 인식을 그대로 반영하여 말씀하신 것으로 중생의 근기에 맞추신 설법이다. 보시와 지계(持戒)를 통하여 공덕과 심신을 닦으면 사후 천상에 태어나는 즐거움을 얻는다고 하셨다. 수행의 덕행은 죽음으로부터 오는 두려움을 없애는 가장 좋은 방편이며, 즐거운 사후의 삶이 기다리고 있다는 위안을 줌으로써 보시와 지계를 권장하고자 하신 것이다.

인간의 삶 속에서 신분의 상승이나 복덕이 증익되는 일은 매우 어렵다고 할 수 있다. 그런데 인간에서 천상으로 태어난다는 것은 더더욱 힘든 일이다. 그러니 사실 생천(生天)의 복을 논하는 것은 마치 거지에서 재벌이 되는 것만큼이나 큰 일이 아닐 수 없다. 이 생명을 마친 뒤에 천상과 같은 좋은 국토에 태어나는 것은 깊은 선근을 심어야 가능한 일인데, 보시와 지계로써 충분히 그 복을 닦을 수 있음을 부처님께서 가르쳐 주신 것이다.

부처님께서 재가신도에게 말씀하신 세 가지 가르침인 보시, 지계, 생천은 불자들이 일상생활 속에서 실천할 수 있는 가장 근본적인 수행방법이다. 사실 보시와 지계 같은 기본을 실천할 수 있으면, 좀 더 높은 단계를 수행하기란 그리 어렵지 않다. 모든 불법의 수행은 유기적 관계에 있기 때문에 보시와 지계의 마음이 견고하면 보리심을 내고 반야지혜를 얻는 것은 힘들지 않다고 하는 것이다. 재가신도로서 세 가지 가르침을 잘 이해하면, 다시 오온에 관한 것과 사성제나 팔정도와 같은 법을 설하여 진리에 눈뜨게 한다. 율장에는 이러한 과정에 대해 법을 보고 법의 깨끗한 눈을 얻었다라고 설명되어 있어, 재가신도 또한 부처님의 말씀을 듣고 바로 과위를 얻은 일이 허다한 것을 알 수 있다.

부처님께서 입멸하신 이래 수많은 수행법들과 경전들이 생겨났다. 그리고 모두 자신의 수행법이 가장 좋은 것이라고 주장해왔거나, 자신이 신봉하는 경전이 으뜸가는 것이라고 믿으며 최상승법, 제일의제, 원만교 등으로 부르고 법의 고집을 세워왔다. 재가신도들조차 경전을 몇 만 독했고 절을 몇 백만 배 했다는 것을 자랑으로 여기는 경우가 있는데, 불법 수행이란 결코 자랑할 수 있는 것이 아니라 할수록 겸허해지는 것이다.

여러 가지 수행법 역시 사람의 근기에 따라 효과를 얻는 것이 다르므로, 자신에게 알맞은 수행법이 타인에게도 적용될 수는 없다. 모든 수행법에는 나름대로의 가치가 있기 때문에 어떤 것이 최고의 수행법이라고 말한다는 것은 어리석은 판단이라고 할 수 있다.

우리가 법에 대해 믿을 수 있다고 하는 것은 결과가 분명하고 이익이 있으며 현실적이라야 한다. 그러므로 부처님께서는 불법에 대해 와서 보라고 말씀하신 것이다. 이것은 수행의 결과가 눈에 사물이 보이듯 아주 분명하게 드러나 완전하게 체득된다는 뜻이다. 어떤 수행이나 경전이라도 깨달음에 도달하는 도구일 뿐이다.

『금강경』에 "법도 버려야 할 것이거늘 하물며 법 아닌 것이랴?"라고 한 것도 결국 방법에 구속되지 말라는 것이다. 진리는 결코 복잡하지 않지만 스스로 복잡하게 분별하는 마음이 더 많은 번뇌 망상을 낳고, 그 번뇌 망상을 없애기 위해 또 다시 수많은 경전과 수행방법이 존재한다.

부처님께서 재가불자에게 가르쳐 주신 세 가지 수행법은 간단하지만 모든 수행을 아우르는 힘이 있다. 교리와 수행법이 아무리 발전하더라도 결국은 부처님께서 친히 가르쳐주신 법보다 더 뛰어난 것은 없다. 그대로 믿고 따르기만 하면 현세와 미래에 걸쳐 공덕과 과위를 얻게 되는 가르침이 곧 보시, 지계, 생천의 법이다.

부처님 당시의 사람들은 이 법을 듣고는 곧 바로 환희심을 내어 삼보에 귀의하고 오계를 맹세하여 불자가 되었던 것이다. 마음을 소박하게 가지고 세 가지 수행법과 함께 일생을 힘써 정전한다면, 이생에서나 사후에 가서도 이보다 더한 행복을 가져다주는 일은 없을 것이다.

왜
승
보
에
귀
의
하
는
가
?

　　"현대 사회에서 수용할 만한 종교는
오직 불교라는 종교뿐이다. 만약 현대 사회가 불교를 수용하지 않는다면
멸망을 면치 못할 것이다. 다른 어떠한 종교도 부처님의 가르침 이상으
로 지적이고 과학적인 현대인의 마음에 파고들지 못할 것이다."

　　이것은 인도의 초대 법무부장관이었던 암베드카르 자신의 종교선언
이다. 암베드카르는 20세기 초 간디에 가려 그 이름이 덜 알려졌지만, 수
천 년을 내려온 인도의 카스트제도에 온몸으로 투쟁하며 신분이 낮은 사
람들의 아버지로 불리었다.

　　그가 세계의 종교들을 폭넓고 깊이 있게 비교한 뒤 얻은 최종의 선택

은 불교였다. 그의 이러한 결정은 불교의 평등 정신에 귀의함으로써 정신과 물질의 양면에서 압박받는 사람들의 생활을 향상시킬 수 있다는 확신에 따른 것이었다. 그런 까닭에 그는 먼저 스스로 불교신자가 되고, 이어서 그들을 불교도로 개종시킬 것을 결심했다. 그러나 수계의식을 치르기 직전까지 그를 망설이게 한 것이 있었으니, 그것은 삼귀의계 가운데 "승가(스님들)에 귀의합니다"라는 대목에 선뜻 동의할 수 없어서였다.

승가(僧伽, sangha)란 '화합한 스님들의 무리'라는 말이다. 즉 부처님의 교법을 믿고 받들어 행하려고 집을 나와서 삭발하고 구족계를 받아 계(戒)·정(定)·혜(慧) 삼학(三學)을 닦는 사람들로서, 화합을 우선으로 삼는 집단이라는 의미이다. 승가를 줄여서 승(僧)이라고도 부르며, 스님을 낮추어 부르는 중이라는 낱말도 출가중(出家衆, 출가한 사람의 무리) 혹은 화합중(和合衆, 화합하는 스님의 무리)에서 온 것으로 유추할 수 있으니 모두 승가라는 의미를 나타내고 있다.

승가의 구조는 비구와 비구니 승단으로 이루어져 있는데 승가를 주도하는 승단은 비구승단이라고 말할 수 있다. 우리가 흔히 혼동하는 것 중에 출가중인 비구·비구니와 재가중(在家衆)인 우바새(남자신도)·우바이(여자신도)를 포함한 사부대중을 승가라고 보는 오류를 범하는 것은 승단(僧團)과 교단(敎團)의 차이를 잘못 인식하였기 때문이다.

교단은 스님과 신도를 모두 포함하여 부처님의 가르침을 따르는 신행 및 수행공동체를 뜻하고, 승단은 비구, 비구니, 식차마나, 사미, 사미니 등 스님네로 이루어진 출가공동체를 일컫는 말이다. 그리고 승단에는 식차마나, 사미, 사미니와 같은 예비 스님들도 포함되지만, 이들은 승가에는 포함될 수 없다. 구족계를 받지 않으면 승가에 들어올 수 없기 때문이다. 승가의 구성원이 되려면 갈마할 수 있는 자격이 있어야 하는데, 구족계를 받아 비구·비구니가 되어야 비로소 그 자격이 주어진다.

승가를 구성하는 최소의 인원은 4인으로부터 시작한다. 그 까닭은 자자와 구족계, 출죄를 제외한 모든 갈마를 할 수 있는 성원이 4인 이상이며, 나아가 5인, 10인, 20인 등의 단위로 나누어지기 때문이다. 20인을 초과하면 무량비구승(無量比丘僧)에 해당된다.

부처님이 계실 당시에는 부처님을 중심으로 승가를 이루었으나, 부처님이 열반에 드신 후 승가는 철저히 율장에 의거하여 특정한 지도자 없이 장로(長老)라고 하는 법랍이 많고 법이 높은 스님들이 공동으로 승단을 이끌었다.

처음 구족계를 받은 초하(初夏)부터 법랍이 많은 스님까지 승가 내에서는 모두 평등하여 특정한 계급이 인정되지 않으므로, 승가가 생긴 초기부터 화합이 강조되었던 것도 바로 이러한 수평적 구조 때문이었다. 다만 승가 내 질서의 유지를 위해 출가한 순서대로 좌차를 정하게 되어 있는데, 깨달음의 과위를 얻은 여부나 맡고 있는 소임의 높고 낮음과 관계없이 먼저 출가한 사람이 우선되는 것이 승가의 위계이다.

승가는 포살에 의해 청정함과 화합이 유지되고, 대중 전체의 결의에 의해 사항들이 결정된다. 그리하여 그 조직이 매우 독특하며 권위를 내세우지 않는다. 또한 세속적 계급과 출신의 배경이 부정되고, 오로지 현재 그 사람의 행위에 의해 존중받는 것도 열려있는 승가의 본래 모습이다. 이러한 승가야말로 인류가 만든 집단 형식 가운데 가장 민주적이고 이상적이며 평등한 모임인 것이다.

승가는 일찍이 부처님·교법과 아울러 존경받아 마침내 삼보의 하나로 귀의 대상이 되었는데, 이것은 부처님이 제정하신 법이다. 나아가 부처님은 곧 승가와 동일시되기도 한다. 율장에 "다만 승가에 보시하라. 내가 승가 속에 있다."라고 기록되어 있어, 부처님 자신이 승가의 일원임을 밝혀준다. 이는 부처님이 불보인 동시에 승보에도 속하는 것을 의미한다. 승가는 다음과 같은 공덕으로 말미암아 중생의 귀의처가 된다.

적은 것으로 만족할 줄 알고 항상 지족함을 찬탄하며 부지런한 마음으로 정진하고 뜻은 고요함을 즐기고 선정을 닦으며 중생을 불쌍히 여긴다. 이처럼 대중 스님네(승가)가 법도에 알맞게 지내면서 계를 지키고 정진하며 부처님의 깊은 법을 잘 지니고 읽고 외우며 글로 써서 가르침을 잘 분별하여 가르치는 것이 여러 스님네가 중생을 불쌍히 여기고 중생을 이익 되게 하는 것이라 말할 수 있다. (중략)

이와 같은 것이 여러 스님네의 큰 공덕의 바다라고 말할 수 있으니 인간과 천상의 스승이 되어 능히 한량없는 중생에게 큰 이익이 되고, 능히 일체 중생의 고뇌를 끊게 해주며, 능히 일체 중생에게 해탈을 가져다준다. (중략) 만약 한량없는 스님네가 모두 다 계를 파하고 다만 다섯 스님만이 청정하여 법도를 지킨다 해도 어떤 사람이 보시를 하게 되면 복을 얻는 것이 한량없어 양이나 수로써도 계산할 수 없다. 왜 그런가 하면 (이 사람의 보시 행위는) 부처님의 법을 보호하려는 까닭이므로 곧 일체 중생을 연민히 여기는 까닭이기 때문이다.

–『대집경(大集經)』

이 내용을 간추리면 결국 승가의 존재는 부처님의 교법을 오래가게 하며 중생을 이익하게 하려는 데 그 목적이 있으니, 불법을 신봉하는 사람으로서는 보배가 아닐 수 없다.

암베드카르는 마침내 삼귀의를 맹세하고 오계를 받아 불자가 되었다. 그가 스님들께 귀의하는 것을 망설인 것은 승가가 기대만큼 청정하지도 않고 화합되지도 못하며 그다지 존경스럽지도 않아서 전혀 보배로 여겨지지 않았기 때문이었다. 그러나 그는 오랜 생각 끝에 귀의를 선택하였다. 그것은 승가야말로 포살과 갈마를 통하여 언제든지 청정해질 수 있는 근본을 갖추고 있으며, 부처님의 법이 승가의 존재 여부에 따라 얼마나 오래 존속할 수 있는가가 결정되는 것을 알았기 때문이다.

"사람에 의지하지 말고 법에 의지하라"는 부처님 말씀도 결국 법을 영위하게 하는 사람들의 무리인 승가라는 단체가 없다면 그 의지할 대상인 법마저 잃어버리므로 비록 소수의 승가라 하더라도 소중한 것이다. 그러므로 불자라면 승가를 승보로 존중해야 하며 동시에 승가의 청정 회복과 유지를 위해 잘 외호하는 것도 부여된 의무라고 하겠다.

부처님을 닮아가는 길

불자들이 즐겨 쓰는 용어 가운데 업
(業)이라는 말이 있다. 업은 본래 인도인들의 고유개념으로 불교에서도
그대로 받아들여 사용하고 있다. 불자들 가운데는 업이라는 단어를 부정
적인 의미로 쓰는 경우가 더 많은데, 그것은 업을 제대로 이해하지 못한
까닭이다.

부처님께서는 과거의 문제보다 현재의 일을 더욱 중요하게 생각하
셨다. 그러므로 과거에 너무 집착하는 것보다 현재를 바르게 사는 것이
불자다운 자세라 하겠다. 우리가 과거의 업이라 여기는 것도 현재의 상
황을 소급하여 그렇게 생각하는 것이고, 미래의 일도 지금의 상태를 추

불자로 산다는 것

론하여 가정하는 것이니 업은 현재를 중심으로 한다.

불교에서는 잘못된 행위를 단절하는 것이 업을 바꾸는 길이며, 업을 바꿈으로 해서 새로운 삶을 갖게 된다고 가르친다. 우리의 업은 기본적으로 세 가지로 짓게 되니 그것을 일러 삼업(三業)이라 한다.

삼업은 몸과 입, 그리고 생각(뜻)으로 짓는 업을 말하는데 이 가운데 가장 어려운 것이 생각으로 짓는 업을 조절하는 것이다. 처음부터 생각을 완전히 바꾸기는 어렵기 때문에 우선 몸이나 입으로 짓는 것을 잘 하도록 노력해야 하는데, 이 역시 뜻을 굳게 가져야 실천할 수 있으므로 몸이나 입을 조절하는 것은 생각을 조절하는 첫 걸음이 되기도 한다.

부처님께서 "내가 업이라고 부르는 것은 바로 마음의 의지이다. 의지를 가졌으면 사람은 몸과 말과 마음으로 행동해야 한다."라고 하셨다. 업을 이끌고 만드는 주체는 자신의 생각과 행동이라는 것을 명확히 갈파하신 것이다.

우리는 주위에서 종교를 가지고 난 뒤 술·담배를 끊고 사람이 달라졌다는 말을 흔히 듣는다. 어떤 사람은 이것을 불보살이나 신의 가피를 입어서 그렇다고 말하기도 하지만, 실제로는 그 사람이 종교에 귀의하면서 새로운 사람이 되어야겠다는 의지를 가지고 행동했기 때문에 달라진 것이다. 이것을 불교에서는 그 사람이 과거의 나쁜 습관(악업)을 버리고 새로운 좋은 습관(선업)을 선택했기 때문이라고 한다. 생각만 전환하면 얼마든지 과거의 나쁜 업과 단절할 수 있다는 것을 보여주는 증거이다.

좋은 업(善業)을 짓는다는 것은 인간의 목표인 행복한 삶을 영위하기 위한 최선의 방법인데, 이러한 행위가 좋다는 것은 알아도 실천하기가 어렵다. 또 실천하더라도 그 기간이 오래가지 못하고 좋지 않은 습관에 빠지기 쉽기 때문에 늘 자신을 가다듬을 수 있는 힘이 필요하다.

부처님께서는 나쁜 습관[惡業]에서 벗어나는 방법은 계율을 지키는 것이라고 말씀하셨다. 계율은 부처님께서 말씀하셨다는 이유로 무조건 지켜야 하는 것이 아니라, 고통에서 벗어나 행복하게 되기 위해 지키는 것이다. 『사분율』에 의하면 부처님께서도 처음에 제정하신 계율을 시간이 지나면서 수정하신 것이 여러 개 있는데, 이것은 그때마다 가장 이익이 되고 행복을 줄 수 있는 방법을 선택하신 때문이다. 그러므로 계율이야말로 좋은 삶을 위한 등불이 되고 행복을 위한 힘이 된다.

계율은 계율을 연구하는 율사스님이나 율원에 있는 스님들만 지켜야 하는 것으로 인식하는 불자들이 간혹 있는데 사미계나 구족계를 받은 스님들은 모두 지켜야 한다. 뿐만 아니라 재가신자들도 우바새·우바이 계율을 받아 지켜야 불자다운 삶을 영위한다고 말할 수 있다. 가톨릭의 경우 10계명은 물론이고 교황이 정한 여러 가지 규칙까지 준수하는 것이 신도의 의무로 되어 있으며 실제로 많은 신도가 지키려 노력하고 있다.

불자의 경우 실제로 계를 받아서 신도가 된 경우가 적고, 계를 받았다 하더라도 계의 내용을 모르거나 또 알고 있어도 노력하는 사람은 그리 많지 않은 실정이다. 계행(戒行)에 대한 중요성보다는 기도나 참선이 신행생활의 위주로 강조되어 왔기 때문이다.

불교가 타 종교와 차이가 있다면 수행을 통해 자신 스스로 생활의 변화를 가져오는 점인데, 이러한 수행의 시작은 곧 계율을 실천함으로 비롯된다. 따라서 기도나 참선을 하는 것도 계율이란 반석 위에 세워져야 하는 수행이니, 계율이야말로 모든 것에 앞서서 실천해야 하는 근본이된다. 부처님께서 수행의 차례를 말씀하시기를, 계율이 있고 난 뒤에 선정(참선)이 있고, 선정이 있으므로 지혜가 열리는 것이라 하셨다. 이 세가지 가운데 하나라도 결여되어 있다면 참다운 수행이라 할 수 없다.

불교는 자신을 행복하게 해 달라고 비는 종교가 아니라, 스스로 복받을 만한 일을 지어서 행복을 만들어가는 종교이다. 그러한 실천의 첫걸음이 바로 계율을 알고 지키는 일에 있는 것이다.

재가불자가 받을 수 있는 계율은 5계와 보살계가 있다. 5계는 부처님께서 제정하신 계로 남방과 북방불교의 불자들이 다 같이 받는다. 보살계는 한국이나 중국 등 북방불교의 불자들이 주로 받는다. 우리나라에서 보살계는 전국 사찰에서 매년 열리는데, 흔히 앉아서 계를 받고 서서 계를 깨트리더라도 계를 받는 것이 공덕이 된다고 하며 받기를 권장한다. 그러나 계를 받음으로써 공덕이 되는 것이 아니라, 자신의 행동을 바로 잡고 착한 법〔善法〕으로 나아가기 위해 노력할 때 공덕이 쌓이는 것이다.

계를 받으면 그 계를 지키기 위해 작은 노력이라도 해야 한다. 그러나 언제라도 절에 가서 계를 받을 수 있다고 생각하여, '왜 계를 받는가' 하는 기본적인 마음조차 갖지 않는 경우가 허다하다. 계를 받는 공덕이란 곧 계를 지킬 때만 얻어지는 공덕을 의미하므로, 건성으로 계를 받은 경우에는 해당되지 않는다.

보살계의 내용을 보면 참다운 대승의 마음을 낸 출가보살조차 지키기 어려운 대목이 많이 담겨 있다. 그러므로 대만에서는 보살계 가운데서 비교적 지키기 쉬운 것만 골라서 계를 주기도 한다. 이것은 대승계의 조그만 불씨라도 마음에 지펴게 되면 성불할 수 있는 첫 걸음이 되기 때문이다.

쓰지 않는 많은 지식보다는 한 가지라도 아는 것을 실천하는 것이 더 중요하다. 보살계를 천 번 받는 것보다 한 번 받은 계를 조금씩이라도 실천하는 것이 더 가치가 있다. 그것은 불교의 행복을 얻는 방법이 계첩의 많고 적음이나 절에 얼마나 오래 다녔느냐에 있는 것이 아니라, 부처님 가르침대로 실천하느냐 하지 않느냐에 따라 결정되는 것이기 때문이다.

불자가 받는 계는 결코 어렵거나 자신을 구속하는 것이 아니라, 사회적으로는 기본 도덕이 되고 불교적으로는 재가신도의 수행근거가 되는 가장 상식적인 것이다. 또 계를 잘 지키게 되면 개인에게는 신뢰와 존경이 따르고, 가정에는 화목이 생기게 되며, 자녀들이 부모를 공경하게 된다.

『범망경』에 의하면 계를 지킨 사람에게는 5가지 이익이 생긴다고 하였다. 첫째는 모든 부처님이 그 사람을 보호해 주시고, 둘째는 목숨을 마칠 때 바른 마음이 일어나 기쁘게 임종하며, 셋째는 태어나는 곳마다 좋은 사람들이 벗이 되어 주고, 넷째는 공덕이 모여 하고자 하는 일이 잘 이루어지며, 다섯째는 후세에 계행을 쉽게 지니고 복과 지혜가 충만하다고 하였다.

이처럼 받아 지니면 모든 행복의 근원이 되는 이 좋은 계를 불자들은

불자로 산다는 것

마땅히 힘써 지켜야 한다. 태산이 한 삼태기의 흙이라도 양보하면 진정한 큰 산이 될 수가 없고, 바다가 한 방울의 물이라 해서 소홀히 하면 큰 바다가 되기 어렵다. 그렇듯 우리가 원하는 보람되고 훌륭한 삶을 살아가려면 작은 계율이라고 해서 가볍게 생각해서는 안 된다.

계율은 부처님을 닮아가는 길이며, 개인과 사회가 함께 행복으로 가는 가장 쉽고 좋은 방법이다. 그렇기에 불자가 되려는 사람은 모든 것에 우선하여 받는 것이다.

재가불자의 팔관재계 八關齋戒

　재가불자가 계율을 가진다는 것은 불자로서 삶을 살아갈 수 있는 기초를 마련하는 것이다. 계율은 불교도로서의 정체성을 확보해주고, 자신과 타인에게 이익이 되게 하며, 궁극적으로는 바른 깨달음을 얻는 데 반드시 필요한 것이다. 경에 계는 위없는 지혜의 길로 나아가는 근본이 되고 착하고 좋은 것을 마련하는 뿌리를 기르는 것이라고 하였다. 계가 실로 모든 수행의 근원이 됨을 밝히고 있는 것이다.

　계는 수계식 때 받은 것으로 그치는 것이 아니라, 매일매일 계를 외우면서 실천해 나갈 힘을 기르는 것이 무엇보다 중요하다. 매일 계를 외우며 염두에 두게 되면 행동도 자연히 그에 따르게 되므로, 자신도 모르는 사이에 신심이 더욱 굳건해지고 인격도 부처님을 닮아간다. 육체의 생명을 유지하려면 밥을 매일 먹어야 하듯, 정신과 진리의 생명을 이어나가려면 부처님 가르침에 의한 바른 삶의 실천인 계율을 잊지 말아야 한다.

그러나 세간의 생활은 계를 지키지 못할 부득이한 상황이 되면 알면서도 어기게 된다. 또 어떤 경우에는 지킬 수 있지만 대수롭지 않게 생각하여 어기는 일도 있다. 불자로서 계를 받는다는 것은 자신과 삼보와의 약속이지만 그 실천의 여부는 본인만이 결정할 수 있다.

선행을 하는 것도 자주 해본 사람이 잘하듯, 계의 실천도 노력을 기울이고 습관이 되어야 잘할 수 있다. 재가불자들이 계를 지키고 지혜를 증장시키기 위해서 정기적인 날을 정해놓은 것이 곧 팔관재일이다.

중국에서 팔관재회(八關齋會)에 관한 기록은 5세기부터 나타난다. 그 이후에는 황제가 팔관재회의 의례를 개최하였다는 기록이 있고 당나라 때에 크게 유행하였다.

우리나라에서는 팔관재를 신라 때부터 시행하였으며, 고려시대에는 가장 비중 있는 불교행사였다. 고려에서는 팔관재를 팔관회(八關會)라고 불렀으며 계율을 위한 행사에서 국가의 수호와 왕실의 조상숭배 등의 행사로 확대되었다. 특히 고려를 건국한 태조 왕건이 팔관회를 국가적 행사로서 선포하여 매년 이를 행하도록 명하였다. 팔관회는 고려가 멸망할 때까지 계속 되었는데, 이러한 행사는 팔계를 지킨다는 개인적인 수행을 넘어서서 국민 전체의 복락을 가져오는 것으로 발전된 것이다. 백제로부터 불교를 전해 받은 일본에서는 팔관회가 열렸다는 기록은 보이지 않는다. 이것은 신라와 달리 백제에서는 팔관회를 그리 중요시 하지 않은 영향일 가능성이 높다.

팔관재(八關齋)는 팔관재계라고도 하며 여덟 가지 계를 지켜서 닦는다는 의미가 있다. 여기서 여덟 가지 계는 재가신도가 받는 오계에다가 세 가지를 더한 것으로, 오계는 평소에도 지켜야 하는 것이므로 실제적으로 팔관재일에는 이 세 가지를 실천하는 데 중점을 둔다.

팔관재일은 매월(음력) 8일, 14일, 15일, 23일, 월말 이틀로 모두 6일이다. 월말의 이틀은 그 달의 크기에 따라 마지막 날과 그 전 날로 정한다. 남방에서는 달 크기에 상관없이 5일, 8일, 14일, 23일, 29일, 30일을 지키고 있다. 이 6일을 육재일(六齋日)이라고 한다.

팔관재일날 받은 여덟 가지 계는 그 날 하루 낮 하루 밤을 지키는 것인데, 아침에 계를 받아서 다음 날 아침까지를 그 기간으로 한다. 재계가 끝나는 아침시간은 자신의 손바닥 손금을 육안으로 확인할 수 있을 정도로 날이 밝아질 때까지이다. 재계가 끝나면 평상시의 생활로 돌아간다.

팔관재일은 매달 6일을 지켜야 하는 것이지만 습관이 안 된 우리나라 불자들에게 있어 일 년에 두세 달도 현실적으로 어려울 수 있다. 그러나 한 달 가운데 6일은 결코 많은 날이 아니므로 신심이 있는 불자라면 오히려 가벼운 마음으로 참여할 수 있다. 재일에 해당되는 날 오후와 저녁은 주로 절에 머물게 되므로, 부부와 자녀가 함께 계를 받으면 온 가족이 몸과 마음이 청정해져 신뢰가 쌓이게 되고 화목도 도모할 수 있다. 재일날에는 팔계를 받게 되는데 계를 받기 전에 세 가지 일을 알고 있어야 한다. 세 가지 일은 다음과 같다.

<u>1</u> 팔계를 받기 전에 과거의 모든 죄업을 참회하여야 한다.
<u>2</u> 팔계를 받고 난 뒤 육재일을 지켜야 한다.
<u>3</u> 팔계를 지키는 도중 부득이한 일이 생겨 계를 지키지 못할 일이 생기면 사계(捨戒)를 해야 한다.

첫 번째 항목에서, 참회해야 한다는 것은 자신을 청정하게 해주는 방법이다. 과거의 허물에 얽매이지 않고 새로운 각오로 살게 해준다. 그러므로 참회로써 과거의 잘못을 단절하고 계를 받아 지킴으로써 선한 일에 한 걸음 더 나아가는 것이다.

두 번째 항목에서, 육재일을 지켜야 하는 것은 계를 꾸준히 지키는 힘을 지속하려 하기 위함이다. 작심삼일이라는 말이 있듯 아무리 좋은 것이라도 계속 정진해 나가는 것은 힘이 드는 일이다. 마음이 해이해질 때쯤 다시 재일을 지키게 되면 순조롭게 정진할 수 있게 된다.

세 번째 항목에서, 사계를 하는 것은 계를 지키지 못한다고 고백하는 것이다. 한 사람의 도반이나 스님 앞에서 조용히 말하면 된다. 이때 하는 사계는 불자가 늘 지켜야 할 오계를 말하는 것이 아니라 뒤의 세 가지를 의미하는 경우가 대부분이다. 계는 지키려고 노력할 때 더욱 빛이 나는 것이므로, 정말 부득이한 일이 아니면 사계하지 말고 가급적 지키는 것이 좋다.

　사계는 불자들이 계를 어기고 죄책감을 느끼는 것을 사전에 막아주는 좋은 방편이지만 남용해서는 안 된다. 계를 어길 수 있는 상황이 되어도 이를 극복해내겠다는 의지 아래서 계를 받는 것이기 때문에, 불편함 때문에 사계하면 자신의 발전에 아무 도움이 되지 않는다. 만약 사계를 했을 때에는 평상시처럼 신행생활을 하다가 다음 재일에 다시 계를 받도록 한다.

　『광명경(光明經)』에 의하면 "계를 지키는 공덕을 수행해 성취하면, 계를 지키는 공덕 때문에 성불하게 된다."라고 설하고 있다. 이 말은 계를 수지하는 자체가 바로 수행하는 것이며, 계를 수지하는 것만으로도 성불할 수 있다는 것을 말해주는 것이다.

　출가한 스님들이 받는 바라제목차와 재가자들이 받는 오계를 별해탈(別解脫)이라고도 부른다. 이렇게 부르는 까닭은 계를 지키는 것만으로 해탈을 얻을 수 있기 때문이다. 그러나 팔관재일날 하루 낮 하루 밤 동안 지키는 계는 별해탈에 포함하지 않는다. 그것은 재가자가 팔계를 연속적으로 지킬 수 없어 계를 지키는 공덕이 이어지지 않기 때문이다.

　팔관재계는 출가하지 않은 불자가 하루 동안 스님들처럼 삶을 살아감으로써 열반의 문에 발을 들여놓는 것이 된다. 비록 짧은 실천이긴 하지만 헐떡이는 마음을 쉬고 청정하고 간소한 것에 대한 기쁨을 발견할 수 있다. 나아가 이런 실천들이 자신 생활의 일부가 됨으로써 복덕의 종자를 심고 자비심을 늘이는 계기가 된다.

스님처럼 사는 하루

팔관재일에 지켜야 하는 여덟 가지 계는 불자들이 항상 지키는 5계에 세 가지 계를 더한 것이다. 그런데 팔관재계를 지키는 날은 곧 스님들처럼 청정한 시간을 보내는 것이므로 불자들이 지키는 5계를 그대로 적용하는 것이 아니라, 부분적으로 조금 강화된다는 점이 다르다. 다시 말하여 스님들의 5계만큼이나 엄격성을 부여하고, 여기에다 더해지는 3가지 계는 의식주를 통제하여 하루만이라도 진지하게 수행하며 보내자는 의미가 있다. 팔관재일에 받는 여덟 가지 계는 다음과 같다.

첫째는 죽이지 말라는 계이다. 원래 비구스님들의 계목에서 죽이지 말라는 계목은 살인계(殺人戒)로 사람을 죽이지 말라는 것이다. 그런데 보살계에서 일체의 모든 생명을 죽이지 말라는 것으로 확장되면서 불살생계(不殺生戒)로 인식하게 된 것이다.

팔관재일날 불자들이 받는 불살생계는 생명 있는 일체 중생을 죽이지 않는다는 약속이다. 팔관재일이 아닌 평일에도 불자라면 늘 생명에 대한 외경심과 자비심을 지녀야 한다. 세속에 살면서 어쩔 수 없이 살생을 해야 하는 상황은 피할 수 없는 것이지만, 가능하면 적게 하고 자비로운 마음을 기르도록 노력해야 한다.

팔관재계를 받은 하루 동안만은 일체의 살생을 금하는 것을 원칙으로 한다. 살생의 종류는 다음과 같다. 자신이 죽이는 것, 다른 사람을 시켜 죽이는 것, 여러 가지 방법을 동원하여 죽이는 것, 주술이나 무당의 방법을 써서 죽이는 것, 낙태하는 것, 알을 깨트리는 것, 남에게 독약을 주는 것, 목숨을 끊도록 명령하는 것 등이다.

둘째는 주지 않는 것을 갖지 말라는 계이다. 이 계는 스스로가 남의 것을 훔치는 것은 물론, 주인 없는 것이라도 내 것이 아닌 것에 욕심을 내는 마음마저 없애는 것을 수행해 나간다. 또 남을 시켜서 훔치는 것, 교묘한 방법(사기)으로 타인 것을 취하는 것, 임금을 주지 않는 것, 세금을 포탈하는 것, 주었다가 다시 빼앗는 것, 밀수와 같은 부정한 방법으로 돈을 버는 것 등도 포함된다.

셋째는 음행을 하지 말라는 계이다. 재가신도의 음계(淫戒)는 부부 외의 다른 사람과 음행하지 못하게 하는 것이다. 그러나 팔관재계를 받는 날은 부부 사이에서도 금욕하며 하루를 보내야 한다. 그런데 부부 가운데 어느 한 쪽이라도 불자가 아니거나 이 같은 재계를 동의하지 않으면 팔관재일을 원만히 보낼 수 없게 된다. 그렇기 때문에 팔관재계는 부부가 함께 계를 받고 재일을 지키는 것이 가장 바람직하다.

넷째는 거짓말을 하지 말라는 계이다. 거짓말에는 타인의 이익을 위한 선의의 방편과 같은 거짓말도 있기 때문에 전혀 거짓말하지 않고 살아간다는 것은 어려운 일이다. 거짓말은 설령 다른 사람에게 피해가 가지 않는다 하더라도 해서는 안 되며, 속이려는 뜻으로 하는 말, 더 보태서 하는 말, 과장되게 하는 말, 이간하는 말 등 실제와 다른 말은 해서는 안 된다. 거짓말은 습관이 되기 때문에 항상 주의해야 한다. 팔관재일에는 선의의 거짓말을 포함한 일체의 거짓말을 하지 않아야 한다.

다섯째는 술을 마시지 말라는 계이다. 우리 사회는 술을 권하는 사회이다. 사업이나 사교 등 만남의 자리에는 반드시 술을 매개로 하기 때문에, 특히 남자신도에게는 이 계가 곤혹스러울 수도 있다. 술이기 때문에 마시지 말라고 하는 것이 아니라 술의 폐해 때문에 마시지 말라고 하는 것이다. 바꾸어 말하면 적당할 때 술을 절제할 수 있고, 습관이 되지 않으며, 건강에 도움될 만큼만 마시면 음식의 한 종류로서 허락되기도 한다. 냄새나 행동에서 조금이라도 타인이 불쾌감을 가지기 전에 술을 그쳐야 한다. 마약과 같은 향정신성의약품을 복용하는 것도 안 된다. 팔관재일에는 일체의 술 종류를 조금이라도 마시면 안 된다.

여섯째는 여러 가지 장신구로 몸을 꾸미거나 노래와 춤을 구경하지 말라는 계이다. 팔관재일을 지키는 동안 화장을 하지 않고 귀걸이나 목걸이, 반지 등 몸에 치장하는 것을 걸치지 않는다. 옷도 화려한 것을 입지 않고 향수도 쓰지 않아야 한다. 또 꽃다발을 목에 두르거나 꽃으로 몸을 장식해도 안 되는데, 이러한 것은 꽃으로 즐겨 몸을 치장하는 인도의 풍습에서 온 것이다.

노래와 춤은 자신이 스스로 해서도 안 되고 구경하는 것도 금한다. 공공장소에서 들려오는 것은 어쩔 수 없지만 고의로 오락거리를 보거나 들으려 하는 것은 안 된다. 이러한 것을 멀리하는 까닭은 겉치레에 집착을 떠나 자연스럽고 깨끗하게 하루를 보내는 데 그 의미가 있다.

일곱째는 높고 널찍한 상에 앉거나 잠자지 말라는 계이다. 교만하고 사치스러운 마음을 억제하고 쓸데없는 자존심이나 자기중심적인 생각을 버리는 데 목적이 있는 계이다. 상의 높이는 49cm 이하, 넓이는 132cm 이하, 길이는 264cm 이하로 한정하고 있다. 보통으로 사용하는 의자에 앉는 것은 허용되며, 침대와 방바닥을 그대로 사용할 수 있는 우리나라 방의 구조에서는 팔관재일 하룻밤 동안은 방바닥에서 얇은 요를 펴고 지내도 무방할 것이다.

여덟째는 정오 이후부터 다음날 새벽까지 먹지 말라는 계이다. 팔관재계를 받은 날 오후부터는 씹어먹을 수 있는 음식은 일체 먹지 않는다. 우유나 주스 등은 허용이 되며 그 다음날 새벽 손금이 보일 정도의 밝기가 되면 음식을 먹어도 된다. 이때 음식은 죽과 같은 부드러운 것을 먹는 것이 좋다. 팔관재계를 지키는 동안에 육식도 하지 않아야 하며 채식 위주로 먹는다. 팔관재계를 받는 당일의 점심만 먹고 다음 날 새벽까지는 금식을 한다. 한 끼 식사만 채식을 하면 되기 때문에 이 계를 지키는 것은 그리 어렵지 않다.

첫째부터 다섯째까지의 계목은 불교만이 아니라, 인류가 사는 질서의 근본이 되는 도덕 사항이기 때문에 당연히 이행해야 한다. 더욱이 불자는 모든 존재에 대한 자비와 지혜를 가지고 계를 지녀야 한다. 여섯째부터 여덟째 조항까지는 주로 의식주에 관한 부분을 통제하는 내용이다. 평소의 소비생활과 사치스런 마음을 없애고 소박하게 자신을 돌아보며 타인에게 배려하는 생각을 내야 한다.

팔관재일은 단지 정해진 여덟 가지 계만 지키는 날이 아니라, 부처님 말씀이 나의 생활 속에 일치될 수 있도록 노력하는 날이다. 평소에 엄두를 내지 못했던 선행을 몸소 실천하는 날이기 때문에 그 의미는 매우 크다고 할 수 있다. 일 년 가운데 한 달이라도 팔관재를 행하는 달을 정하여 실천한다면 불자로서의 긍지는 물론, 증장되는 청정 속에서 공덕도 함께 늘어가는 기쁨을 느낄 수 있을 것이다.

불자들의 행복경제

문화혁명을 통해 중국의 유구한 문화를 파괴한 모택동이 아직도 중국인으로부터 절대적인 존경을 받는 것은 무엇 때문인가? 그것은 다수가 기아에 허덕이던 중국을 식량 문제로부터 해결하였기 때문이다. 농자천하지대본(農者天下之大本)이라는 말이 증명하듯 일반 백성에게 있어 배를 불리는 것이 무엇보다 시급한 일이었다.

식량 문제를 뛰어넘은 중국의 경제 팽창은 곧 국력이 되어 세계가 우려하는 수준에까지 이르렀다. 세상의 정의는 힘 있는 자에 의해 결정되고, 정신보다는 물질의 가치가 실제적으로 행사되는 것은 역사를 통해 익히 보아온 일이다.

불자로 산다는 것

부처님께서는 이러한 중생계의 속성을 잘 아시고 재가불자들에게 정신과 물질이 균형을 이루는 법을 말씀하셨다. 실제로 불교에서는 물질의 문제를 정신만큼이나 중요하게 생각한다. 부처님께서는 재물을 빌려주고 이익을 얻은 상인을 칭찬하신 일이 있을 정도로 재가신도들의 부의 축적에 긍정적이었다. 당시 부처님께 귀의한 재가인들 가운데 신흥부자나 큰 상인이 많았던 것은 이러한 부처님의 태도와 무관하지 않다.

부처님께서는 세상을 살아가면서 가난하게 살면 고통이 될 뿐만 아니라, 때로는 죄악의 근원이 될 수도 있다고 갈파하셨다. 심지어 부처님께서는 재산을 어떻게 유지하고 사용해야 하는가에 대해서도 자상하게 설명하셨다. 경에 의하면 수입을 네 등분으로 분배해야 하는데, 첫째 등분은 사업의 재투자를 위해 쓰고, 둘째 등분은 집안을 위해 쓰며, 셋째 등분은 미래를 위해 저축하고, 나머지 넷째는 승가와 이웃을 위해 보시해야 한다고 하셨다.

이와 같은 부처님의 경제관념은 단순히 재산을 모으고 사업을 발전시키는 의미를 넘어 이익을 사회에 돌려주는 현대적 기업윤리와도 맞닿아 있다. 빌게이츠나 로스차일드 가문 등 미국이나 유럽의 부자들은 그들의 부를 복지나 문화에 기부하여 사회에 환원하기 때문에 존경을 받는다.

그에 비해 우리나라 부자들은 탈세와 재산은닉, 변칙증여 등으로 재물을 모으는 데만 급급한 실정이다. 물론 그 가운데 사회에 기여하는 부자들도 있지만 전체를 놓고 본다면 아직도 미미한 실정이다. '내가 노력하여 벌었는데 왜 남을 위해 써야 하는가' 라는 생각이 지배적이어서, 그 재물이 형성될 때 이 사회의 복잡하고 다양한 인연 속에서 내가 알지 못하는 수많은 사람들의 도움이 얽혀있다는 것을 자각하지 못하기 때문이다.

2차 세계대전이 끝난 후 각 나라들은 유엔을 창설하는 데 동의했으나, 유엔 건물을 지을 재정이 없었다. 이 소식을 접한 록펠러 가문에서는 780만 달러로 뉴욕에 부지를 마련하고 건물을 지어 무상으로 유엔에 기증하였다. 당시에 여러 사람들은 그의 행동을 어리석게 생각하였으나 유엔이 본격적으로 가동되자 그 근처의 토지가 천정부지로 값이 올랐다. 건물을 지을 때 함께 사들인 근처의 토지들은 록펠러에게 그가 투자한 돈의 몇 십 배의 이익을 가져다 주었다.

이것은 기업가의 차원에서 보면 더 큰 이윤을 얻기 위한 투자일 수도 있지만, 당시에 다른 재산가들이 꺼려했던 공공을 위한 일에 과감하게 재산을 보시한 결과이기도 하다. 사회를 위해 공헌할 수 있는 방법 가운데 크게 가시적인 힘은 재물에서 나온다. 그러므로 부처님은 재물의 여유를 높이 평가하면서 동시에 보시의 의무도 말씀하고 계시는 것이다. 우리 속담에 "곡간에서 인심난다"는 말이 있듯 베푸는 일이야말로 결국 자신 스스로에게 도움 되는 일이기도 하다.

불교에서 공덕을 짓는 방법 가운데 보시만큼 많이 권장되는 것도 드물다. 부처님의 전생을 소개하는 책인『본생담』에서는 부처님이 성불하시기 위해 수많은 보시공덕을 짓는 내용으로 일관되어 있다. 공덕을 닦기 위해 왕위와 재물도 보시하고 심지어 부인과 자식까지 보시할 정도이다. 이처럼 보시는 보살도를 닦는 사람이 실천해야 할 첫째 덕목으로 꼽

힌다.

그런데 비록 자그마한 보시라도 실천하려면 큰 용기가 필요하다. 보시도 일종의 습관이라서 재물의 크고 작음을 떠나 보시를 즐겨하는 사람이 큰 보시를 하게 되는 것이지, 재산이 많다고 해서 반드시 보시하는 것은 아니다.

무소유의 참의미는 무엇을 소유하지 않는 것이 아니라, 많고 적음을 떠나 만족할 줄 안다는 데 있다. 이러한 정신은 욕망의 제어라는 점에서 불자들이 받는 오계나 팔계, 나아가 보살계와도 서로 상통한다.

부처님은 "젊어서 도를 닦지 않고 재산도 모으지 못한 사람은, 의지할 곳 없는 따오기처럼 쓸쓸히 죽는다."라고 말씀하셨다. 풀어 말하자면 늙어서 사유(思惟)할 정신적 재산이 없거나, 혹은 물질적인 풍요가 없는 인생은 비참해진다는 것을 갈파하신 것이다.

경전의 곳곳에서 우리는 부처님의 원만한 상호와 거룩한 몸매, 아름다운 음성, 보배로 장엄한 천상, 부유한 상인들의 공양에 대한 찬탄, 보시의 공덕으로 부자가 되거나 귀한 집에 태어남 등 외적인 것에 대한 많은 묘사들을 만날 수 있다. 어찌 보면 다른 종교보다 더 물질적인 것에 대한 즐거움을 표현하고 있는 것이다. 출가자들은 가장 기본적인 것으로 일상생활을 영위하며 수행해야 하지만, 재가자들은 현실적인 즐거움과 지극히 상식적인 선에서 인생을 살아가도록 부처님은 가르치셨다.

눈 내리는 산이 적막하다든가 비 온 뒤에 대숲 바람 소리가 맑다는 등의 스님들의 말은 그지없이 아름답지만, 중생들에게는 그저 민생고 없는 자들의 여유로움으로 들릴 뿐이다. 배고픈 사람에게 맛있는 음식을 만들 수 있는 다양한 레시피를 말해주는 것보다는, 비록 맛이 없더라도 당장 한 조각의 빵을 주는 것이 더 현실적이다.

부처님께서는 평생을 맨발로 마을과 마을을 전전하시며 행복하게 되는 길을 말씀하셨다. 그것은 곧 관념적이지도 않고, 극단에도 치우치지 않는 중도(中道)이다. 정신과 재물이 균형을 이루는 것은 재가불자에게 어울리는 또 다른 중도라고 할 수 있다.

불자로 산다는 것

정성스런 예배와 마음가짐

10여 년 전 한 지상파 방송에서 절하는 것에 대한 특집(0.2평의 기적)을 다루고 난 뒤, 절은 일반인은 물론 타 종교인에게조차 많은 관심을 불러일으켰다. 일상적으로 절을 하는 불자들에게는 절에 대한 효능을 새롭게 바라보게 하였고 일반인에게는 절하는 것을 긍정적으로 생각하게 하는 프로그램이었다. 요즘 들어 절은 사찰에서만 하는 것이 아니라 사회적 이슈가 생길 때마다 삼보일배를 하는 것이 유행처럼 되어서 절하는 것이 이제는 자신들의 주장을 나타내는 수단으로 변모했을 정도이다.

절을 하는 공간이라 '절'이라고 부른다는 말도 있을 만큼, 사찰에서는 절을 많이 한다. 지나가다 아는 사람을 만나도 합장하고 고개 숙이는 절을 하고, 부처님이나 스님을 뵐 때도 절을 한다. 작게는 한 번의 절부터 많게는 수십만 번에 이르는 절을 하며, 절로써 새벽을 시작하고 절로써 하루를 마감한다.

간절한 기원도 감사의 기도도 모두 절로써 표현하며, 참회와 화합의 메시지도 절로 대변한다. 불교에서 절은 수행으로 인식될 만큼 그 비중이 크다. 그러나 중요한 만큼 절을 잘 이해하고 있는가라는 물음에 있어서는 명확하게 대답하는 사람의 숫자는 작다.

성철 스님은 누구든지 삼천배의 절을 하지 않으면 만나주지 않은 것으로 유명하였다. 그분의 본래 의도가 무엇이었는지는 모르겠지만 절을 하는 사람들은 인내심을 배우거나 자신의 한계를 알게 되었다거나 진지함이나 성취감을 얻은 경우를 이야기하는 일이 많다. 삼천배뿐만 아니라 우리나라 불교신자가 스님께 삼배를 하게 된 것도 성철 스님의 주장에 의해 시작되었다고 하니 절에 관한 한 그분의 공덕이 크다고 할 수 있다.

불자들이 삼보를 예경할 때 어떠한 방법으로 하였는지 그 근원을 살펴보는 것도 절을 이해하는 기본이 된다. 『사분율』의 기록은 대체로 오래된 것이어서 불교교단의 초기에 행하여졌던 예배형식이 잘 묘사되어 있다. 이에 의거하면 비구·비구니나 재가신도들이 부처님을 찾아뵙고 예경을 올릴 때 부처님 발에 얼굴을 대고 예배한 후 물러나 한 면에 앉거나 서 있었고, 혹은 설법을 듣고 돌아갈 때 부처님 발에 얼굴을 대고 예배하고 오른쪽으로 세 번을 돌고 물러갔다는 기록이 자주 나온다. 이 기록대로라면 부처님께 삼배를 드린 것이 아니라 한 번만 절하거나 혹은 한 번 절한 뒤에 오른쪽으로 세 번 도는 것으로 예배를 삼았던 것을 알 수 있다. 오늘날 탑돌이를 할 때 오른쪽으로 도는 것은 이러한 예배의 유풍이 남아 있어서 그러한 것이다. 현재 남방불교권에서 삼보에게 예경할 때 한 번 큰 절을 하고 앉아서 두 번 더 머리를 숙이는 방법을 취하고 있다.

절하는 방법은 각 나라마다 조금씩 다르다. 티벳의 경우에는 두 손끝부터 머리, 배, 두 발끝까지 완전하게 땅에 몸을 밀착시켜 절하는 오체투지가 흔하며, 중국은 20cm 정도의 높고 딱딱한 방석 위에 무릎과 이마를 대고 약간 구부정하게 절을 한다. 『명의표석(名義標釋)』이라는 책에는 절을 여러 가지로 분류해 놓고 있는 것을 볼 수 있다.

인도의 예의에는 아홉 종류의 예배법이 있는데 이것을 '구품(九品)'이라고 한다. 그 아홉 종류는 위문하는 말을 하는 것, 머리를 구부려 존경을 보이는 것, 손을 높이 올려 모으는 것, 가지런히 합장하는 것, 무릎을 굽히는 것, 길게 무릎을 꿇는 것, 손과 무릎이 땅에 닿는 것, 신체의 다섯 둥근 곳이 땅에 닿는 것, 오체를 모두 땅에 던지는 것 등이다.

부처님이 생존해 계실 당시에 부처님 가까이에서 예배를 올릴 때는 정성을 다해 절을 한 번 한 뒤 부처님의 발에 예배하고 발꿈치를 만졌으며, 멀리서 부처님께 예배를 올릴 때에는 오체투지를 한 뒤 두 손바닥을 하늘을 향해 올렸다. 지금 우리나라 불자들이 절을 할 때 손을 뒤집어 하늘을 향하게 하는 것은 바로 멀리서 부처님을 뵙고 예배하는 방법을 사용하는 것이다. 옛 법에 예배를 받는 사람은 반드시 위로의 말을 하고 예배하는 사람의 이마를 만지거나, 또는 좋은 말로써 인도하며 친근하고 후덕함을 보여야 한다고 하였다. 절을 한 뒤에 한 번 혹은 세 번을 도는데, 마음에 원하는 바에 따라 도는 숫자를 더 하기도 한다. 원래 인도에는 세 번 절하는 법이 없고, 다만 땅에 열손가락을 펴고 머리를 세 번 조아리는 예가 있을 뿐 중간에 다시 일어나 절하는 것은 없다고 한다.

운법사라는 옛 스님의 말에 의하면 그 당시 인도에서 온 스님이 부처님 상에 예배하는 모습을 보았는데, 하의를 걷고 무릎을 땅에 세워 합장하고 장궤하였으며 입으로는 부처님을 찬탄하고 그런 후에 이마를 대고 예배하였다는 것이다. 아울러 이것은 옛날의 풍습이 아직 남아 있는 것으로 이 방법으로 법도를 삼아 예배하면 좋다고 하였다.

또 『대지도론(大智度論)』에 예(禮)의 세 종류를 밝혔다. 첫째는 입으로 하는 것인데 합장하며 안부를 묻는 것으로 화남(和南)이라고 하며, 둘째는 무릎을 굽히는 것으로 머리는 땅에 닿지 않게 하는데 호궤(互跪)라고 하며, 셋째는 머리가 땅에 닿는 것으로 상예(上禮)라 하는데 곧 오체투지를 뜻하는 것이다.

예배할 때 오체투지를 하면 몸으로 지은 나쁜 업이 제거되고, 입으로 부처님을 찬탄하면 입으로 지은 좋지 않은 업이 사라지며, 마음으로 항상 예배하는 것을 생각하면 뜻으로 지은 나쁜 업이 사라진다고 하였다. 입으로 부처님을 찬탄하면 듣는 지혜가 밝아지고, 듣는 지혜가 밝아지므로 뜻이 밝아지고, 뜻이 밝아지므로 몸의 업을 정화할 수 있다. 나아가 몸이 정화되면 계학(戒學)을 이루고, 뜻이 정화되면 정학(定學)이 이루어지며, 입의 업이 깨끗하면 혜학(慧學)을 성취할 수 있다.

절을 즐겨하는 불자들 사이에서 몇 십만 배나 몇 백만 배의 절을 하였다고 자랑삼아 말하는 것을 자주 본다. 그런데 그들이 절하는 모습을 보면 절하는 이유가 수행을 위해 하는 것인지 아니면 정해진 횟수를 채우기 위해서인지 분간할 수 없을 때가 있다. 한 번의 절이라도 지극한 정성으로 한다면 기계적으로 하는 몇 만 배의 절보다 훨씬 가치가 있다.

언제부터인지 모르게 불자들 가운데서 참선을 좀 한다거나 절을 남보다 많이 한 사람은 그렇지 않은 불자들보다 교만한 마음이 더 많은 것을 가끔 발견하게 된다. 또 남보다 교리에 대해 더 안다거나 어떤 특정적인 수행을 오래하여 아만심이 가득한 사람도 있다. 겉으로는 법복을 잘 차려입고 다니지만 불자가 가져야 하는 기본예절조차 갖추지 못한 불자들이 더러 있다. 교만한 마음은 수행인의 더러움이다. 『니구타범지경(尼拘陀梵志經)』에 보면 부처님은 교만한 니구타라는 범지에게 이런 말씀을 하셨다. "네가 비록 수행을 했다 하더라도, 수행한 것을 스스로 믿고 자랑하는 생각을 일으켜 남을 업신여기니 이것이 네 수행에 따라 늘어나는 번뇌이다."

부처님의 이 말씀은 수행한 것을 자랑으로 여겨 타인을 가볍게 생각하면 수행한 만큼 번뇌가 된다는 것이니, 수행을 한 사람일수록 겸손하고 존중심을 가져야 하는 것을 일깨워주고 있다. 제대로 된 절 수행은 자신을 낮추고, 교만과 아집을 멀리하게 하며, 타인을 존중하고, 자비심을 기르며, 삼보를 공경하고 일체 중생에게 이익을 주는 마음을 자라나게 한다.

집 안에 불상을 모시면

월탄 박종화의 수필에 수선화를 기르
는 처녀의 이야기가 있다. 이 처녀의 방을 방문한 월탄 선생은 깨끗이 정
돈되어 있는 방의 책과 수선화 화분을 보고 처녀의 심성과 인품을 짐작
했다는 내용이다. 건축가들은 집은 그 집주인의 인생을 대변하는 얼굴과
같다고 여기고, 인테리어 전문가는 집 내부의 꾸밈새로 집주인의 성향과
수준을 알 수 있다고 한다.

종교 역시 마찬가지여서 그 사람의 종교가 어떠한가는 집안의 종교
적 물건으로 혹은 그 사람의 장신구로 알 수 있다. 그러나 종교의 상징물
이 집이나 몸에 있다고 해서 모두다 종교적 삶에 충실한 것은 아니다. 요

불자로 산다는 것

즘은 종교적 상징물들을 인테리어 효과를 위해서 두는 경우도 상당히 많기 때문이다. 젊은이들이 자신의 멋을 위해 십자목걸이나 귀걸이를 하는 일이 허다하며 서양 사람들도 실내에 탱화나 불상을 두는 것이 하나의 유행처럼 되고 있는 실정이다.

우리나라 사람들은 종교적 상징물들을 집에 두는 것을 꺼려하였다. 불교신자들조차도 부처님의 조형이나 사진을 집에 두는 것을 좋지 않게 생각할 정도였으니, 일반인들의 생각은 말할 나위 없이 배타적이었다. 아마도 성스러운 부처님의 모습을 복잡한 번뇌와 세속적 일로 가득찬 집에 모셔두는 것은 불경스러운 행위로 간주되었기 때문이 아닌가 여겨진다.

불교신자와는 반대로 기독교신자들은 자랑스럽게 십자가나 마리아 상을 집안에 두고 지낸다. 그들은 그들이 믿는 성상 앞에 촛불을 켜기도 하고 거실 중앙에 그들이 숭배하는 예수나 성자들의 모습을 붙여 일상 속에서 종교적인 마음가짐을 유지하려고 힘쓴다.

같은 한국인임에도 자신이 믿는 종교의 상징물에 대한 생각이 이렇게 차이가 있는 것은 어떤 까닭일까? 가까운 불교국가인 일본이나 대만에 가면 집안이나 가게에 불단을 두고 아침저녁으로 예배하는 모습을 흔히 볼 수 있다. 이것은 오랜 풍습이 그대로 전래된 것으로 아직도 잘 지켜지고 있다. 우리나라에서는 근래까지 신주단지를 모시는 집들이 있었고 마을 단위로 당집이 있었다. 이것은 종교와 관련 없이 삼국시대 이전부터 내려오던 우리 고유의 풍속이다. 조선의 국가 이념이었던 유교는 지배세력과 대다수의 백성들에게 영향을 미쳐 관혼상제를 비롯한 생활

전반에 깊이 뿌리를 내렸다.

유교의 흔적으로 남아있는 상징물은 조상의 위패(신주)이다. 양반가문에서는 집안에 이를 모시는 사당이 있어 늘 집안의 중심이 되어 왔지만, 일반서민에게는 제삿날 사용하는 지방이 유교적 성향의 종교물이라 할 수 있다. 전쟁이 일어났을 때 다른 것은 못 챙겨도 신주만은 목숨보다 소중히 모시고 피난한 것을 보면 그 상징성을 짐작할 수 있다.

조선시대에 앞서 삼국시대나 고려 때 우리 조상들이 지녔던 성물은 불상이다. 불교가 국교였던 당시에는 사찰에서 봉안되는 큰 불상 외에 몸에 지니고 다닐 수 있는 손바닥이나 손가락 크기 정도의 작은 불상들이 많이 제작되었다. 이처럼 작은 불상들은 중국의 수나라나 당나라시대에도 많이 제작되었으며, 일본 역시 다량의 호신불을 제작했던 것을 박물관의 유물로 확인할 수 있다. 조선시대에는 유교의 영향으로 개인이 불상을 지니는 것이 점차 사라졌으며, 세종대왕처럼 불교에 깊은 관심을 가진 왕들은 궁중 내에 내불당을 차려놓고 예배를 하였다. 조선 말기에 실학자들을 중심으로 다시 불교의 상징물들을 몸에 지니는 것이 일시 유행하였는데, 특히 추사 김정희는 평생 염주를 손에서 놓지 않은 것으로 유명하다. 이것은 중국의 실학자들이 불교를 좋아하여 집에 불상을 모시기도 하고 불경을 고증하기도 한 것이 조선의 실학자에게 영향을 준 것이다.

티벳불교와 흡사한 만주불교가 국교였던 청대뿐만 아니라 유교가 국가 이념이었던 명나라 때의 원림(園林)을 만드는 서적에도 반드시 부처님을 모시는 불당을 집안에 두어야 한다는 대목이 나올 만큼 불상을 모시는 일은 중요한 일이었다. 집안에 불상을 모셔두고 때때로 예배를 하며 선념(善念)을 더해야 한다고 중국의 사대부들은 여겨왔던 것이다.

불상은 불자들이 항상 가까이 모셔야 할 신앙의 대상이다. 부처님은 인간과 하늘의 스승이시고 모든 중생의 어버이신데 그 분의 형상을 새긴 조각이나 그림, 또는 사진을 집안에 둔다고 해서 무슨 재앙이 있겠는가? 부처님은 세간의 일을 누구보다도 잘 아시는 까닭에 세간해(世間解)라는 칭호가 있을 만큼 우리 생활을 이해하고 계신다.

불자가 부처님의 모습을 집안에 둔다면, 언제나 그분의 말씀을 되새기고 자비한 마음을 배울 수 있으며 부처님을 닮아가는 행동을 연습하게 된다. 거실이나 사무실의 벽이나 책상 위에 사랑하거나 존경하는 분의 사진을 두고 늘 가까이 느끼려고 하는 것처럼, 부처님의 형상을 집이나 일터에 두고 예배하는 마음을 가지는 것은 너무나 당연하다.

경에는 만약 어떤 사람이 손톱만큼의 흙이나 쌀 반죽으로 불상을 만들거나 그린다면 그 공덕이 한량없다 하였으며, 장난으로라도 부처님의 형상을 조성해도 큰 복덕을 얻는다고 하였다. 그러므로 부처님의 모습을 집에 두거나 몸에 지니고 다니는 것은 불자로서 당연한 행위이며 오히려 권장해야 할 일이다. 불자들이 성물로서 지닐 수 있는 것은 휴대용 소형 불상 외에 염주나 만(卍)자를 새긴 장신구들이 있다. 또 밀교의 성물인 작은 금강저 등도 불자들이 지니고 다닐 수 있는 불교의 상징물이다.

부적은 한·중·일 세 나라에서 널리 사용되고 있는 도교나 무속신앙의 대표적인 종교 상징물이다. 불자들 가운데서도 부적을 지니고 다니며 집안 곳곳에 이를 붙여두고 소원을 기원하기도 한다. 불자가 원력을 세워 기원하는 것이 있다면 부적보다는 자비와 복덕이 가득하신 부처님의 형상이나 경전을 집에 모셔두거나 몸에 지니는 것이 더 좋다.

불교는 매우 이성적인 종교여서 신통이나 기적에 대해 크게 의미를 부여하지 않는다. 부처님 당시 큰 제자들은 모두 신통력을 구족하였지만, 부처님께서는 제자들이 세속의 이양을 위해 신통을 사용하는 것을 금하셨다. 불자들이 불교의 상징물을 통해 기원하고 수행을 할 수 있지만 그것에 너무 집착해서는 안 된다. 부처님께서 말씀하신 이치에 따라 자신의 수행과 중생들의 행복을 위한 일을 하다보면, 그 자체가 곧 훌륭한 종교적 매개물이 될 수 있다. 다시 말해 불교는 실천에 따라 공덕과 행복이 주어지는 연기법적인 종교행위를 더 중요하게 여긴다. 그렇기는 하지만 불상을 모시거나 그 밖의 불교 성물을 가지는 것은 어디서든 자신이 부처님의 아들딸이라는 것을 잊지 않게 해주는 방편이므로 널리 권장하고 보급해야 한다. 아울러 부처님의 조각이나 그림을 집에 두면 나쁘다는 잘못된 주장들을 씻어버려야 하겠다.

불교의 상징물과 함께 한다는 것은 불자로서의 자긍심과 보살심을 함께 키우는 일이 된다. 또 이것은 불교문화의 저변을 확대하고 불교를 생활 속으로 들여오는 방법이 되기도 한다. 천년의 어둠이라도 태양의 한 줄기 빛에 순식간에 사라지듯, 부처님의 모습을 가까이하고 경전을 읽고 실천한다면 모든 재앙과 번뇌는 사라지게 될 것이다.

불자로 산다는 것

복덕이 충만한 사람
福德

복과 지혜는 모든 사람이 원하는 것이다. 그러나 이 두 가지를 다 갖추는 것은 매우 어려운 일이다. 현실에서 갈구하는 모든 것이 원만하게 이루어지는 힘이 곧 복덕이고, 견해가 바르고 어리석지 않아 세상사에 걸림 없이 통찰하는 힘을 지혜라고 부른다. 이러한 복덕과 지혜를 모두 갖춘 분이 바로 부처님이다. 그러므로 우리가 '두 가지 모두 구족하신 어른'이라는 뜻의 '양족존(兩足尊)'이라고 존칭하는 것이다.

아무리 지혜나 재주가 뛰어나더라도 뜻대로 이루어지지 않는 현실적 어려움이 있다면 그 지혜와 재주를 발휘할 기회를 갖지 못한다. 반대로 복덕이 있는 사람은 비록 조건이 갖추어지지 않았다 하더라도 복덕의 힘으로 무난히 뜻을 이루게 되는 경우가 허다하다. 그런데 일반적인 관념으로 복을 추구하는 것은 세속적인 일이며, 세속적인 것은 유루(有漏)의 법이니 불교를 배우는 사람은 무루(無漏)의 법인 지혜를 닦는 것이 더욱 뛰어나다고 여긴다.

『금강경』에서 경전 한 구절을 말해주는 공덕은 이 세상 가득히 보물로 보시하는 것보다 낫다고 하였다. 이것은 경전을 듣고 지혜가 밝아지면 깨달음을 얻게 되는 까닭에서 기인한다. 불교는 지혜와 자비의 종교이니 당연히 복덕보다는 지혜가 우선된다고 생각하는 것은 무리가 아니다.

그러나 물질의 세계에 거처하는 우리 범부중생들에게는 아무래도 몸이 안락하고 일이 뜻대로 되는 것이 무엇보다 중요하다. 보살행을 닦는 사람은 사랑〔慈〕, 연민〔悲〕, 기뻐함〔喜〕, 보시〔捨〕 등 이 네 가지 한량없이 베푸는 마음을 실천해야 한다. 고통스런 이웃을 위한 현실적인 참여인 동시에 자신의 복덕도 함께 증장된다. 실천 없이 이상(理想)만 높은 것은 교만심만 기르게 되지만, 복덕은 쌓을수록 자신과 타인에게 실제적인 이익이 있다.

부처님께서는 지혜보다 우선하는 것이 복덕이라고 하셨다. 청빈과 지혜를 주장하시는 부처님께서 복덕이라는 세속에 가까운 가치를 더 중요하다고 하신 것은 좀 의외인 듯하지만, 매우 현실적인 선택이라는 것을 알 수 있다. 수승한 지혜를 깨닫게 하는 불법도 복이 없으면 만나기 어렵다.

불자로 산다는 것

부처님께서 깨달음을 얻은 후 다섯 수행자를 교화하기 위해 녹야원으로 가던 도중, 외도를 만나 법을 설하지만 그는 부처님을 따르지 않고 가버렸다. 깨달을 수 있는 인연이 왔지만 복이 없어 그대로 흘려보낸 것이다. 부처님이 탄생하신 후 부처님의 관상을 본 히말라야의 성자는 자신이 복이 없어 부처님의 법문을 들을 수 없음을 한탄하면서 눈물을 흘렸다고 한다. 세속의 삶에서도 어느 나라에 태어나서 어떠한 환경과 어떤 부류의 사람 사이에 사는가도 모두 복덕으로 말미암는 것이다. 이처럼 복덕은 불법을 만나는 것에서부터 세속적인 안락에 이르기까지 중요한 작용을 한다.

부처님께서는 지혜보다 복덕이 수승함에 대해 비유를 들어 말씀하셨다. 옛날 대선왕(大船王)은 지혜, 공예, 단정, 정진, 복덕이라는 다섯 왕자를 두었다. 그는 다섯 왕자에게 누가 뛰어난지 증명해 보이도록 하였다. 첫째인 지혜왕자는 본래 친구였던 두 사람이 다투어 원수처럼 지내는 것을 보았다. 지혜왕자는 이쪽 친구에게 저쪽 친구의 심부름을 온 것처럼 하여 화해를 구하였고, 저쪽 친구에게도 심부름 온 것처럼 하여 화해를 구하였다. 두 친구가 만나 보니 지혜왕자의 지혜로 화합하게 한 것이어서 서로 다시 예전처럼 잘 지내기로 하고 지혜왕자에게 답례로 많은 재물을 주었다. 둘째 공예왕자는 뛰어난 기술로 인형을 만들어 마치 사람처럼 움직이게 하여 마침내 궁중에까지 알려져 역시 많은 재물을 얻고 돌아왔다.

그리고 셋째 단정왕자는 이름과 같이 얼굴이 매우 잘 생겨 많은 사람들이 좋아하고 여인들이 다투어 보물을 바치니 그가 모은 재산은 첫째나 둘째 왕자보다 많았다. 넷째 정진왕자는 강가를 지나가다가 향나무가 떠내려 오는 것을 보았다. 수많은 사람들이 향나무를 건지기 위해 노력하였으나 강의 파도가 워낙 높으므로 마침내 포기하고 말았다. 그러나 정진왕자는 끝까지 온갖 힘을 다하여 그 향나무를 건져내었다. 그 나라에서는 마침 전단향나무를 국가적으로 찾고 있던 중이라, 정진왕자는 매우 높은 가격에 팔고 큰 부자가 되었다.

다섯째 복덕왕자는 더운 여름에 길을 가다가 나무그늘 아래서 낮잠을 자게 되었는데, 지나가던 그 나라의 대신이 그를 발견하고 궁전으로 데리고 갔다. 그 나라의 임금이 후계자가 없어 복덕이 충만한 아이가 있으면 왕위를 물려주려고 하였는데 복덕왕자를 보고는 바로 왕으로 삼게 하였다. 복덕왕자가 왕위에 오른 뒤 형님인 지혜, 공예, 단정, 정진 왕자를 불러 각자 요직에 앉히니 복덕이 제일인 것을 비로소 알았다.

부처님께서 이 설화를 마치시며 그때의 지혜왕자는 오늘의 사리불이고, 공예는 아니룻다, 단정은 아난, 정진은 수보리이며, 복덕왕자는 부처님 자신이라고 하셨다. 이 이야기는 인생에 있어 복덕이 그만큼 중요하다는 것을 강조한 부처님의 뜻을 엿볼 수 있다.

이처럼 중요한 복덕은 어떻게 생기는 것일까? 복덕의 증장은 보시와 배려에서 나온다. 복덕은 바로 타인을 위한 구체적인 행위에 의해 생기는 것을 알 수 있다. 대승보살행을 할 때 중요한 실천사항인 육바라밀이나 사섭법에서 가장 먼저 해야 하는 것을 보시행으로 꼽는다. 그 까닭은 중생은 자신의 것을 아끼는 습이 가장 강하므로 보시를 실행하는 수행을 첫머리에 둔 것이다.

자신의 것을 아끼는 마음을 간(慳)이라 하고, 분수에 지나친 것을 바라는 것을 탐(貪)이라 한다. 삼독(三毒)은 간탐에서 시작하여 마침내 어리석음에 다다른다. 그러므로 보시야말로 삼학(三學)을 이루는 첫 걸음이 되고 보살행의 근본이며 복덕을 쌓는 첩경이 된다. 부처님의 전생이야기를 담은 본생담에서도 압도적으로 많은 것이 보시에 대한 내용이다. 석가모니 부처님께서 지금의 원만한 복덕을 지니신 것은 무수한 세월에 자신의 재물, 몸, 나라와 심지어 처자식까지 아깝게 여기지 않고 보시를 한 까닭이라고 한다.

복덕의 과보는 현재 세상에서 받을 수도 있고 미래의 다른 삶에서 받을 수 있다. 보시를 행하는 일은 자신에게 복덕이 될 뿐만이 아니라 이웃에게도 널리 그 공덕이 미친다. 헐벗고 가난한 사람이나 병자나 노인들이 수용된 복지단체에 보시하는 것은 공공의 덕을 베푸는 일이고, 사원과 스님들에게 보시하는 것은 부처님의 법이 오래 머물고 중생들이 지혜의 가르침을 널리 얻게 하기 위함이다.

운이 좋고 복덕이 충만한 사람을 부러워하기 전에 자신의 인색함을 돌아보아야 하며, 자신의 일이 안 되고 어려움을 당할수록 힘써서 보시해야 한다. 사람됨이 악하지만 일이 잘 풀리는 사람은 전생에 지은 복덕으로 사는 것이니 그 복이 끝나면 악한 과보를 받는다. 반대로 과거에 지은 복덕이 없어 지금은 어렵지만 꾸준히 신심을 가지고 복덕을 지어간다면 마침내 뜻한 바를 이룰 수 있다. 복덕은 반드시 지은 바가 있어야 얻어진다는 것은 인과의 법칙이며 우리 불자들이 명심하고 실천해야 할 과제이다. 『대승장엄경론(大乘莊嚴經論)』에서는 이렇게 말씀하고 있다.

"세속의 어리석은 자들은 늘 자신의 즐거움을 추구하고 있으나, 도리어 심한 괴로움을 얻는 결과가 되고 만다. 보살은 그렇지 않아서 언제나 남을 즐겁게 하기 위해 노력하는 바, 나와 남을 이롭게 하는 것〔二利〕을 성취하는 것은 말할 것도 없고, 다시 최고의 열반의 즐거움마저도 얻는다."

재앙에 대처하는 자세

       일본은 태평양판과 유라시아판이 만나는 경계지역이며, 이 때문에 일본에서는 언제 어느 때든 큰 규모의 지진이 발생할 여지가 있어 왔다. 몇 해 전 지진과 쓰나미로 인해 큰 재앙을 겪었고, 여기에다 핵에 대한 위험까지 가중되어 자연재해와 인재가 겹쳐 최악의 상태를 맞았다. 또 일본열도의 여기저기서 작은 지진들과 후지산의 폭발론까지 가세하여 그야말로 극도의 공포를 느끼지 않을 수 없다.

    일본뿐만 아니라 중국의 사천과 아이티, 그리고 호주에서도 지진이 발생하여 큰 피해를 입었다. 인도네시아의 화산들이 활동을 크게 하고 있고, 하와이의 화산도 근세에 들어 가장 왕성한 용암을 내뿜고 있으며, 우리나라에서도 백두산 화산활동에 대한 이야기가 자주 거론되고 있다. 또 지구의 온난화로 북극의 얼음과 알래스카의 빙하가 녹고 있으며 곳곳에서 이상기후로 전에 없던 일들이 나타나기도 하는 등 전 세계가 자연재해로 인해 두려움에 떨고 있으며 심지어 지구 멸망설 같은 유언비어까지 만연하고 있다.

자연의 거대한 움직임 앞에 인간은 속수무책일 수밖에 없으며, 그 재앙은 인간이 오랜 시간을 두고 만든 역사와 문화를 한 순간에 없애버리고 만다. 오래전에 지구를 지배했던 공룡들이 갑자기 사라지고 생태계가 어느 날 바뀌는 현상이 있는 것도 지금의 자연재해를 미루어보면 가능하다는 생각이 든다. 자연재해가 심하고 천재지변으로 사방이 어지러울 때 창궐하는 것 중의 하나가 바로 사이비종교이거나 혹세무민하는 사상이다. 이들은 사람들의 두려움을 이용하여 교묘한 이론과 말솜씨로 그들의 종교를 전파하고 재산을 바치게 만들기도 한다.

잊을 만하면 나오는 세상의 종말론과 휴거, 신을 믿지 않으면 지옥 간다는 말과 심판으로 협박하는 일은 인간의 나약함과 불안심리를 이용한 것이다. 자연재해를 신의 노여움으로 생각하는 것은 원시사회나 중세와 같은 과학지식이 발달하지 못했던 시대에서나 볼 수 있는 것이다. 그런데 문명이 발달한 21세기에도 이와 같은 미개한 발상을 가진다는 것에 놀라울 따름이다.

불자가 세상을 인식하는 방법은 불교적 지혜에 그 근원을 두어야 한다. 불교에서는 세간(世상)을 세 가지로 나누어 관찰한다. 세 가지 세간이란 물질로 이루어진 기세간(器世間), 생명으로 이루어진 중생세간(衆生世間), 정신세계 혹은 깨달음의 세계인 지정각세간(智正覺世間)이다.

이 가운데 우리가 살고 있는 지구와 은하계, 더 나아가 온 우주를 통틀어 기세간이라고 부른다. 즉 물질이거나 물질로 변화할 수 있는 가능성이 있는 모든 존재를 일컬어 '기(器)'라고 부르고, 이러한 기로 이루어진 세간을 기세간이라고 한다. 기세간은 공간이나 시간이 존재하며, 이 까닭에 끊임없는 변화가 이어져 생성과 소멸이 나타난다. 기세간에서는 조건에 의해 다양한 변화가 일어나기 때문에, 연기의 현상으로 설명할 수 있고 생주이멸(生住異滅)의 근본법칙을 벗어나는 일은 없다. 이처럼 기세간은 영원한 것이 없기 때문에 부처님께서는 이를 덧없다고 갈파하셨다.

지구의 지진이나 해일과 같은 자연재해는 오늘날에만 심각한 것이 아니라 과거에도 늘 있어 왔다. 다만 오늘날에는 방송매체의 발달로 더 상세하게 살펴볼 수 있기 때문에 더욱 피해가 심각한 것처럼 느껴질 뿐이다. 사실 과거의 자연재해 역시 오늘날과 같이 늘상 큰 피해를 입혔다. 지구가 존재하는 과정에서 겪는 변화가 여러 가지 모양을 띠고 나타나는데, 우리에게 피해로 다가오는 자연재해는 정작 지구 입장에서 보면 단지 변화하는 과정일 뿐이다. 설령 지구가 몇 천억 년을 존재한다 하더라도 생성하고 머물고 변화하고 사라져 가는 법칙은 피할 수 없는 것이다. 지구의 나이에 비해 인간의 삶은 너무나 짧다. 그러므로 그 삶을 지상에 의탁하고 사는 동안 지구가 변화를 멈추기를 바라는 것은 어리석은 일이다.

오늘날 지구에서 일어나는 여러 가지 재난은 자연에서 온 것과 인류가 만들어 낸 것이 있다. 방사능, 온난화, 오존층의 파괴, 숲의 사막화 등은 인간이 초래한 대표적인 재앙이다. 거대한 강을 메워 댐으로 만들고 산을 옮겨 평지로 만드는 등 인간은 자연을 마음대로 할 수 있는 것처럼 보이지만, 한 번 천지가 흔들리고 지구가 움직이면 흔적도 없이 사라져 갈 수밖에 없다. 사회의 발전과 삶의 윤택함을 위해 자연을 개발하는 것은 방편이라고 할 수 있다. 그러나 최소한 인간 스스로에게 악영향을 미치는 개발을 막는 것도 재해를 대비하는 지혜라고 할 수 있다.

부처님께서는 사물을 바로 바라보아야 한다고 말씀하셨다. 일체의 법을 바로 볼 줄 아는 지혜를 우리는 정견(正見)이라고 부른다. 한 인간이 깨달음을 얻기 위해 자신의 육체부터 바로 보아야 하는 수행인 사념처관(四念處觀)을 닦듯, 세상을 잘 보기 위해서 세간의 근본을 아는 것도 중요하다.

그러기에 『화엄경』에서는 보살은 세간의 모든 이치를 닦아야 한다고 하였다. 우리가 부처님을 세간해(世間解)라는 별호로 칭송하는 것도 부처님께서는 이치와 일을 모두 잘 갖추어 아셨기 때문이다. 그런 까닭에 일체지자(一切智者)라고도 부르는 것이다.

자연재해가 있을 때, 굳은 신심으로 자연의 변화를 받아들이며 마음을 침착하게 갖도록 하는 것이 불자가 평상시 연습해야 할 모습이다. 자연재해뿐만 아니라 평소의 우리 삶에서 여러 예기치 않았던 불행이 다가왔을 때도, 불자들은 일체가 원인 없는 일은 없고 여러 조건들이 모여 생기는 것이라는 연기의 법칙을 철저히 인식하고 있어야 한다.

자신에게 닥친 불행을 부처님이 돌봐주지 않아서 생겼다고 여기거나 남의 탓으로 돌리는 것은 불교적인 생각이 아니다. 지상에서의 행복이란 늘 잠재적인 지구의 재해를 담보로 하고 있으며, 개인의 즐거움도 다음 순간에 닥칠 수 있는 위험을 늘 안고 있다. 그러므로 부처님께서 말씀하신 고(苦)도 기세간의 불안정과 사람의 변하는 것에 기초하는 것이다.

인간은 남의 불행을 볼 때 자신의 안락을 더욱 느끼게 된다. 다시 말해 늘 위험의 요소에 노출되어 있지만 위험을 항상 인식하지는 않는다. 예를 들면 다른 사람이 교통사고를 당한 것을 목격했을 때, 비로소 자신은 현재 안전하게 있으며 조심해야겠다는 생각을 내게 된다. 그러나 이런 생각도 잠시뿐 언제 그랬냐는 듯 다시 위험을 잊고 만다.

순간순간의 삶에 최선을 다하며 오늘의 일에 정성을 기울이는 것은 보살의 일상행이다. 내일 지구가 멸망한다 해도 오늘 사과나무를 심겠다던 스피노자의 말처럼, 보살은 지금의 일이 영원한 것이 아니라 하더라도 정성을 다해야 한다. 세상이 복잡하고 어지러워질수록 바른 믿음을 가지고 법에 귀의해야 한다. 이것이 바로 예측할 수 없는 인생을 현명하게 보내는 길이며 내생에까지 좋은 결과를 가져오게 된다.

종교의 선택과 개종에 대하여

       종교는 그것을 믿는 사람의 정신적 양식이기 때문에 생애의 전체에 영향을 미친다. 그뿐만 아니라 종교에 의한 그 사람의 가치관이나 태도는 작게는 가족에서부터 크게는 나라에 이르도록 어떤 형태로든지 작용하게 된다. 그러므로 종교의 선택은 개인의 자유이지만 그 여파는 결코 개인적인 데 국한되지 않는다.

    봉건군주 시대에는 군주의 종교에 따라 권력의 힘으로 대대적인 종교시설을 건립하고 신하와 백성에게 종교를 강제한 일도 허다하였다. 또 특정 종교를 가지고 있는 나라가 다른 나라를 침범하여 자신들의 종교를 강요했던 일을 역사 속에서 늘 찾아볼 수 있다. 가톨릭의 남아메리카 원

불자로 산다는 것

주민에 대한 개종 작업은 수많은 희생자들을 불러왔으며, 미국에 정착한 청교도들도 인디안의 개종을 위해 온갖 노력을 다 기울였다.

역사적으로 이슬람은 개종하는 일이 극히 드문데 그 까닭은 가족이나 주민 가운데 개종하는 자가 있으면 극형에 처하기 때문이다. 과거에는 이슬람이 정복한 땅에서 다른 종교를 가진 사람이 자신의 종교를 그대로 믿으려면 인두세(人頭稅)만 내도 되었지만, 지금은 많이 달라져 이슬람을 믿지 않으면 살기 힘들게 되었다.

흥미로운 것은 유태교와 가톨릭, 이슬람, 그리고 기독교는 그 신앙의 뿌리는 하나이며 이름만 다른 유일신을 믿고 있다. 그러면서 서로 개종을 강요하고 끊임없이 전쟁을 일으켜 인류를 고통 속에 몰아넣고 있다. 사람들을 개종시키려고 하는 것은 그만큼 자신이 믿는 종교의 우월성을 확신하고 그것만이 절대 진리라고 여기기 때문이기도 하지만, 고통과 분쟁으로까지 이어지는 개종의 강압적 권유는 인류와 개인의 인생에 크나큰 폐해가 될 수도 있다.

부처님께서는 당시에 창조신을 믿는 종교나 그 밖의 여러 사상가들의 주장들과는 다른 가르침을 펴셨지만 그들과 마찰하는 일은 거의 없었다. 오히려 다른 종교인들이 부처님과 승단을 깨트리려고 갖은 방법을 사용하였으나 번번이 실패만 거듭하였다. 불교에로의 개종은 강압이나 회유가 아닌 법에 의한 설명과 이해를 바탕으로 스스로 선택한 것이며, 이러한 개종의 역사는 부처님이 성도하신 지 얼마 되지 않은 때로부터 시작되었다.

부처님이 생존해 계실 때 두 번의 큰 개종이 있었다. 첫 번째는 불을 신앙하던 카샤파 삼형제와 그들이 이끌던 천여 명의 수행자가 한꺼번에 그들의 종교를 버리고 승가에 들어온 것이다. 두 번째로는 부처님께서 위의 카샤파 삼형제와 천 명의 제자들을 이끌고 라자가하에 도착하여 빔비사라 왕에게 귀의를 받고 난 뒤에 일어났다.

라자가하에는 회의론자로 유명한 산자야라는 사람이 있었는데 그에게는 사리불과 목건련이라는 제자가 있었다. 사리불은 부처님 제자인 아삿지 장로의 뛰어난 위의를 보고, 스승이 누구이며 그의 가르침이 무어냐고 묻는다. 아삿지 장로가 간단한 게송을 읊어주자, 사리불은 곧 마음의 눈을 떴다. 곧 친구인 목건련에게 게송을 읊어주니 목건련 또한 깨달은 바가 있었다. 두 사람은 산자야의 제자 250명과 함께 부처님께로 가서 모두 비구가 되었으니 이것이 두 번째의 큰 개종이다.

이 두 번의 개종 외에 수행자들이나 신자들의 개종이 있었는데, 이것은 사람들이 부처님의 법문을 듣고 스스로 삼보에 귀의하겠다고 맹세를 한 것이 대부분이다. 부처님 당시에 여러 종교 지도자들이 부처님 교단을 시샘하여 여러 가지로 부처님을 곤경에 빠뜨리려다가 실패한 기록들이 경전에 실려 있다. 부처님께서는 그들을 피하시지도 않았지만 맞서 대항하지도 않으셨다. 부처님께서는 어떤 종교를 가진 사람이든 가리지 않고 바른 법에 의지하여 살아가도록 말씀하셨다.

부처님의 명성이 널리 퍼지자 한 자이나교의 신도가 부처님과 대화하여 그 법을 꺾어버리겠다고 다짐하며 부처님을 찾아왔다. 그는 그 나라에서 유명한 장군인 시하라는 사람이었다. 오랜 토론 끝에 그는 그의 종교를 버리고 부처님께 귀의하고자 하였다. 부처님께서는 이를 거절하셨다. 시하 장군은 당시에 상당한 사회적 영향력을 행사하고 있었던 명망가로서, 자이나교에서 불교로 개종한다는 것은 사회에 적지 않은 충격과 물의가 야기될 것을 염려하셨던 것이다. 부처님께서는 시하 장군에게 개종의 생각을 재고해보라고 하셨지만 시하 장군의 결연한 개종 의지를 꺾을 수 없었다. 부처님께서는 시하 장군을 신도로 받아들이면서 한 가지 조건을 제시하였다. 그것은 불교신자가 된 이후에도 계속해서 자이나교에 물질적인 후원과 자이나교의 성직자에게 공양할 것을 요구하신 것이다. 시하 장군은 부처님의 뜻을 받들 것을 맹세하고 불교교단의 신도가 될 수 있었다.

이러한 부처님의 타종교에 대한 관용은 훗날 법의 왕이라고 불려진 아쇼카 대왕의 태도에서도 발견할 수 있다. 전쟁의 참혹함을 경험한 아쇼카 왕은 부처님의 법을 실천하는 왕으로 살아가기 위해 법에 의한 통치를 편다. 그는 불교신자였지만 온갖 종교를 평등하게 후원하였고, 그러한 자비와 관용은 심지어 동물에게까지 베풀어졌다. 오늘날 같은 다종교시대에 자신의 종교를 위해 남의 종교를 헐뜯고 개종을 강요하는 성직자들이나 사회적 지도자들이 배워야 할 덕목이다.

근대에 이르러 가장 큰 개종 사건은 1956년 10월 14일과 15일, 인도 나그푸르의 딕샤 부미에서 50만 명의 사람이 일시에 불교로 개종한 것이다. 이 사건의 주동자인 암베드카르는 자신의 개종을 위해 세계의 여러 종교를 모두 비교 연구하였으며, 결론적으로 불교만이 가장 뛰어나다는 확신을 갖고 삼보에 귀의를 맹세하고 불자가 되었다.

이 사건 이후에 인도에서는 불교로 집단개종이 끊이지 않고 계속되고 있다. 불교가 서양에 소개된 이후 불교신자들이 늘어나고 있는데 그 가운데 프랑스에서는 괄목할 정도의 개종이 이루어졌다. 달라이 라마는 이들의 개종에 대해 전통적인 자신들의 종교를 잘 지키라고 권유하였고, 반드시 불교의 진리에 의해 살아가야겠다고 생각하는 사람만 개종을 하는 것이 좋겠다는 의견을 피력한 일이 있다.

우리 주위에는 자신은 불자인데 가족이나 친구가 타종교를 믿기 때문에 갈등하는 경우를 종종 보게 된다. 경전에 이러한 갈등과 개종에 얽힌 이야기가 있다. 부처님을 향한 신심이 매우 깊었던 쭐라수밧다라는 처녀는 니간타를 교주로 하는 종교를 신봉하는 욱가 장자의 아들에게 시집갔다. 시아버지는 며느리에게 자신의 종교로 개종할 것을 권유하였지만, 며느리는 삼보에 대한 신심이 확고하여 집안 살림만 보살필 뿐이었다. 그녀는 타종교를 믿는 집안에 시집온 자신을 한탄하였으나, 곧 지혜로 이 집안과의 인연을 관찰하고 시아버지를 비롯한 온 가족에게 부처님의 가르침과 덕을 이해시키기에 이르렀다. 마침내 온 가족을 불자로 만든 이 여인은 훗날 승가에 보시를 잘하는 것으로 이름이 나게 되었다.

이 이야기는 요즘 기독교를 믿는 며느리가 들어와 그 집안의 구성원들을 개종시키는 것과 비슷하다. 그러나 불교는 타종교처럼 신에 대한 일방적인 믿음만을 강요하는 것이 아니라, 법에 대한 설명만 할 뿐 스스로 결정하게 한다. 법을 듣고 법을 알고 법을 실천해 나가는 것이 불교를 바르게 신행하는 것이다.

자비와 지혜, 그리고 복덕을 갖춘 행복한 삶은 신이 주는 것이 아니라 자신의 삼업을 바꾸어 나가는 데서 시작된다. 상대의 종교를 억지로 바꾸려고 노력하는 것보다 이웃들이 반목과 질시를 멈추고 이기적인 태도를 극복하게 도와주는 것이 불자가 할 수 있는 바른 태도이다. 불교에서 추구하는 목표는 천국이 아니라 어떤 삶에서든지 모든 생명들이 함께 행복해지기를 바라는 것이기 때문이다.

3 ─ 불자의 의식주 생활양식

음식에는 선악이 없다

의식주는 인간생활의 기본이다. 그 가
운데 음식이야말로 가장 중요한 것이라 할 수 있다. 음식은 생존하는 데
첫째 조건이며 나아가 한 나라의 풍속과 문화가 담겨 있다. 우리나라 음
식문화가 중국과 일본에 비해, 밥 없이 먹을 수 있는 요리보다는 절인 음
식과 젓갈류 같은 1차음식이나 반찬류가 특별히 발달한 것도 경제를 비
롯한 주변의 여건들 때문이었다.

역사적으로 종교는 음식문화에도 많은 영향을 주었다. 인도의 대표
적인 음식인 카레는 부처님께서 발명하셨다는 설이 있고, 한국이나 일본
에서 즐겨먹는 단무지는 다꾸앙(澤庵) 선사가 처음 만들었다. 스님들의

일상 음료인 차(茶)는 선(禪)과 불가분의 관계이고, 정진요리는 절에서 생겨난 오랜 전통이다. 일본에는 몇 백년을 그대로 내려오는 보차(普茶)요리가 있는가 하면, 대만에서는 채소를 이용해 손쉽게 만들 수 있는 소채(素菜)요리가 발전하고 있다.

부처님께서 완전히 육식을 금하라고 하시지 않았지만 생명이나 건강을 위한 관점에서 볼 때 육식을 줄이고 채식 위주로 전환하는 것이 바람직하다. 우리나라에서도 요즘 비구니스님들 중심으로 사찰음식을 개발하여 보급하고 있고, 채식에 관심을 가지는 사람이 점차 확대되고 있다.

절에서 먹는 세 끼 공양에는 각각의 이름이 있다. 아침은 조죽(朝粥), 정오는 점심(點心), 저녁은 약석(藥石)이라고 부른다. 원래 스님들은 하루에 한 끼의 공양만 했으나, 나이 어린 소년들이 출가해 배고픔을 참지 못하여 우는 것을 부처님께서 들으시고 아침에 죽 먹는 것을 허용하셨다. 그런 까닭에 아침공양을 조죽이라고 한다.

점심은 글자 그대로 마음에 점을 찍을 정도로 음식을 적게 먹는다는 것인데 음식에 탐욕을 부리지 않고 알맞게 먹으라는 뜻이다. 저녁공양인 약석은 오후에는 공양을 하지 않는 전통 때문에 저녁을 굶은 젊은 스님들이 돌을 불에 달구어 배 위에 안고서 배고픔을 달래었다는 데서 유래하였다. 저녁을 그만큼 적게 먹는다는 의미이다.

현재 남방불교에서는 오전에만 음식을 먹고, 오후에는 씹는 음식을 섭취하는 것은 허용되지 않는다. 엄격한 곳은 쥬스 같은 것을 마시는 것조차 금하기도 한다. 대승불교권에서는 세 끼를 허용하지만 많은 스님들이 오후불식(午後不食)을 수행삼아 하고 있다. 그런데 부처님께서 교단을 여실 초기에는 오후에도 걸식을 다닌 기록이 있는 것을 보면 처음부터 오후에 음식을 금한 것은 아니었다. 그리고 오후에 음식을 금한 계율의 제정도 수행의 방해 때문에 생긴 것은 아니었다. 오후불식이 생긴 것은 전혀 뜻밖의 사건 때문이다. 가류타이라는 스님이 저녁에 걸식을 나갔는데 임신한 여인이 공양을 가지고 집에서 나왔다. 그런데 그때 공교롭게도 번개가 쳐서 스님 얼굴이 순간적으로 무섭게 느껴져 낙태를 하게 된 것이다. 그리하여 부처님께서 저녁 걸식을 금하는 계를 제정하시게 되었다. 남방불교에서의 오후불식은 반드시 지켜야만 되는 계로 인식되고 있지만 금기사항은 아니다. 이것은 오후에 음식을 금하는 관습이 오래되어서 지켜야 할 법으로 굳어졌을 뿐이다.

부처님 계실 때에 육식에 관한 것은 자신을 위해 죽인 것을 본 것과 들은 것, 또는 그런 의심이 되는 고기는 먹지 않는 것을 기본으로 하였다. 그 외 생선이나 고기들은 모두 자유롭게 공양 받았다. 비구니율장에는 일체의 육식을 금하고 있기도 하지만, 현실적으로 걸식하거나 공양된 고기는 먹는 것이 일반적이었다.

남방이나 티벳은 고기 먹는 것이 허용되어 있으니, 지역이나 풍습에 따라 먹기도 하고 금하기도 한다. 먹을 수 있는 고기를 판단하는 관점은 그 생명에 있다. 자연사했거나 정육점에서 거래되는 것 등은 이미 자신이 관여할 수 없는 죽은 것이기 때문에 허용이 되지만, 살아있는 것에 대해서는 엄격한 금기가 적용된다.

생명을 존중하는 마음은 심지어 살아있는 식물에까지 작용한다. 경전에 도적들이 스님들의 옷과 그릇을 빼앗아 가면서 풀로 묶어둔 이야기가 있다. 스님들을 풀에 묶은 까닭은 스님들은 자비로워서 그 풀을 끊지 않을 것이며 자기들을 못 쫓아올 것이라는 판단 때문이었다. 나중에 다른 스님들이 지나가다가 풀에 묶인 스님들을 발견하고 풀어주었다는 내용이 나올 만큼, 살아있는 것에 대한 외경심은 대단하였다.

모든 생명에 대한 자비가 있지만 스님들도 육신을 가지고 있는 이상 먹어야 한다. 식물도 생명인데 먹어야 되느냐는 질문은 삶을 영위하는 근본문제를 묻는 것과 같다. 슈바이처는 소를 먹이기 위해 목동이 수십 개의 풀 다발을 베는 것은 오히려 괜찮지만, 산을 내려오는 길에 장난삼아 들풀 한 줄기를 뜯는 것은 죄악이라고 말하였다. 어떤 목적이냐에 따라 행위의 가치가 정해지는 것처럼 음식을 먹는 것도 이와 같다.

부처님께서 육식을 할 때에도 코끼리, 말, 개고기 등 먹지 말아야 하는 음식을 정해 놓으셨듯이 식물을 먹는 것에도 금기 조항이 있다. 예를 들면 과일을 먹을 때도 깨끗한 과일을 그대로 먹는 것은 허용되지 않았다. 이것은 당시 스님들이 과일을 그냥 먹는 것을 본 외도들이 비방하였기 때문에 제정된 것인데, 자이나교도 등 당시의 종교인들은 과일에도 영혼이 들어있다고 생각하였기 때문에 반드시 흠집을 내고 먹었다. 그러므로 승가에서도 깨끗한 과일이나 채소를 먹을 때, 정인(淨人)과 같은 세속사람이나 사미를 시켜서 불에 닿도록 하든가 칼이나 손톱으로 흠을 낸 후 공양하였다. 과일이 땅에 저절로 떨어져 오래되어 상했거나 새가 쪼았던 것들은 그냥 먹어도 무방하다. 이런 것은 그 당시 세속의 풍속에 따라 비방을 피하기 위해 만든 것이므로, 시대가 지나면서 지키지 않는다고 해서 문제될 것은 없는 것이다.

오신채를 먹는 것이 도에 장애된다고 하여 금기하는 법은 대승시대에 와서 생긴 법이다. 부처님께서 마늘을 먹지 말라고 제정하신 일은 있으니, 그것은 다음과 같은 사건에서 비롯되었다. 평소에 부처님 가까이 앉아 설법을 듣던 비구가 어느 날 멀리 앉아있는 것을 보고 부처님께서 그 이유를 묻자, 마늘을 먹어 냄새가 나기 때문이라고 하였다. 이에 부처님께서는 마늘을 먹지 말라고 하셨다. 또 어느 거사가 마늘을 비구니들에게 보시하였는데, 한 비구니에게 다섯 뿌리씩 가져가도 좋다고 하자 비구니들이 거사의 밭에 있는 마늘을 모두 걷어와 버렸다. 거사가 부처님께 이 일을 사뢰자 부처님께서 마늘을 먹지 말라고 하셨다.

오신채가 음욕과 화를 돋운다는 말은 한의학적으로 어느 정도 근거가 있기는 하다. 하지만 부처님께서 마늘 먹는 것을 금하신 까닭은 수행하는 데 결격의 사유가 있기 때문이 아니라, 위와 같이 비구와 비구니의 좋지 못한 개인적인 행동에서 비롯되었다.

불교의 수행법이 극단에 치우치지 않는 중도의 법을 중요하게 여기듯, 어떤 것은 먹으면 안 되고 어떤 것은 먹어도 좋다는 식의 가르침이 아니다. 경우에 따라 어떤 음식을 먹어야 하는가를 잘 아는 것이 율장에 나타난 부처님이 의도하신 음식법이다. 결국 수행에 도움이 되고 세속의 비방을 피하는 음식이 바로 그것이라고 할 수 있다.

불자로 산다는 것

부처님 계율대로라면 스님들은 특정한 음식을 바라지 말고 신도가 공양한 것이면 가리지 않고 먹어야 하겠지만, 지역의 특성과 풍속에 따르는 것도 중요하다. 음식 자체에 선악이 있는 것이 아니라 시대와 나라에 따라 금기와 혐오가 달라지기 때문에, 공양을 내는 사람과 받는 사람이 때와 장소가 적절하고 이익과 공덕이 되는 음식이야말로 가장 적절한 공양이라 하겠다.

스님들의 밥그릇, 발우

모든 예절의 시작은 밥상에서 비롯된다는 말이 있다. 이것은 동양과 서양 모두 통용되는 것으로 밥 먹는 일은 그만큼 중요한 것이다. 비록 나라나 민족에 따라 풍습은 다르지만 식사의 예절을 보면 그 사람을 알고 그 집안을 짐작할 수 있다는 것은 공통적이다.

밥그릇을 상에 놓고 먹어야 하는 한국인이 볼 때, 밥그릇을 손에 들고 먹는 습관을 가진 중국이나 일본은 좀 이상하게 여겨지기도 한다. 그러나 중국이나 일본의 입장에서 보면 음식이 사람의 입에 다가오는 것이 당연한데, 한국의 식습관은 사람이 밥에 다가가는 모습으로 비칠 것이다.

또 예로부터 동양사람의 식탁에 칼이 오르는 것은 좋지 못한 일로 여

불자로 산다는 것

겼는데, 서양의 식사에서 나이프가 빠질 수 없으니 이 역시 문화배경이 다른 까닭이다. 그런가 하면 수저나 포크 등의 도구를 사용하지 않고 손으로 먹는 나라도 더러 있으니, 이것은 손으로 먹어야 편하고 잘 먹을 수 있기 때문이다. 따라서 편견을 가지고 특정한 나라의 음식문화를 평가한다는 것은 위험한 생각이 아닐 수 없다.

부처님께서는 스님네의 음식공양을 매우 중요하게 생각하셨다. 율장의 곳곳에는 음식과 관련된 문헌들이 있으며 먹는 방법까지 자세히 설명되어 있다. 스님들의 밥그릇인 발우에 대해서도 잘 기술되어 있다. 발우에 어떤 의미가 담겨 있는가를 이해하는 것은 불자로서 삼보에 대한 신심을 내는 매개체가 되기도 한다.

2,500여 년 전에는 부처님과 승가대중이 모두 마을로 가서 일곱 집을 차례로 방문하여 음식을 얻어와 먹었다. 이러한 풍속은 지금도 태국이나 스리랑카 등 남방 상좌부불교권에서 존속되고 있다. 출가를 할 때 거주하는 곳이나 입는 것, 약으로 사용할 수 있는 것, 먹는 것에 관한 것 등을 잘 숙지해야 하며, 그에 맞게 사는 것이 비구의 근본적 생활 방식이다. 이 가운데서 먹는 것의 기본은 걸식에 있다. 하루에 한 끼를 먹거나, 아침과 점심 두 끼를 먹고 난 뒤 정오가 지나면 음식을 먹지 않는 것을 원칙으로 한다. 그러나 불교가 북방으로 전해지면서 걸식하는 풍습이 없어지고 음식도 세 때를 모두 먹게 되었다.

이처럼 비록 밥을 얻는 방법이나 시간은 다르더라도 스님들이 사용하는 발우의 의미는 동일하다. 발우는 인도말로 파트라(patra), 팔리어로는 파따(patta)라고 한다. 중국 사람들은 인도말을 음사하여 발다라(鉢多羅)라고 하였다. 발다라의 중국말 번역은 응기(應器) 혹은 응량기(應量器)인데, 사용하는 사람의 용량에 따라 사용하는 그릇이라는 뜻이다. 발우의 재질은 철이나 흙을 사용해야 하며, 한국이나 일본에서 흔히 사용하고 있는 나무에 옻칠한 발우는 부처님이 허락한 종류가 아니다. 『오분율』을 살펴보면 나무발우를 금지한 일이 소개되어 있다.

비사리에 살고 있던 귀족들이 우두산(牛頭山)에서 생산되는 진귀한 전단향나무로 만든 발우를 얻어, 높은 장대 끝에 달아놓고 만약 신통력을 가진 사람이 있다면 이것을 가져가라고 크게 외쳤다. 이때 빈두로 존자가 목련 존자에게 "부처님께서 스님이 신통제일이라고 하셨는데 가서 저것을 가져 오시오."라고 하자, 목련 존자는 "스님도 신통력이 있으니 가져올 수 있지 않습니까?" 하였다. 빈두로 존자가 허공을 날아 발우를 가져와서 여러 스님들 앞에 내어 놓았다. 스님들이 이것을 어떻게 처리하여야 할지 몰라서 부처님께 여쭈니, 부처님께서는 쪼개어서 향으로 사용하라고 하셨다. 아울러 나무로 발우를 만들어 사용하는 것을 금지하는 법을 제정하시게 되었던 것이다. 호화스러운 발우를 금하고 쇠나 흙의 발우를 가지도록 한 것은 사치한 풍조를 떠나고 쉽게 발우를 구할 수 있게 하기 위한 것이다.

발우의 색은 흑색과 적색, 혹은 공작새의 목이나 집비둘기 색과 유사한 푸른색이 되도록 연기에 그을린 것이라야 한다. 또 발우의 크기는 대·중·소로 나누어져 있으며 율장에 그 용량에 대해 자세히 설명되어 있다. 발우가 새는 경우에는 다섯 가지로 때우는 법이 있어, 비록 쉽게 구할 수 있는 흙발우라도 아껴서 사용하려는 검소한 정신이 깃들어 있음을 볼 수 있다.

부처님께서 홀로 유행하실 때 출가를 결심한 젊은이를 만나셨는데, 그에게 스님이 되기 위한 기본조건으로 가사와 발우를 구해올 것을 말씀하셨다. 이처럼 구족계를 받고 스님이 되려는 사람에게, 가사 세 종류와 발우를 가져 왔느냐고 반드시 묻게 된다. 만약 가사와 발우를 구비하지 못했다면, 글자 그대로 꼭 있어야 할 것을 구족하지 못했기 때문에 구족계를 받을 수 없는 것이다.

일본이나 한국에서는 네 개의 발우를 사용하며, 남방과 중국에서는 한 개의 발우를 사용한다. 부처님 당시의 승가전통을 비교적 잘 지켜온 남방 상좌부불교에서 한 개의 발우로 걸식하고 돌아와서도 그것을 그대로 사용하는 것을 보면, 원래는 한 개의 발우였던 것이 확실하다. 그러나 남방에서도 지방에 따라 작은 발우를 하나 더 사용하거나 접시를 사용하는 경우도 있다.

평생을 발우에 목숨을 의지하면서 수행하는 풍습은 오늘날처럼 물질이 넘쳐나도 만족을 모르는 사람들에게 하나의 교훈이 될 수 있다. 행복은 결코 많이 소유하는 데 있는 것이 아니라, 발우 속에 그날 어떤 음식이 담기더라도 감사히 먹는 마음처럼 모든 것을 달게 받아들이는 데 달려 있기 때문이다. 시대가 어려울수록 발우의 의미를 더욱 새길 필요가 있다.

부처님도 고기를 먹었을까?

　　우리나라에서는 전통적으로 스님들은 육식을 하지 않는 것으로 인식하고 있다. 불자들이 어쩌다가 식당에서 육식을 하는 스님을 만나면 좋지 않게 생각하는 것도 이러한 전통적인 관습 때문이다. 육식에 대한 불자들이 정확한 인식은 삼보를 보호하고 주위의 그릇된 생각을 타파하기 위해 반드시 필요하다.

　　육식에 대한 것은 어떤 각도에서 보느냐에 따라 그 결론이 달라진다. 왜냐하면 남방불교의 입장과 북방불교의 입장이 서로 다르기 때문이다. 즉 상좌부인 남방불교는 육식이 허용되지만 대승을 실천하는 북방불교는 육식을 하지 않는 것을 원칙으로 하고 있다. 그렇다면 한 부처님의 가르침인데 어떻게 육식에 대한 해석이 이렇게 다를 수 있는가? 그것은 그 나라들의 풍습과 기후, 전통, 교리에 대한 견해 차이 등등 여러 가지가 복잡하게 얽혀서 이루어진 결과이다. 대승불교인 한국불교는 육식을 사찰에서 금하고 개인적으로도 먹지 않도록 하지만, 불자들의 집이나 식당 등 사석에서 여러 경로로 육식이 스님들께 간혹 공양되고 있기도 하다.

육식에 대한 부처님의 태도는 어떠하셨는지 율장에 자세히 나와 있기 때문에, 우리는 이 문제 해결의 실마리를 찾을 수 있다. 결론적으로 말하면 율장에는 육식을 하지 말라는 제약은 없다. 부처님 당시에는 걸식으로 살았기 때문에 음식에 대한 선택을 할 수 없었다. 보시하는 사람이 집에서 자신들이 먹으려고 만든 음식을 그대로 스님들께 보시하였기 때문에, 종류를 가리지 않고 주는 대로 가져와 먹었다. 스님들도 불자들의 집만 찾아다닌 것이 아니라 일곱 집씩 차례대로 방문하여 걸식하였기에, 자신들이 음식을 구하러 간다고 말할 수도 없었다.

이런 상황 아래서 육류나 오신채만 임의대로 제외하고 음식을 받는다는 것은 거의 불가능한 일이다. 그 당시의 육식에 대한 율장의 기록을 몇 가지만 살펴보면 지금과 어떻게 다른지 잘 알 수 있다.

율장에는 스님들이 먹을 수 있는 음식을 오종식(五種食)이라고 하여 다섯 종류로 나누고 있다. 이 다섯 음식이란 밥, 보리가루, 마른 빵, 생선, 고기이다. 지금 우리의 입장으로 생선과 고기가 허락되는 것이 좀 놀라울 수 있으나 당시에는 자연스러운 일이었다. 생선이나 고기를 먹지 않아야 한다고 주장한 사람은 부처님 당시에도 있었는데 그가 바로 제바달다이다. 제바달다는 부처님의 사촌으로 아난다, 우파리 등의 스님들과 함께 출가하였는데, 그는 나중에 부처님께 수행승들이 다섯 가지 고행을 하도록 건의하였다. 그 다섯 가지는 다음과 같다.

첫째, 스님들은 생명이 다할 때까지 숲속에서만 지내게 하고 마을 근처의 절에서 머무는 일이 없어야 한다. 둘째, 스님들은 생명이 다할 때까지 걸식만 하고 신도의 청을 받는 일을 하지 않아야 한다. 셋째, 스님들은 생명이 다할 때까지 누더기 가사만 입고 신도들이 보시하는 가사는 입지 않아야 한다. 넷째, 스님들은 생명이 다할 때까지 무덤가나 나무 아래에서만 지내며 지붕이 있는 절에서 살지 않아야 한다. 다섯째, 스님들은 생명이 다할 때까지 생선과 고기를 먹지 않아야 한다.

부처님께서는 이와 같은 제바달다의 극단적인 고행의 제안을 거절하셨다. 그리고 다섯째 생선과 고기를 먹지 말자는 것에 다음과 같은 대답을 하셨다. "자기를 위해서 죽이는 것을 보고, 듣고, 의심스러움이 있는 것, 이 세 가지를 벗어난 생선과 고기를 사용하는 것을 허락한다."

이 세 가지를 벗어난 생선과 고기를 삼정육(三淨肉)이라고 한다. 이것 외에 자연사한 동물의 고기와 새가 뜯어먹고 남은 고기 등 두 가지를 더하여 오정육(五淨肉)이라고 하며, 모두 먹을 수 있는 고기이다. 율장에는 이러한 삼정육 혹은 오정육을 허락하고 있지만, 이 가운데에서도 먹어서는 안 되는 고기가 있다. 이 고기는 코끼리, 말, 용(뱀), 개 등이다. 만약 스님들이 먹어서 안 되는 고기를 먹었을 경우에는 돌길라라는 허물을 범하게 된다. 돌길라를 범한 스님은 자기 혼자 가만히 참회하도록 되어 있어 계율 가운데서 비교적 가벼운 허물에 속한다.

　제바달다가 제안한 내용 가운데는 부처님께서 교단을 만드실 초기에는 실행되었던 것이 교단이 번성한 뒤에는 없어져 버린 것도 있어 주목하지 않을 수 없다. 즉 무덤이나 나무 아래에서만 지내는 것, 누더기만 입고 지내는 것, 걸식에 의해 살아가는 것 등이 그것이다. 그러나 부처님은 결코 원칙만 주장하는 분이 아니라, 수행에 도움이 되는 방법이면 계율이나 수행을 수정하셨다. 부처님께서는 모두가 이러한 고행, 즉 두타행을 할 수 있다면 좋겠지만, 승가에 들어오는 스님 가운데는 두타행을 할 수 없는 사람이 있으므로 수행방법을 수정하셨던 것이다. 그러한 까닭에 제바달다의 제안을 거절하셨던 것으로 생각된다.

　율장에는 많은 스님들이 병에 걸려 토하고 설사를 할 때, 부처님과 승단의 주치의인 기바가 들새를 먹어야 치료된다 하므로 부처님께서 허락한 일이 있다. 또 어떤 비구니스님을 존경한 도둑의 두목이 스님을 위하여 돼지고기를 나무에 걸어놓고 보시하니, 그 스님이 가져다가 삶아서 기사굴산에 있던 모든 비구스님께 공양을 올린 기록도 있다. 그리고 신도가 스님을 위하여 일부러 자신들의 돼지고기를 스님 몫으로 나눈 일, 거사들이 맛나고 좋은 고기 국을 끓여 모든 스님께 한 사발씩 보시한 일 등도 있어 육식에 관한 것은 금기조항이 아니었음을 알 수 있다.

　육식을 하지 않아야 한다는 것은 위의 제바달다가 주장한 것에도 있듯, 부처님 당시에도 먹지 않는 것이 더 큰 이익을 가져다 준다는 인식이 있었던 것 같다. 불교에서 완전히 육식을 금한 시기는 대승이 확대되면서 사람의 생명뿐만 아니라 모든 살아있는 것에 자비심을 가지는 태도를 가지는 보살사상의 영향이다. 『열반경』을 위시한 대승의 경전들과 보살계와 같은 대승계에서 일체의 육식을 금하게 함으로써, 대승불교권의 중국과 한국은 고기를 먹지 않는 풍습이 고정되었다.

그러나 같은 대승불교인 티벳은 지리적 영향으로 채소가 귀하여 고기 먹는 것이 일상화되어 있다. 한국이나 중국의 스님들이 육식을 하지 않는 것을 계율적으로 따지면, 보살계의 고기 먹지 말라는 조목 때문이라고 할 수 있다. 이 조목은 보살계를 받은 사람에게는 모두 해당되므로 신도 역시 보살계를 받았다면 모두 고기를 먹지 말아야 한다. 그러나 현실적으로 신도가 고기를 금할 수 없으므로 중국의 경우처럼 보살계를 6중 28경의 계로 받는 것이 좋다.

육식은 환경과 건강을 나쁘게 한다는 연구 결과처럼 좋지 않은 결과를 가져다 줄 수 있다. 우리나라의 식당에서 생선이나 고기, 오신채가 없는 음식을 찾기란 거의 어렵다. 여행하는 스님들이나 계를 지키려는 불자의 입장에서 보면 계를 지키기 어려운 나쁜 환경에 놓여있는 것이다. 물론 순수채식을 전문으로 하는 집이 있지만 가격이 비싸고 장소도 흔하지 않아 소박한 삶을 즐기는 사람에게는 여간 부담이 되지 않는다. 고기를 먹는 것을 비난할 일도 아니지만, 불자로서 그것을 즐기는 것도 아름다운 일은 아니다. 몸과 마음을 위해 대만처럼 맛있으면서 값싸고 발길 닿는 곳에 어디서나 채소전문 식당을 쉽게 찾을 수 있는 날이 오면 얼마나 좋을까?

불자로 산다는 것

술을 꼭 마셔야 한다면

세계의 음료 가운데 술과 차, 그리고 커피는 없어서는 안 될 중요한 마실거리이다. 이 세 음료는 모두 종교와 깊은 관련이 있다. 특히 술은 제의(祭儀)를 위주로 하는 종교에 있어서 필수불가결한 음료이다. 고대 그리스의 디오니소스 축제와 가톨릭교의 의례, 유교의 제례, 심지어 무속의 행위에 이르기까지 신(神)과 관련된 의식에는 반드시 술로써 그 정성을 표현하였다. 서양에서 좋은 술은 수도사들의 손에 의해 빚어지기도 하였다. 지금도 베네딕트 수도사들에 의해 빚어지기 시작된 술이 시판되고 있고, 수도원에서는 미사와 같은 의례를 위한 술을 스스로 제조하거나 주조회사에 특별주문을 하고 있기도

하다.

　우리나라에서도 구한말 사찰의 재정이 어려울 때 누룩을 만들어 팔기도 하였으며, 솔차와 같은 알코올 기운이 있는 발효 음료를 손님 접대용으로 담그기도 하였다. 한국의 절 집안에서는 예로부터 술에 곡차(穀茶)라는 미명을 붙여 왔으며, 곡차를 즐겨 마시던 고승들의 일화가 자랑스럽게 전해지고 있기도 하다. 부처님의 후신이라는 진묵 대사나 근세의 선풍을 일으킨 경허 스님 등이 곡차를 마시며 보여준, 호방한 경지와 경계를 뛰어넘는 무애도인의 행적은 후대인의 흠모로까지 이어져 모방을 부추기고 있다.

　불교의 계율에는 출가자나 재가자 모두 술 마시는 것을 금하는 것을 원칙으로 하고 있다. 출가자가 술을 마시면 바일제라는 계를 범하게 되는 것이며 재가자는 재가 5계에 술을 마시지 못한다는 조항이 있다. 또 보살계의 10가지 무거운 계 가운데 다섯 번째가 술을 팔지 말라는 계이며, 48가지 가벼운 계 가운데 두 번째가 술을 마시지 말라는 계이다.

　그런데 출가자가 술을 마셔 바일제를 범하게 되면 대중에게 참회하여 계를 청정하게 회복하는 법이 있지만 오계를 받은 재가불자를 위한 참회방법을 기록한 것은 없다. 또 보살계를 범하였을 경우에도 참회의 방법을 구체적으로 설명한 경전은 없다. 출가자가 술에 대한 계율을 깨뜨릴 경우 대중 참회를 해야 한다는 것을 참조한다면, 재가자는 스님 1~2인 앞에서 허물을 말하는 정도로 참회가 된다고 보아도 무방할 것이다.

술 마시는 폐해는 여러 경전에 널리 나오는데 『양생자경(養生子經)』에는 다음과 같은 여섯 가지로 나누고 있다. 재물을 소비하는 일, 병이 나는 일, 싸움을 일으키는 일, 성이 많이 나는 일, 명예가 실추되는 일, 지혜를 손상하는 일 등이 그것이다. 이처럼 술로 허물을 지으면 사업을 폐하게 되며, 못 얻은 재물은 얻지 못하고 얻은 재물은 없애서 과거부터 가지고 있던 것도 다 탕진하게 된다고 하였다. 또 『분별선악소기경(分別善惡所起經)』에서는 부처님께서 술로 인해 발생할 수 있는 과실을 다음과 같이 무려 36가지나 열거하여 말씀하셨다.

1 자식은 부모를 존경치 않고 신하는 임금을 존경치 않게 된다. 2 말이 어지럽다. 3 여기서는 이 말하고 저기서는 저 말하여 믿음 가는 말이 없고 말이 많아진다. 4 남의 비밀을 발설한다. 5 하늘을 욕하고 신성한 곳에 오줌을 눈다. 6 땅에 드러눕고 소지품을 잃어버린다. 7 스스로 몸을 가누지 못한다. 8 상체를 비틀거리고 걸으며 때로 도랑이나 구덩이에 빠진다. 9 넘어졌다가 겨우 일어나고 얼굴에 상처가 난다. 10 사고 파는 것을 그르치고 공연히 남에게 덤빈다. 11 직장을 잃고도 살아가는 것을 걱정하지 않는다. 12 온갖 재물을 소모한다. 13 아내와 자식의 배고픔과 추위를 걱정하지 않는다. 14 시끄럽게 욕설하고 나라 법을 겁내지 않는다. 15 옷을 벗고 나체로 다니려 한다. 16 남의 집에 들어가 타인의 여인을 끌며 무례하게 군다. 17 남이 그 옆을 지날 때 공연히 싸우고자 한다. 18 발을 구르고 고함을 쳐 이웃을 놀라게 한다. 19 벌레를 함부로 죽인다. 20 집안 식구를 때리고 살림을 파손한다. 21 부모를 죄

수같이 다루어 마구 폭언을 한다. 22 악한 사람과 한 패거리가 된다. 23 현명한 사람을 멀리한다. 24 취해서 잠들었다가 깨어나면 병난 것처럼 아프다. 25 토해서 오물이 나오므로 처자가 그 꼴을 미워한다. 26 의욕이 나서 코끼리나 이리도 피하지 않을 태세이다. 27 종교인을 존경하지 않는다. 28 음욕이 일어나서 거리낌 없다. 29 미친 사람처럼 굴므로 보는 사람이 다 도망간다. 30 취하면 죽은 사람처럼 되어 남이 알아보지 못한다. 31 얼굴에 좋지 않은 것이 나고 술병에 걸려 얼굴이 노랗고 여위어진다. 32 천룡귀신이 미워한다. 33 친한 벗들이 날로 멀어진다. 34 취하여 웅크리고 앉아 공무원을 오만하게 대하다가 때로 매를 맞는다. 35 죽은 뒤 악도에 떨어진다. 36 악도에서 나와 사람의 몸을 받아도 어리석게 된다.

율장에서 술을 마시는 것을 허용하는 일이 있는데 병든 사람이 약으로 사용할 경우이다. 술뿐만 아니라 다른 계율도 바라이나 승잔처럼 무거운 계율만 아니면, 병자나 정신적으로 문제가 있는 사람에게는 예외의 조항을 두고 있다. 『분별공덕론(分別功德論)』에는 다음과 같은 이야기가 실려 있다.

기원정사 북쪽에 한 비구가 살았는데 병이 든 지 6년이 지났건만 낫지 않았다. 어느 때 우파리 존자가 그를 찾아가서 물었다. "무엇 때문에 고생하고 있는가? 만약 필요한 것이 있으면 말하라" 병든 비구가 대답했다. "필요한 것이 있지만 말할 수 없다" "그 필요한 것이 무엇이기에 그러는가? 이곳에 없으면 사방으로 구해서라도 가져다주겠다" "내게 필요한 것은 이 사위국 안에 있다. 그러나 부처님의 가르침과 어긋나는 것이므로 말할 수 없다" "상관없으니 어서 말하라." 우파리가 자꾸 재촉하자 그제야 병든 비구가 말했다. "그것은 술이다. 닷 되의 술만 있으면 내 병이 나을 것이다" "잠시 기다려라 내가 부처님께 여쭈어보겠다." 우파리가 돌아와서 부처님께 여쭈었다. "비구가 병들어 술을 약으로 쓰려는 경우 그것을 마셔도 되겠습니까?" 부처님께서 말씀하셨다. "내가 제정한 계법에서 병든 자는 제외되느니라." 우파리는 곧 술을 구해다 주었고 그것을 마신 비구는 병이 나았다. 우파리는 그 비구에게 거듭 법을 설하여 아라한과를 얻게 하였다.

현대사회에 있어(특히 한국의 경우) 술은 사교의 매개물이어서 전혀 마시지 않을 수가 없다. 혹 끊고 마시지 않는다 해도 사회생활에서 때로 불이익이 있기도 하며, 남성의 경우에는 옹졸하고 융통성 없는 사람으로 오인되기도 한다. 술은 술 자체가 허물이 되는 것이 아니라 술 마시는 사람의 잘못된 행위가 허물이 되는 것이다. 처음에는 조심하며 시작하였다가 나중에는 스스로도 자신을 주체할 수 없는 것이 술이기 때문에 술의 조절에 자신이 없다면 아예 시작하지 않는 것이 좋다.

젊은 날의 술 실수가 중년이 넘는 나이의 사람에게도 여전히 남아있는 것은 술을 마시면 지혜가 적어진다는 과보를 바로 보여주는 것이다. 음식의 맛을 돋우고 식사를 즐겁게 하기 위해서나 비즈니스를 위해 마시는 술은 재가불자에게 필요한 것일 수 있다. 꼭 마셔야 한다면 술이 가져올 허물을 알고 지혜롭게 약처럼 조금씩 마시는 것을 잊어서는 안 된다.

그러나 술에서 자유롭지 못하다면 술을 마시지 않는 것이 최상이다.

『보살행변화경(菩薩行變化經)』에는 술을 마시되 지나치지 말라는 충고를 다음과 같이 하고 있다. "지혜로운 사람은 술을 응당 많이 마시지 말아야 한다. 왜냐하면 술은 자제심을 잃게 하는 일이 많아서, 바른 뜻을 얻는 데 장애가 되고 세간과 출세간의 도리를 잃게 하기 때문이다."

설령 도가 높은 경지에 이른 수행자라도 음주로 인해 추태를 보인다면 세인보다 못하다. 불교는 지혜를 완성하는 종교인데 술에 취해 여러 가지 실수를 저지르는 것은 지혜로운 사람의 행동과는 거리가 멀기 때문이다. 수행은 잘하는데 술 마시는 것만 문제인 사람이 있다면, 그 도가 아무리 높아도 소용없는 도임에 틀림없다. 바른 길을 가는 재가불자도 술을 경계하는데 하물며 출가한 사문이야 더 말할 필요가 없을 것이다. "음주는 온갖 악의 문(門)이다."라는 『성실론(成實論)』의 구절대로, 술을 취하도록 마시면서 입으로 온갖 진리를 설명하고 변명해도 결국 허무한 메아리와 같을 뿐이다.

가사, 수행자의 위의威儀

　　남방·북방을 가리지 않고 불교에서 출가자의 공통적인 모습은 독신(獨身)과 삭발한 머리이며, 여기에 발우와 가사(袈裟)를 지니는 것을 기본으로 한다. 따라서 이러한 모습을 갖춘 승가가 없는 종단은 비록 불교를 표방하고 있더라도 진정한 승가는 아니다.

　　가사는 분소의(糞掃衣, 세속 사람이 버린 헌 옷으로 지은 가사)에서 시작되었지만 점차 신도의 옷보시가 늘고 세월이 지나면서 여러 가지 규정이 생기게 되었다. 비록 가사의 모습을 갖추고 있다 해도 조건이 바르지 않으면 가사로 인정할 수 없게 되었다는 의미이다. 율장에 따라서 조금씩 다르지만 가사로 인정할 수 없는 조건에는 크게 4가지가 있다.

첫째는 '사명득(邪命得)'이라 하여 삿된 마음을 가지고 이익을 위해 불법(佛法)을 팔아 얻는 것이고, 둘째는 '격발득(激發得)'이니 억지로 남에게 보시하게 해서 얻는 것이며, 셋째는 '현상득(現相得)'으로 없는 것처럼 보여서 타인의 연민을 끌어내어 받는 것이며, 넷째는 삼십니살기바일제(三十尼薩耆波逸提) 중 옷에 관한 항목을 범한 것 등을 말한다. 가사가 복밭〔福田〕이 되는 까닭은 보시의 깨끗한 공덕으로 말미암는 것이니, 가사를 입기 전에 위와 같은 인연으로 온 것은 아닌지 살펴야 한다.

가사의 조(條)는 부처님께서 남쪽을 유행하시다가 잘 정리된 밭의 이랑을 보시고, 아난에게 비구의 옷을 저 밭처럼 조각내어서 만들라고 하심으로부터 비롯되었다. 여러 율장에는 세 가지 가사를 언급하고 있다. 작고 아래에 두르는 것을 '안타회(安陀會)'라고 하며, 중간 크기로 안타회 위에 입는 것을 '울다라승(鬱多羅僧)'이라 하고, 가장 큰 것을 '승가리(僧伽梨)' 혹은 '대의(大衣)'라고 부른다.

남방에서 울다라승은 스님들의 평상복으로서 공양, 예배, 강의, 포살, 암송 등을 할 때 입는다. 그리고 승가리는 외출복으로서 왕궁이나 마을에 갈 때, 걸식이나 설법할 때 입는다. 이것은 율장에 기록된 것과 같다. 그러나 우리나라 스님들의 평상복과 외출복은 조선시대 일반인과 거의 같은 복식에 먹물만 들인 것이다(지금의 승복). 가사는 울다라승과 승가리를 입는데 주로 의식을 행할 때 사용한다.

율장에 의하면 승가리는 밭이랑처럼 생긴 조(條)의 수에 따라 소·중·대로 나누는데, 모두 아홉 종류이다. 소는 9·11·13조, 중은

15·17·19조, 대는 21·23·25조로 만들며 홀수를 원칙으로 한다. 이러한 조수는 승랍이나 법계에 의해 조의 수가 정해지는 것이 아니고, 비구가 되면 원칙적으로 누구든지 9조에서 25조까지 입을 수 있다. 출가하여 구족계를 받을 때 발우와 함께 안타회, 울다라승, 승가리 등 세 가지 가사를 구비하여야 비로소 비구가 될 자격이 주어지는 전통이 곧 이것을 증명한다. 승가리는 경제적 형편이나 몸의 크기에 따라 얼마든지 조수를 줄이거나 늘릴 수 있다. 9조는 승가리의 기본 되는 것이며, 9조를 입다가 옷이 헤지면 조각을 덧붙여서 마침내 25조까지 되기도 한다.

하나의 조에 붙이는 천의 조각도 승가리의 크기에 따라 달라진다. 즉 소 9~13조는 2조각은 크게 1조각은 작게〔2長 1短〕붙이고, 중 15~19조는 3조각은 크게 1조각은 작게〔3長 1短〕붙이며, 대 21~25조는 4조각은 크게 1조각은 작게〔4長 1短〕붙여야 한다.

만약 25조가 넘거나 천조각의 장단(長短)이 규정보다 많으면 '파납(破納)'이라 하여 더 이상 입지 못한다. 조각을 붙이는 방법도 승가리와 울다라승은 좌우 가장자리의 아래쪽에 짧은 천 한 조각이 오도록 하고, 안타회는 반대로 위쪽에 짧은 천을 한 조각씩 붙여야 한다. 이처럼 붙인 조각은 가사를 펼치면 좌우 대칭을 이루게 된다.

가사를 규칙대로 제작하지 않거나 제대로 입지 않으면 모두 '돌길라(突吉羅)'에 해당되는 죄를 범하게 되기에, 만드는 사람도 전문적인 안목이 있어야 하고 입는 사람도 법대로 입을 줄 알아야 한다.

가사는 승랍에 따른 법계에 따라 각기 다른 조수의 가사를 입도록 하고 있다. 법계위원회에서 결의한 법계 제도는 승랍 40년 이상으로 특별 전형을 통과한 스님은 대종사 자격으로 25조, 30년 이상은 종사로 21조, 25년 이상은 종덕으로 19조, 20년 이상은 대덕으로 15조, 10년 이상은 중덕으로 9조, 10년 미만은 견덕으로 7조를 입도록 정하였다. 그런데 구족계를 받은 10년 미만 비구에게 울다라승인 7조 가사만 가져야 한다고 정한 것은 전 세계의 승가 가운데 한국뿐이다. 위계질서를 위해 조수라도 구분해야 하는 한국승가의 현실은 이해되는 일이지만, 비구로서 입을 수 있는 정식 예복인 9조 승가리를 입지 못하게 하는 것은 기본 근간을 부정하는 일이다.

부처님께서는 승가 내의 질서를 위해 출가한 순서에 의한 좌차만 인정했을 뿐, 어떠한 형식의 계급제도도 만들지 않으셨다. 다만 출가한 지 오래된 장로라는 신분이 있지만, 이 역시 좌차의 연장선상에 있으며 특별한 계급을 의미하는 것은 아니다.

법계는 봉건시대에 국가가 승려들을 파악하고, 국가로 흡수·조직화하는 과정에서 발생했다. 그러므로 법계는 국가가 실시하는 승과(僧科)에 합격해야만 받을 수 있었다. 신라시대부터 국사(國師)·왕사(王師)가 있었고 승관(僧官)이 존재했으며, 고려시대에 승록사(僧錄司)를 설치해 법계 수여 등의 행정을 담당하게 되면서 본격적으로 제도화된 것이다.

평등을 출가이념의 하나로 삼는 승가에서 법계가 존재하는 것은 승가가 관의 제도를 모방하거나 혹은 그 제도 아래에 있다는 의미가 된다. 율장에는 승가의 본래 형태만으로도 수행생활과 상하질서를 확립하는

데 전혀 불편함이 없도록 여러 가지 조항들이 들어 있다. 그러므로 제도를 만드는 것도 중요하겠지만 정작 해야 할 일은 율장의 정신을 세우는 일이다.

우리나라에서 입는 5조가사는 치마처럼 두르는 안타회가 아니고, 복부를 가리는 작은 천을 목에 걸고 넓은 허리띠로 묶는 방식이다. 이것은 우리나라의 전통은 아니며 일본 사람들이 만든 가사로서 일제 점령기부터 아무런 검증 없이 사용해 왔다. 또한 반가사라고 하여 끈으로 한쪽 어깨에 두르는 가사도 일본식의 가사로서, 지금은 지도자급 스님들이 더 즐겨 입고 있어 이 역시 깊이 생각해야 할 필요가 있다.

스님들이 입는 가사는 수행자로서 위의를 나타낼 뿐만 아니라, 그 나라 고유한 문화와 정체성도 함께 반영하기도 한다. 특히 동양 삼국의 불교문화는 남방과 달리 나라마다 독특한 특징이 있어 구별된다. 오랜 전통이 있어 문화재적 가치가 있는 것은 따로 보존하되 비불교적인 요소는 과감히 청산해 나가며, 불교의 본래 취지에 맞는 것을 율장에 의거하여 정립하여야 한다.

시대나 사람은 지나갈 뿐이지만 불법은 오래 남아 중생들의 등불이 되어야 한다. 그러기 위해서는 무엇보다도 불법을 이끌고 가는 스님들의 의복인 가사가 법다워야 하는 것은 말할 필요가 없다. 수행자의 내면을 못 보는 중생이 당장 바라보는 것은 수행자의 가사이기 때문이다.

괴색壞色, 원색을 무너뜨리다

승단의 제도가 제대로 정해지지 않았을 때는 불제자와 외도(外道)를 구별하기가 어려웠으나, 가사에 조(條)를 넣는 법을 제정한 이후에는 외도들과 확연하게 구별되었다. 가사의 조와 마찬가지로 옷으로 부처님제자임을 알 수 있는 것이 바로 가사의 색(色)이다. 그러므로 가사의 색을 정확하게 이해하고 사용하는 것은 승가다운 위의를 갖추는 기본 틀이 된다. 우리나라에 있어서 불교가 전래된 초기인 삼국시대의 가사는 어떠했는지 지금으로서는 상고할 길이 없고, 불교 국가였던 통일신라나 고려의 가사도 참고할 만한 것이 드물다.

자료로 사용할 수 있는 것은 조선말기 전후의 가사인데, 지금은 태고

불자로 산다는 것

종 전용의 가사로 되어 있다. 일명 홍가사(紅袈裟)로 불리는 조선 전통의 가사는 역사의 산물로 보존의 가치는 있지만, 율장에 의거한 가사법과는 여러 가지로 위배되기 때문에 조계종에서는 율장대로 돌아가기 위해 가사를 바꾸기에 이르렀다.

조계종 가사 색의 통일에 대한 모색은 1956년부터 시작해 온 것이다. 이것은 가사는 괴색(壞色)이라야 한다는 율장에 그 근거를 두고, 전통가사인 홍가사보다는 원래대로 괴색의 가사색에 가까워야 한다는 취지에서다. 이에 대한 노력의 일환으로 남방 불교국가와 네팔의 가사색인 갈황색을 쓰려 하였으나, 한국불교에서 수용해온 가사색은 오부율(五部律)에 의지한 것이고, 갈황색의 수용은 장경에 의해 확인되기 전까지는 불가하다는 이유로 철회하게 된다.

괴색은 부처님께서 지정한 색을 사용하여 옷감이 지닌 본래의 보기 좋은 색을 무너뜨린(壞) 것을 말한다. 다시 말해 옷의 색상을 보기 좋게 해서는 안 된다는 것이 괴색하는 가장 큰 이유이다. 원색의 채도를 낮추고 세속인이 선호하지 않는 색을 선택하여 겉치장을 없애려 한 것이니, 마치 삭발하여 머리를 꾸미지 않는 것과 같다.

각 율장에 공통적으로 괴색의 색으로 정한 것이 청색(靑色), 흑색(黑色), 목란색(木蘭色) 등 삼색이다. 지금까지 괴색은 이 세 가지 색을 섞어서 만드는 것으로 인식해 왔으며, 현재 각 사찰에서 포살할 때 읽는 바라제목차(波羅提木叉)에도 이처럼 풀이되어 있다. 그런데 율장에서 의미하는 괴색은 삼색을 합하여 낸 색이 아니라 순색(純色)을 무너뜨린 색을 말하는 것이다. 순색이란 오정색(五正色)으로 상색(上色)이라고도 하는데 청, 적, 황, 흑, 백 등의 순수한 색이다. 현대의 관점으로 보면 원색의 화려한 색은 가사색으로 적합하지 않다는 것이니, 만약 비구가 원색의 옷을 보시 받는다면 그 색을 무너뜨려 괴색해야 입을 수 있다.

이때 괴색용으로 사용할 수 있는 색이 청색, 흑색, 목란색인데 이 역시 탁한 색을 낸 것이어야 한다. 염색할 때 이 세 가지 색을 함께 섞는 것이 아니라, 삼색 가운데서 한 가지 주된 색을 뜻에 따라 선택해서 괴색하게 된다. 그러므로 실제의 가사색은 한 가지 색으로 통일된 것이 아니며, 정해진 청, 흑, 목란색을 쓴다 해도 그 때마다 균일하게 물들일 수 없으니 가사마다 색이 조금씩 달라질 수 있다. 괴색할 수 있는 색인 청색은 옛 청동기처럼 빛바랜 색이고, 흑색은 아주 검은 것이 아니라 여러 과일을 섞어낸 색이나 불에 그을린 것과 같은 색 혹은 우물이나 연못 등의 진흙과 같은 색이며, 목란색은 중국 사천의 목란나무껍질에서 나온듯한 검붉은〔黑赤〕 색이다. 색을 들일 때는 근본 색을 먼저 들이고 다시 약하게 염색을 하거나, 상색을 입힌 후 다시 하색(下色: 탁한 색)으로 물들이는 방법이 있다. 또 청색을 먼저 들이고 나머지 색으로 혼합하여 염색하는 방법이 있는데, 오정색도 이와 마찬가지라고 하였다.

이와 같은 율장의 근거들로 보아 괴색이라는 고정된 색이 존재하는 것이 아니라는 것을 알 수 있다. 삼색을 섞지 않았다는 증거의 하나로 흑색으로 괴색한 가사를 들 수 있다. 난타 존자는 모습이 부처님과 비슷하여 멀리서 보면 분간할 수 없을 정도였으므로 비구들이 자주 혼동하였

불자로 산다는 것

다. 부처님께서 난타에게는 흑색 가사를 입도록 하시어 멀리서도 알아볼 수 있게 하였다. 이것을 미루어 보면 괴색은 곧 삼색 가운데 한 색을 골라 사용하여 색의 구별이 가능했던 것을 알 수 있다. 율장대로 괴색하게 되면 청, 흑, 목란색의 가사를 입을 수 있지만, 실제로 청색의 괴색가사를 착용하는 승가는 거의 없다. 그러나 그 흔적들은 볼 수 있으니 한국이나 중국에 남겨진 옛 고승의 초상화 가운데 이러한 색을 쓴 것이 남아 있다. 그들 영정(影幀)에 비록 가사는 아니지만 이에 버금가는 법복인 장삼의 색에도 청색과 먹물색을 사용한 예는 많이 발견할 수 있다.

가사는 염색뿐만 아니라 그 재질을 선택함에 있어서도 주의를 기울여야 한다. 보기 좋은 색을 괴색하는 것과 마찬가지로 천의 재질도 고급을 피해야 하는 것은 당연한 일이다. 초기의 승가에서는 세속인의 옷이나 값비싼 천을 보시받는 일도 있었지만, 율이 정해지면서 그 재질이 제한되게 되었다. 『사분율』에 의하면 비단으로 만든 것이나 순색의 양모를 사용하면 바일제(波逸提)에 해당하는 죄를 범하는 것이 된다고 하여 고급스런 가사를 금하였다. 또한 옷에 의도적으로 무늬를 넣거나 수를 놓는 것도 금하고 있는데 이를 미루어 보면 홍가사에 일월(日月)을 수놓은 것이나, 새로 제정된 종단가사의 삼보 무늬도 엄밀하게 보면 비법(非法)이라고 할 수 있다. 율장에는 겹옷〔重衣〕이라도 그 옷값이 십육조(十六條)를 넘지 못하도록 되어 있는데, 오늘날 정확하게 그 가치를 알 수 없지만 평균가 이하의 값어치로 보면 무방할 것이다.

가사를 만든 후 점정(點淨)을 거치지 않으면 법대로 완성된 것이 아니다. 점정은 오늘날 가사를 입기 위해서 거행하는 가사 점안(點眼) 정도에 해당되는 것이다. 그러나 점안이란 불보살상을 새로 조성한 뒤 눈에 점을 찍는 의식으로, 이를 통해 단순한 조각이나 그림이 아닌 우리가 예배할 수 있는 대상으로 모셔지는 것이다. 그러므로 가사에 점안한다는 것은 잘못된 말이며 점정으로 고쳐야 마땅하다.

가사에는 자르는 정[截縷淨], 물들이는 정[染淨], 푸른색 점을 찍는 정[靑點淨] 등 세 종류의 정이 있다. 자르는 정은 베의 온전한 모습을 파괴하는 것이고, 물들이는 정은 괴색으로 염색을 한다는 것이며, 점을 찍는 정은 푸른 색 따위로 괴색의 점을 찍는 정이다. 일반적으로 점정은 삼색의 괴색으로 가사에 점을 찍되 작게는 완두콩이나 삼씨[麻子]만 하고, 크게는 손가락 네 개를 나란히 한 것 같은 크기로 한다. 점은 1, 3, 5, 7, 9 등의 홀수로 찍어야 하는데 꽃모양을 내서는 안 된다. 새로 만든 가사에는 낡은 가사의 조각을 붙여서 입도록 하였는데, 이 역시 정(淨)하는 방법 가운데 하나이다. 만약 새 가사에 괴색이나 점정 등의 방법으로 정하지 않으면 바일제의 죄에 해당한다.

옷이 날개라는 말이 있듯 사람은 누구나 좋은 옷을 입고 자신을 더 돋보이게 하려 한다. 특히 종교인들의 의식용 의복은 그 디자인과 색상이 신도들로 하여금 신성하고 경건함을 느끼도록 되어 있다. 옷으로 종교적 감화를 주는 것은 종교의식의 엄숙이나 건축물의 장엄과 같은 맥락이다.

가사에 대한 법은 오래 전의 인도의 환경과 풍습 속에서 제정된 것이라, 현대인이 요구하는 종교의복과는 차이가 있다. 물질문명이 고도로 발달한 지금 값싸고 질긴 천이 많이 있어 옛날처럼 천 한 조각으로 허덕이진 않는다. 그러므로 일부러 남루하게 보이는 것은 오히려 위선에 가깝다. 색이 바랜 옷이나 구시대의 산물과 같은 먹물 옷은 오히려 서구사회에서 멋스럽게 여기는 색이며, 삭발한 머리도 유행의 한 종류로 여기는 시대를 우리는 살고 있다. 2,500년 전보다 다양한 관점과 환경 속에서, 불교신도가 의지하는 삼보로서의 위상과 수행자로서의 검소함이 동시에 요구되기에 가사는 그 무엇보다 신중히 제작되어야 한다.

승가의 질서 유지나 승려의 자질 향상을 위해 제도 개선도 필요하겠지만, 중생의 귀의처답게 일관되고 수준 높은 교육과 안정된 환경이 우선되어야 한다. 승가가 존경받을 만한 진정한 위의는 가사의 재질이나 색에 있는 것이 아니라, 수행자다운 말씨와 품위 있는 행동에서 나온다는 것을 잊지 말아야 한다.

속옷은 넥타이가 아니다

의복은 사회적 생활을 하는 인간에게 하나의 상징물이다. 신분과 직업을 나타내 보이기도 하고 장소, 혹은 일의 종류에 따라 선택되기도 하는 것이 의복이다. 동서양을 막론하고 입고 있는 것에 따라 사람이 평가되기도 하고 이미지가 결정되기도 한다.

종교인의 복장은 그 내력도 오래되었고 그런 만큼 많은 연구와 실행 끝에 탄생한 것이 대부분이다. 특히 가톨릭과 같은 서양 종교에서는 그 종교의 목적에 가장 적합한 복장을 만들기 위해 재료나 디자인을 최고로 하였을 뿐만 아니라, 그 의복이 가지는 신성함은 신의 매개자라는 의미를 충분히 담고 있다고 느낄 만큼 상징성이 있다. 로마교황이나 그리스 정교회의 지도자들이 입는 복장은 신의 영광이 옷으로 표현된다고 할 만큼 복식 그 자체로서 이미 어느 정도 종교적 목적에 일조하고 있는 것이다.

종교의 복식은 그 종교가 발전된 곳의 영향을 받는다. 다시 말해 부유한 지방에서 번영한 종교의 의복은 고급스런 재료와 화려한 무늬, 그리고 다양한 모양을 갖춘 것을 보게 된다.

또 종교의 교리나 권력의 정도에 따라, 혹은 나라와 풍속에 따라 어떤 옷을 입게 되는가 결정되기도 한다. 그러므로 오랫동안 전래된 종교들은 모두 복장에 대한 나름의 역사를 지니고 있다. 신도들은 자신이 믿는 종교의 사제나 승려들의 복장에 의해 종교적 감동을 받기도 하고 신성함을 느끼기도 한다. 그 종교인이 훌륭하기 때문이기도 하겠지만 그가 입고 있는 옷 때문에 존경을 표하는 것이 많은 부분을 차지한다. 이처럼 한 벌의 옷이 주는 역할은 우리가 생각하는 것보다 훨씬 크다.

불교에서의 복식은 다른 타력신앙의 종교보다 다르게 출발하고 있다. 신의 매개자나 제사장과 같은 신분들이 입는 옷은 거의 왕에 버금가는 화려함과 존엄성을 가졌지만 스님들의 복장은 처음부터 이와는 정반대였다. 부처님께서 처음 승가를 만드실 때는 분소의, 즉 사람들이 버린 천 조각들을 수행자들이 입도록 하셨던 것이다.

불교교단이 발전되면서 분소의 외에 모양새가 반듯하거나 재질이 좋은 천을 신도들로부터 받아 입게 되었다. 부처님께서는 다른 교단의 수행자와 불교수행자를 구분하기 위해 특별한 디자인을 하셨으니 그것이 곧 천에다가 밭이랑처럼 생긴 조(條)를 만든 것이다. 이 옷을 가사라고 부르며 부처님이 계실 때부터 의례용이 아닌 평상복으로 입어온 것이다.

불교는 신을 숭배하지 않으므로 제례나 의식을 위한 특별한 복장이 필요 없었다. 모임이나 외출을 위해서는 가장 큰 가사인 승가리만 입으면 되었기 때문에 달리 외출용 옷도 만들지 않았다. 이 승가리조차 누울 때 깔거나 덮을 수도 있어 마치 이불처럼 사용되었으므로 옷 자체에 신성함을 부여하지는 않았다. 스님들의 옷은 이처럼 평상복에다 이불을 겸한 그야말로 생활을 위한 의복이었다. 지금도 스리랑카나 태국 같은 남방의 불교에서는 옛 모습 그대로 가사가 일상복이자 수행복이다.

불교가 중국에 이르자 가사는 의례용으로 변해 버렸다. 중국인들은 평상복 위에 가사를 착용하였는데 이는 가사의 모양까지도 바꾸는 결과를 가져왔다. 불교는 중국을 거쳐 한국으로 전래되었기에, 복식 역시 중국 제도를 따라 가사는 행사가 있을 때만 입는 특수복이 되었다.

중국이나 한국의 스님들은 농사를 짓거나 절을 가꾸는 등의 노동을 해야 하므로 가사를 입고 생활할 수 없는 상황이었으니, 일반 백성이 입는 옷에 먹물을 들여 입는 것으로 옷을 구별 지었던 것이다. 그러므로 가사의 세 종류 가운데 허리 아래에 입는 안타회는 자연적으로 쓰이지 않게 되고 회의, 수행, 포살할 때 일반적으로 입는 울다라승과 큰 가사인 승가리만 남게 되었다. 울다라승은 7조이고 승가리는 9조에서 25조로 남방가사에서는 확연히 구별되지만, 중국이나 한국에는 이 두 가지 가사가 크기는 비슷하고 다만 조수에서 차이가 날 뿐이었다.

우리나라 스님들은 언제부터인가 반가사(半袈裟)라는 것을 입기 시작하였다. 그것도 법랍이 많은 스님들이 다투어가며 입어서 마치 큰스님이 되어야 입는 가사로 인식되기도 하였다. 그러나 이 반가사는 아무리 불교역사를 살펴보아도 도무지 근거가 없는 옷이다. 이와 아울러 낙자(絡子)라는 옷이 오조가사(五條袈裟)라는 이름을 띠고 슬그머니 등장하여 지금까지 아무런 문제없이 착용되고 있다. 복식에 관한 율장자료를 살펴보아도 이 반가사와 낙자는 전혀 나오지 않는 복장이다.

고려시대에 오조가사를 입었다는 자료가 있으나 어떻게 입은 것인지 현재로서는 알 수가 없다. 그런데 오조는 안타회에만 해당되고 안타회는 아래속옷으로 입는 것으로 밖으로 노출되지 않는 옷이다. 만약에 고려시대에 오조를 크게 만들어 지금 가사처럼 둘러 입었거나 낙자 비슷하게 만들어 걸쳤다 해도 이것은 율법을 모르고 입은 것이니 잘못된 것이다. 어떤 사람은 고려시대에 오조가사를 입었다고 하며 현재의 낙자 모양의 오조를 입는 것을 찬성하는 사람이 있다. 그러나 비록 이것이 전통이라 하더라도 너무나 잘못된 전통이기 때문에 마땅히 고쳐야 한다.

사실 반가사와 낙자는 일본의 전통이다. 일본의 불교는 종파가 발달하여 종파에 따라 가사색이 다르고 모양도 조금씩 차이가 있다. 또 왕과 귀족들도 즐겨 가사 비슷한 것을 입고 있는 것을 오래된 초상화에서 발견할 수 있는데 이것이 마치 지금의 반가사 혹은 낙자오조(絡子五條)처럼 생겼다. 일본 스님들이 반가사나 낙자를 입는 것은 지금도 흔히 볼 수 있다.

조선말기 이전에 한국에서는 반가사와 낙자가사가 존재하지 않았던 것은 여러 자료를 통해 알 수 있다. 현재까지 남아 있는 여러 불교유

물들, 즉 가사, 탱화, 고승초상 등을 보면 반가사와 낙자가사가 출현하지 않고 있으며, 일제 강점기를 거치면서 비로소 나타나게 된다.

일설에 의하면 자운 스님이 가사는 몸에 항상 함께해야 한다는 부처님 말씀에 따라 현재의 낙자식 오조가사를 입도록 주장하셨다고 한다. 그러나 이 역시 그 말씀은 옳지만 제도는 일본 것을 모방한 것에 지나지 않으니, 일제의 잔재를 청산하고 한국불교의 가치를 바로 세워야 하는 오늘날 숙고해야 할 일이 아닐 수 없다.

어떤 사람은 좋은 제도를 도입하는데 일본 것이냐 중국 것이냐 따질 필요가 없다고 주장하기도 한다. 그러나 부처님의 가르침도 제대로 지키지 못하면서 잘못된 제도를 들여와서 좋은 제도라고 말하는 것은 문제가 큰 것이다. 그들이 말하는 좋은 제도란 입기에 편리하고 활동하기 좋은 것을 의미하는 것이니, 만약 그런 제도를 도입한다면 옷의 종류가 잘 발달된 타종교를 모방하면 더 효율성이 크지 않겠는가?

지역이 다르고 시대가 달라지고 사람들도 변화하며 이에 따라 제도도 바뀌는 것은 필연적인 일이다. 부처님을 따르던 사리불이나 아난 존자 등의 출가사문을 중요하게 여기던 초기의 불교와 달리, 대승불교가 발달하면서 머리를 기르고 보관을 쓴 세속사람의 모습을 한 보살이 더욱 중요한 역할을 하는 것을 보면 세상의 흐름 속에 불교도 변한다는 것을 알 수 있다. 하물며 스님들의 의복이 변하는 것을 어찌 탓할 수 있겠는가?

그러나 불교가 존재하는 한 가사는 영원히 스님들만의 의복이며 그렇기 때문에 가급적 본래의 정신에서 벗어나서는 안 된다. 로마의 교황은 몸을 지탱하기 어려운 노구에도 복잡하고 무거워 보이는 그들의 복식을 고수한다. 입기 쉽고 편한 옷을 택할 수도 있지만 그렇게 하지 않는 것은 종교인의 의복은 그 교의와 전통을 무겁게 여기기 때문이다. 아래옷인 오조가사를 위에 입는 것은 마치 속옷을 넥타이처럼 걸친 것과 같다.

　율장에 오조라고 명시되어 있는 것은 아래속옷인 안타회밖에 없는 것이니 아무리 편리를 위한 것이라고 하지만 엄연한 속옷을 드러내놓고 위에 입을 수는 없는 일이다. 또 아무리 편리를 위한 것이지만 반가사 제도는 이와 비슷한 것이라도 율장에는 없고 이것을 입는 곳은 여러 불교 국가 가운데 일본과 한국밖에 없으니 이 또한 부끄러운 일이다. 반가사와 낙자오조가 일본의 의복제도이기 때문에 반대를 하는 것이 아니라, 부처님 율법을 제대로 아는 승가라면 도저히 상상조차 할 수 없는 옷 입는 법이기 때문이다.

풍습에 따라 승복도 변한다

　　　　　　　　　　　　　승복은 글자 그대로 스님들의 옷이다.
불자들이나 일반인이 승복이라는 말을 들으면 떠오르는 모양은 회색 저
고리, 회색 바지, 회색두루마기인 경우가 보통이다. 가사와 장삼은 승복
이긴 하지만 의식 때만 입으므로, 평상복으로서의 승복은 회색저고리와
바지가 쉽게 떠오르는 것이다. 세계의 스님들이 입는 승복은 통일된 것
이 아니라, 각 나라의 전통과 풍습에 따라 다르게 전해져오고 있어 승복
에 대한 인식도 각기 차이가 있다.

　　예컨대 전통가사를 고수하고 있는 태국 같은 남방불교국가에서는
한국 승복을 그대로 입고 가면 스님으로 인정해 주지 않는다. 그러나 비

숫한 문화구조를 가진 대만이나 일본에서는 당연히 이웃나라의 스님으로 대접한다. 대만과 중국, 일본의 승복은 비슷한 것 같지만 조금씩 차이가 있는데, 처음에는 전래해준 나라의 복식을 모방하였다가 점차로 자신의 나라 복장 양식을 가미하여 오늘날의 모습으로 변한 것이다.

중국의 승복은 우리나라 두루마기보다 옷자락이 더 길고 고름이 없어 활동하기가 편하다. 일상에 늘 이 옷을 입고 있으므로 평상시 저고리와 바지만 입고 지내는 우리나라 스님들보다 외적으로 더 점잖게 옷을 입는다고 할 수 있다. 일본 역시 한국의 장삼 같은 옷을 일상에서 착용하고 있는데 다만 청소나 일을 할 때는 간편한 복장으로 한다. 일본의 스님 복장은 종파마다 색과 모양이 달라서 매우 다양한 것이 특색이라 하겠다. 또 일본은 결혼한 스님이 많고 따로 직업을 가진 스님도 있어서 출퇴근하는 경우도 더러 있는데, 밖에 있을 때는 양복을 입고 절에 오면 승복으로 갈아입는 이중구조의 생활을 하고 있다.

우리나라 승복은 언제부터 이와 같은 모양으로 정착되었을까? 현재 우리나라 스님들이 입고 있는 저고리와 바지는 조선시대의 옷이 전승된 것이다. 물론 그 이전의 신라나 고려의 복식이 원류가 되기는 하겠지만 지금까지 남아있는 복식유물을 통해 본다면 현재의 승복과 가장 가까운 복식은 조선의 옷이라 말할 수 있기 때문이다.

지금 스님들이 입는 저고리와 바지는 조선시대에는 일반인의 복장이었다. 옷의 모양은 일반인이나 스님이나 다름없었지만, 다만 스님들의 옷은 먹물을 염색한 것만 달랐을 뿐이다. 시대가 변하여 일반인들은 명절과 같은 날이 아니면 한복을 입지 않고 또 현대의 한복 모양도 조선시대와 조금 다르게 변하였다. 하지만 스님들은 여전히 조선시대의 옷 모양을 고수하고 품새만 넉넉하게 만들어 현재의 승복으로 정착된 것이다. 그러므로 승복의 디자인이라는 것이 스님들만을 위해 따로 발명된 것이 아니라, 조선시대 일반인이 입던 옷에 먹물만 더 한 것이 승복이다. 현재 일반 한복과 스님들의 옷이 다른 점은 일반 한복은 하얀 동정을 넣고 품이 작으며 디자인과 색상이 다양한 반면 승복은 동정 없이 통이 큰 옷깃과 큰 품이 특징이다.

조선시대에 스님들이 일반인과 섞이게 되면 머리 깎은 것과 옷 색깔에서 구별이 가게 되지만 복식은 같기 때문에 옷에서 오는 이질감은 그렇게 많지 않았던 것 같다. 이것을 비유해서 말하자면 현대인들이 평상복으로 입는 양복을 스님들도 입되 다만 일반인들은 다양한 양복의 색을 입고 스님들은 먹물색 양복을 입은 것과 같다. 마치 오늘날 신부나 목사처럼 보통 때에는 일반적인 옷을 입다가 행사가 있으면 의식전용 옷으로 갈아입는 것처럼 조선의 스님들도 보통 때는 먹물들인 일반 옷을 입고 있다가 행사가 있으면 장삼과 가사를 입었던 것이다.

요즘 들어 불교신자 가운데는 먹물 입힌 저고리 바지와 두루마기까지 승복과 같은 복색을 하고 절에 오는 사람도 있는데 머리만 깎지 않았을 뿐이지 스님과 구별되지 않을 정도이다. 세간과 출세간, 승려와 속인 구별을 엄격하게 하는 승가에서 이런 것을 아무렇지 않게 생각하고 또 재가신도를 위한 옷도 만들지도 않는 것을 보면 이제는 승복이 한계가 없어진 느낌이 든다.

우리나라 스님들 의식복식 가운데 장삼이라는 것이 있다. 원래는 중국의 영향을 받은 것으로 중국의 도교 복식이나 사대부의 옷에서 비롯된 것이다. 세종실록에 일본으로 보내는 예물 속에 승복인 장삼이 들어있었던 것으로 보아 장삼은 세종 이전부터 있었다고 추측할 수 있다. 한국의 전통 장삼은 태고종에서 입고 있는 것으로 조선시대 스님들의 초상화나 일제시대 전후의 사진 등을 통하여 그 모양을 확인할 수 있다.

전통적인 장삼은 두루마기처럼 생긴 옷에 동정을 달고 소매가 도포처럼 넓다. 오늘날 조계종단에서 입는 장삼은 전래된 복식이 아니라 불교 정화 이후에 만들어 진 것으로 약 40여 년의 전통을 가지고 있다. 조계종의 장삼은 깃이 넓고 허리 아래에는 넓은 주름이 잡혀있는 것이 태고종의 전통장삼과 구별되는데, 어떻게 해서 느닷없이 장삼의 허리 아래에 주름이 있는 옷이 나왔는가는 의문이 아닐 수 없다.

조계종 장삼이 누구에 의해 고안되었는지는 알 수 없으나 옛 복식을 조사해보면 이와 유사한 옷이 나온다. 그것은 불교의 의복이 아니라 극동 아시아에 큰 영향을 끼친 유교의 전유물과 같은 복식으로 곧 심의(深衣)라고 부르는 옷이다. 심의는 주나라 때부터 입기 시작했을 정도로 깊은 역사를 가지고 있고 거의 모든 유학자들이 한번쯤은 심의제도에 대해 거론할 만큼 중요한 옷이다. 위로는 왕후장상(王侯將相)으로부터 아래로는 벼슬 없이 은거하는 선비에 이르기까지 입던 옷이고 나들이와 평상복을 겸하였으며, 예를 갖추어야 하는 자리거나 허물없이 노는 자리에도 모두 통용되는 옷이었다. 심의는 상의와 하의를 붙여 하나의 옷으로 만들었다. 하의에 큰 주름이 잡혀있고 소매 끝과 치마 아래 가장자리에 검은 색의 띠가 둘러쳐 있다. 심의는 하늘은 둥글고 땅은 네모지다는 중국 전통의 사상에 따라 옷이 지어졌고, 아래 주름은 12폭으로 일 년 열두 달을 의미한다고 한다.

조계종 스님들이 입는 장삼이 심의를 본떠 만들었다는 증거는 없으나, 이와 유사한 전통복식은 심의밖에 없으므로 나름대로 추측하였다. 장삼이 비록 율장에 근거는 없으나 극동아시아의 여러 국가들에서 공통적으로 입어왔고, 현 조계종의 장삼도 의례용으로 품위를 갖춘 옷으로 다른 나라의 장삼에 비교해도 손색이 없다.

원래 승복은 가사라야 한다. 그러나 불교가 인도가 아닌 중국에서 수입된 이유와 또 한국 민족의 특성에 맞추어 지금의 승복으로 변해왔다. 율장의 규정대로라면 잠깐이라도 가사를 입지 않으면 안 되지만, 너무나 오랜 시간을 이와 같은 복장으로 지내왔기 때문에 관습을 인정하는 것일 뿐이다. 한국의 겨울은 너무 추워서 가사를 입고 지낼 수 없다는 주장도 있는데, 티벳은 1년 내내 한국보다 더 추운지방이지만 그곳 스님들은 가사를 입고 생활을 잘 영위하고 있다. 결국 스님들의 의복문제는 지역적 관습과 그곳 승가의 의지문제라는 것을 알 수 있다.

지역에 따라 언어와 음식이 다른 것을 탓할 수 없는 것처럼 스님들의 의복도 같은 맥락에서 이해할 수 있으며, 앞으로도 의식의 변화에 따라 얼마든지 다른 양상으로 변할 수도 있다. 큰 틀에서 보면 스님들의 옷도 결국 나라와 시대와 환경과 사상 등이 결합하여 만들어진 것이다. 부처님 당시에 외도의 옷들도 가사와 비슷하였으니 이것은 당시 인도의 전반적인 풍습이 그러했던 까닭이다. 부처님께서 인도가 아닌 로마에 태어나셨더라면 스님들의 복장은 로마식으로 바뀌었을 것이다.

대승의 보살은 스님들이 금기시하는 보배영락을 몸에 두르고 화려한 옷을 입고 아름다운 보관을 쓰고 긴 머리를 기르고 있어도 중생을 교화하는 데는 아무런 걸림 없듯이, 불교의 이상을 실천하는 데 의복이 중요하긴 하지만 변하지 않는 진리는 아니다.

몸빼바지를 입는 여성불자

몇 년 전 필자는 아는 불자 몇 분에게 지나가는 말로, 앙드레 김 선생에게 불자들의 옷을 디자인해 달라고 부탁해야겠다고 한 적이 있다. 농담 같은 말이었지만 그 속에는 필자의 속내가 들어 있었다. 왜냐하면 불자들이 절에 올 때 어떤 옷을 입고 와야 할지 모르는 경우도 상당히 많고, 불편하게 보이는 옷을 입고 오는 일도 허다하기 때문이었다. 필자는 절에서 편하게 입고, 또 그 옷 그대로 밖에서 입어도 손색이 없는 재가신도를 위한 법복을 만드는 생각을 늘 하고 있었기 때문에 그러한 말을 하였다.

그러나 그 당시 이 일을 실천할 만한 신행단체가 없었기 때문에 필자의 계획은 실천에 옮기지는 못했다. 지금 몇몇 사찰에서 나름대로 디자인한 법복을 만들어 입는다는 소식을 접하고는 반가운 마음이 들었다. 불자이면서 뛰어난 감각을 지닌 앙드레 김 선생이라면, 불교의 의미와 편리성을 아우르고 디자인과 브랜드의 가치까지 지닌 법복을 만들어 내지 않았을까 생각해본다. 너무 일찍 왕생한 그 분에 대해 안타까운 마음이 더한다.

대만의 재가불자들 법복은 거의 통일되어 있다. 재가신도가 절에 와서는 우리나라 스님들이 입는 장삼 비슷한 길고 검은 법복을 입는데, 남녀의 구분 없이 똑같은 옷을 입는다. 여기에 신발까지도 베신을 신어서 전체적으로 통일된 모습을 하고 있다. 심지어 신행생활을 오래한 불자인 경우에는 가사까지 입는데, 우리나라 사미들이 입는 조수가 없는 가사와 비슷하다. 그러나 스님들의 옷 색깔과 구별되기 때문에 출가자와 재가자가 혼동되지는 않지만, 전체적인 모양은 비슷해서 외부인들은 삭발하지 않은 스님으로 오인할 정도이다. 남방에서는 재가신도의 옷을 제한하지 않으며 자유롭게 입는데, 절에 올 때는 주로 흰색 옷을 즐겨 입는다. 일본 재가신도들의 경우에는 전통복장인 기모노나 양복 정장을 입는 일이 많고, 한시적으로 사찰에 머물 때에는 간편하게 재가인을 위한 사찰 전용 검은 옷을 입는다.

재가인의 복장에 대한 특별한 규정은 경전이나 율장에는 나오지 않는다. 그러나 재가신도를 백인(白人) 또는 백의(白衣)라고 묘사하고 있어 당시의 재가신도들이 주로 흰색 옷을 입었다는 것을 알 수 있다. 그러나 백의라는 말은 단지 흰옷을 뜻하는 것만이 아니라, 원색의 옷을 입지 않는 승가에 대비해서 원색의 옷을 그대로 입는다는 의미도 포함되어 있다. 또 부처님을 뵈러 올 때 사치스러운 장식을 하고 왔더라도 절 문 밖에 벗어두고 들어왔다는 기록이 있어, 가급적 소박한 모습으로 부처님을 친견했던 것이다.

왕이나 대신들이 일이 생기면 그대로 부처님을 친견했고, 거사나 우바이들이 절에 올 때 특별히 다른 옷으로 갈아입었다는 기록이 없는 것을 보면 대체로 의복에 대해서는 자유스러운 분위기였던 것으로 여겨진다. 부처님 당시와 크게 변하지 않았다는 지금의 인도 풍속을 보면, 그때의 복장이 어떠했는가 알 수 있다. 주로 설법을 듣는 것으로 신행생활을 했던 인도에서는 어쩌면 의복이 그다지 중요하지 않았을 것이다.

우리나라의 오래된 전통 사찰에 가보면 가끔 연세가 든 불자들이 잘 손질된 법복을 입고 다니는 것을 볼 수 있다. 두루마기까지 갖춘 이 불자들의 옷은 스님들의 평상복과 전혀 차이가 없다. 굳이 지적하자면 바지의 모양이 약간 다를 뿐 스님들이 그냥 입어도 될 정도로 같다. 우리나라의 옷 예절은 남녀의 구분이 분명한데 법복만큼은 남녀의 구별 없이 같은 디자인의 옷을 입는다. 이것은 예로부터 전해오던 풍습이 아니라 근래에 생긴 것이다.

기존에 있는 법복으로도 충분한데 왜 새로운 법복이 나타났을까? 우선 현재 여성불자들이 절에 올 때 입는 펑퍼짐한 바지는 과거 일본이 전쟁하면서 여성들의 노동력을 착취하기 위해 행동이 편한 옷을 고안한 것

불자로 산다는 것

으로, 소위 '몸뻬'라는 바지이다. 아직도 그 옷을 입고 있는 것은 민족적 자존심을 훼손하는 일이다. 이 바지가 절하기 쉽고 몸에 편하다는 장점 때문에 그대로 존속되어 온 것이 아닌가 한다. 원래 치마만 입도록 허용된 여건에서 몸뻬바지가 가져다 주는 편리성을 맛본 사람들은 만들기 쉽고 다루기 쉬운 이 옷의 매력에 빠질 수밖에 없었다. 요즘 나오는 개량한 복의 바지는 스타일이나 편리성이 모두 좋고 디자인이나 색상도 얼마든지 바꿀 수 있으므로 일제의 잔재인 몸뻬보다 훨씬 추천할 만하다.

웃옷은 스님들의 옷을 모방한 것보다는 좀더 단아한 것이 좋고, 색상은 먹물색보다는 흰색과 같은 재가신도에 합당한 것을 선택하면 좋겠다. 치마를 입을 때에도 기존의 한복스타일보다는 고려식의 옷이 절할 때나 운신할 때 편리하다. 만약에 갖추어진 법복이 없다면 절하기 알맞은 깨끗하고 무늬가 적은 옷이면 무난하다. 그러나 가끔 절하기 편하다고 트레이닝 복장을 하고 나오는 사람도 있는데 이것은 예의에 어긋난다고 할 수 있다.

거사들은 양복 정장이 적당한데, 단 108배를 할 때와 같이 많이 움직일 때는 한복식으로 입는 것이 알맞다. 재가신도의 옷은 스님들의 옷과 구별되어야 마땅하며, 기능성과 멋스러움이 어우러져야 좋다. 불자들이 입는 옷은 보는 이로 하여금 불자인 것을 알게 하는 만큼 그 행동이 불자나워야 함은 말할 나위가 없다.

예로부터 우리는 의식주를 삶을 위한 기본요소로 삼아 왔다. 그 가운데 의(衣), 즉 옷이 가장 먼저인 까닭은 옷이 갖추어져야 사람으로서의 예의를 세우게 되고 그런 연후에 집안과 나라를 다스리게 된다고 하였다. 그렇기 때문에 인간의 모든 의례의식에는 그에 알맞은 옷을 입게 되고, 심지어 혼자 도를 닦을 때조차도 옷을 갖추어 입어야 한다고 옛 사람들은 생각했던 것이다.

옷을 바르게 입으면 스스로 그 행동을 조심하게 되고, 행동이 절제되면 고요함과 지혜에 이르게 된다. 옷 하나 바로 입는 것이 삼학(三學)을 시작하는 근본요소가 될 수 있다. 그러므로 스님네는 구족계를 받으면서 먼저 옷(가사)과 발우를 갖추는 것이다. 이것이 성스러운 승가에 들어오는 예식으로서, 세 벌의 남루한 옷과 한 개의 질그릇이 시작이자 전 재산이 된다. 재가불자들은 절에 머무는 동안만이라도, 이러한 소박한 정신으로 지내다온다는 의미에서 평소보다 돋보이지 않는 옷을 입는 것이다.

경전 말씀에 보살은 선행으로서 그 옷을 삼는다고 하였다. 참다운 옷의 의미는 부처님말씀대로 행동하는 것이다. 겉모습만 불자가 아닌 그 내면이 불교적인 삶이 되도록 노력해야 신행의 옷을 입었다고 할 수 있다. 좋은 옷은 입은 사람의 기분을 상승시킬 뿐만 아니라 여러 가지 면에서 변화를 줄 수 있다. 세련되고도 편리한 법복은 의복의 문화를 끌어가는 또 하나의 불교 콘텐츠가 될 수 있다. 불자의 옷이라고 하면 먼저 떠오르는 회색빛 승복 느낌보다는 밝고 아름다운 옷이라는 이미지가 많을수록 긍정적인 역할을 하게 될 것이다. 그것은 비주얼의 중요성이 어느 때보다 강조되는 현실에서, 불자들의 법복은 현재의 불교생활을 보여주는 바로미터가 되기 때문이다.

사찰은 민속마을이 아니다

          스님들이 거주하는 사찰의 형태는 크게 두 가지로 나누어진다. 하나는 스님들이 함께 거처하며 공동체를 이루는 사원이 있고, 한두 사람 혹은 세 사람 정도가 머물며 두타행을 하는 아란야(阿蘭若)가 있다.

    함께 지내는 스님이 4인 이상이 되면, 대중이 이루어지며 갈마와 포살을 할 수가 있다. 따라서 작은 암자라 하더라도 대중이 4인 이상이 되면 아란야라고 할 수는 없다. 반면에 아무리 절의 규모가 크더라도 그곳에 사는 스님들이 2~3인 정도이면 아란야의 성격을 벗어날 수 없다. 그러므로 스님들의 처소는 절의 규모로 결정되는 것이 아니라, 대중이 구성되는 인원을 이루었는가에 따른다.

부처님께서 가르침을 펴실 초기에는 스님들이 인도의 다른 종교 수행자들처럼 나무 아래나 동굴 속, 혹은 무덤 곁에서 지냈다. 나무나 동굴, 무덤 곁에서도 3일 이상을 지내지 못하게 하였으니, 이것은 자신이 의지하고 있는 그 자리에 애착이 생길까 하여 그렇게 제정한 것이다.

이후 부처님을 따르는 수행자가 늘어나서 많은 사람들이 함께 생활해야 할 즈음에 재가신도가 부처님과 스님들을 위해 절을 지어 보시하였다. 왕사성의 죽림정사(竹林精舍)가 바로 불교역사상 최초로 지어진 절이다. 죽림정사는 다른 종교를 믿던 가란타 장자가 부처님을 설법을 듣고 부처님께 귀의한 뒤 자신 소유의 대나무 숲을 바쳤는데, 빔비사라 왕이 이 숲에 건물을 지어 보시하였다. 그 후에도 재력이 있는 재가신도에 의해 동산과 정사가 계속 보시되었고, 스님들은 자연스럽게 공동체 생활을 영위하게 되었다.

여러 스님들이 어울려서 지내야 했기 때문에 크고 작은 불미스러운 일들이 발생되었으며, 이에 따라 율장의 많은 부분이 제정되기에 이르렀다. 한편 엄격한 계율과 고행을 원하는 사람들은 대중이 많이 사는 처소를 떠나 따로 아란야를 지어 수행하는 것도 허용되었다.

부처님께서 입멸하신 후에 사원은 부처님의 사리탑을 모신 불지(佛地)와 스님들이 수행하는 승지(僧地)로 나누어졌다. 부처님의 장례를 재가신도가 주관한 것처럼, 부처님의 사리탑 역시 재가신도가 주축이 되어 관리하기 시작했다. 부처님의 사리를 모신 불지는 화려한 조각과 채색을 한 건축물로 조성되었지만, 스님들이 수행하던 곳은 소박하면서 최소한의 편의시설만 갖춘 건축이었다. 승지에서도 대중이 함께 사용하는 건물은 여러 가지 조각으로 장식하는 것이 허용되었으니, 공공의 건물은 외관적 아름다움을 강조해도 허물이 되지 않았다.

불지는 사리탑을 중심으로 부속건물들이 세워졌는데, 이 역시 갖가지 조각으로 장식하여 순례객들의 신심을 고양시켰다. 인도 보드가야의 탑이나 인도네시아 보로부두르 같은 곳은 불지의 대표적인 곳이며, 아잔타 동굴의 승원은 승지의 옛 모습을 잘 보여주고 있다. 중국이나 한국의 대웅전 건물이 화려하고 웅장한 것도 역시 불지에 속하는 건물이기 때문이다. 스님들이 거처하는 요사채는 비교적 단순하게 지어 단청을 약식으로 하거나 아예 하지 않은 것이 많은 것도 승지의 옛 전통을 이은 것으로 볼 수 있다. 남방불교도 예외가 아니어서 부처님을 모신 법당은 정교한 조각들과 찬란한 금색으로 어우러진 건축을 세우며, 스님들의 처소는 소박한 모습으로 짓는다.

각 나라들의 이러한 사원건축물은 그 나라의 건축전통을 보여주기 때문에 국가적으로 관리되고 있는 곳이 많다. 티벳의 포탈라사원은 그 건축의 불가사의함 때문에 세계적인 이목이 집중되고 있는 대표적인 사원이다. 극동의 사원들, 즉 한국, 중국, 일본의 사찰은 건축의 양식도 그러하지만, 특히 정원을 축조하여 사찰의 아름다움을 더하여 왔다. 이는 남방의 사원과 다른 양상으로서, 건축에서 조원(造園)을 중요시하는 극동 특유의 사상이 깃들어 있다. 종파의 종지에 따라 건물이 세워지기도

하고, 시대에 따라 변하기도 하면서 발전해 왔다. 이는 후대사람들에게 좋은 연구 자료가 되기도 한다.

한국 사찰의 특징 가운데 하나는 잘 다져진 흙 마당과 법당 앞에 세워진 석탑이라고 할 수 있다. 삼국시대부터 이어져 온 이러한 전통은 사찰 조경을 형성하는 중요한 요소이며 매우 한국적이라고 할 수 있다. 이것은 경주의 불국사나 감은사, 익산의 미륵사에서도 발견할 수 있고, 지금도 한국의 대표적 사찰인 통도사나 해인사에서 공통된 조경을 만날 수 있다. 또한 우리나라 사원은 지형의 모습이나 풍수적인 영향을 받아 억지로 꾸미지 않은 것이 특징이다. 대표적으로 고려시대에 만든 청평사 정원이 자연정원의 형태를 간직하고 있다. 상대적으로 공간이 작은 암자는 정원을 만들지 않고 자연을 차경(借景)하는 방식으로 건축해, 주위의 나무나 암석 등과 함께 조화를 이루게 하였다.

중국의 옛 사찰들은 문화혁명 등으로 훼손되었고, 현재 사찰의 기능을 잃은 곳이 많아 어떤 형식으로 복원될지는 알 수가 없다. 삼국 가운데 사찰의 보존이 가장 잘 되어 있는 나라로는 일본을 꼽는다. 일본 사찰의 정원문화는 그 독창성으로 세계에 널리 알려져 있다. 대표적으로 선종의 사찰에 반드시 꾸미는 고산수(枯山水) 정원이 유명하다. 선의 정신세계를 돌과 모래만의 구성으로 잘 나타내고 있다는 평을 받고 있으며, 나아가 일본문화를 알리는 광고의 모티브가 되기도 한다.

남쪽에서 자라는 귤을 북쪽에 옮겨 심으면 탱자가 된다는 말이 있듯, 사원의 조경 역시 마찬가지이다. 일본 사찰 마당을 흉내 내, 우리나

불자로 산다는 것

라 절에 입자가 굵은 돌을 깔아 걸을 때마다 소리가 나는 마당을 만들거나 잔디가 깔려있는 정원을 조성한 곳도 있다. 승원의 마당에 심는 꽃이나 나무로, 대웅전 앞뜰을 장식하고 있는 사찰도 있다. 또 일본의 석축방식인 견치석(犬齒石)을 놓아 축대를 쌓은 곳도 허다한 실정이다. 외국의 사원이라도 우리에게 없는 것이거나 혹은 따라할 만한 가치가 있는 것은 마땅히 배워야 한다. 그러나 우리의 훌륭한 전통이 있는데도 불구하고 단지 좋아 보여서 무조건 모방한 것이라면 생각을 다시 해보아야 한다.

큰 절뿐만 아니라 산중의 유서 깊은 암자 역시 편의만 생각하고, 구조적인 아름다움은 무시한 채 공사를 강행한 곳이 한두 군데가 아니다. 나아가 안내판이나 쓰레기통, 또는 소화전과 같은 반드시 필요한 설치물도 사찰의 격에 맞추어 그 모양을 만들어 이질감을 최소로 하는 것이 중요하다. 마치 미인도를 그릴 때 점 하나를 어떻게 찍느냐에 따라 미인의 얼굴이 달라 보이는 것처럼, 작고 사소한 것에서 그곳에 사는 사람의 안목과 정성을 볼 수 있다.

현존하는 그리스나 로마의 옛 건축물은 거의가 신전이었는데, 이를 모방하되 용도와 실용성에 맞추어 발전시킨 것이 유럽과 미국의 건축이다. 우리나라 사찰의 건축 역시 미래 건축의 이정표가 될 수 있다. 늘 익숙해져 있던 것에서 새로운 것을 발견하려면 한 걸음 더 나아간 정신이 있어야 가능하다. 마음 닦는 수행을 통해서 더 큰 자기 자신을 발견하듯, 주위에 존재하고 있는 것들에 대한 새로운 시각과 탐구야말로 창조를 위한 조건이다.

옛 옷을 입고 옛 건물 속에 살고 있으면서 동시에 현대의 가치 속에 노출되어 있는 수행자들은 민속마을에서 옛 것을 재현하거나 연기하는 사람과는 다르다. 수행자의 거주는 전통적이어야 한다든가 목조건물에 살아야 한다든가 하는 고정된 것이 아니다. 수행과 설법을 할 수 있는 도량이면, 집의 외양과 관계없이 수행자가 살기 적합한 것이 우선이다. 다만 불교를 시대정신으로 승화시킬 수 있으려면, 현대의 건축에 대한 이해 역시 교화의 한 축으로 작용할 수도 있을 것이다.

불자로 산다는 것

수행자에게 알맞은 집

스님들이 개인적으로 가지고 있는 수행공간을 흔히 토굴이라 말한다. 토굴이란 문자 그대로 땅굴을 집으로 삼는다는 것으로, 겨우 몸이나 의지할 만한 소박한 집을 의미한다. 옛날에는 스님들뿐만 아니라 선비들도 용슬재(容膝齋)라고 해서 무릎만 용납할 수 있는 작은 공간을 수양하는 집으로 삼은 예가 있으니, 도나 인격을 닦는 데 집의 규모가 문제가 되었던 것은 아닌 것 같다. 거처하는 곳이 작을수록 관리하기가 용이하고 수용하는 물건이 적어지게 되어 번거로움이 그만큼 줄어들게 된다.

부처님 시대에도 개인이 수행을 위해 자신의 건물을 짓는 것은 허용이 되었는데, 나무로 뼈대를 만들고 풀로 지붕을 덮는 정도의 간단한 건물이었다. 이런 집은 비바람에도 쉽게 무너졌고 심지어 나무꾼들이 들고 갈 수 있을 정도의 무게밖에 되지 않는 가벼운 것들이었다.

부처님 제자 가운데 단니가라는 스님은 도자기 만드는 사람의 아들이었는데, 자신이 만든 초가집을 나무꾼이 가져가 버리자 흙을 이용해서 집을 다시 지었다. 그런데 그는 이 집을 도자기를 굽는 것처럼 전체를 구워버려 멀리서 보면 매우 붉은 모습을 하고 있었다. 부처님께서는 이와 같은 집을 못 짓게 하셨으니, 아마도 그 당시의 풍습에 어긋나는 것이기 때문에 비난을 피하기 위한 것이라고 생각된다. 지금의 견해로 보면 단니가 스님의 이러한 발상은 시대를 앞서는 것으로, 아마도 스페인의 건축가인 가우디보다도 더 창의적이라고 할 수 있다.

부처님 당시에는 집이 없이 사는 수행자가 많았는데, 특히 가섭 존자의 두타행(頭陀行)은 유명하다. 두타행의 조건 가운데 거처하는 곳은 집에 머물지 않고 나무 아래나 무덤 사이, 또는 바위 아래에서 지내야 하며 이조차도 3일 이상을 머물면 안 되게 되어 있다. 나무나 무덤을 의지해서 오래 지내게 되면 그곳에 집착이 생기기 때문에 그러한 것이다. 그러나 나중에는 두타행을 하는 스님도 풀이나 나무를 엮어 집을 지어 살게 되었다.

두타행을 위해 대중과 떨어져서 지내는 스님이 거처하는 집을 아란야라고 부른다. 우리나라 스님들이 일컫는 토굴의 원형인 셈이다. 율장에는 이러한 아란야를 지을 때 마음대로 지을 수 없게 장소와 규모를 정해 놓았다. 아란야라고 해서 사람들이 왕래하기 어려운 정도의 깊은 산속에 짓거나 도둑이 출몰하는 위험한 곳에 집을 지어서는 안 되고, 수레를 돌려나올 수 있을 만큼 길이 나 있는 곳이라야 한다. 대중스님들이 머무는 큰 절에서 반나절 정도면 오고 갈 수 있을 만큼의 거리에 지어야 하는데, 이것은 보름마다 포살에 참여해야 하기 때문이다. 그리고 마을과도 멀리 떨어져서는 안 된다. 아란야에서는 음식을 만들어 먹을 수 없으므로 매일 걸식을 위해 왕래해야 하는 까닭이다.

부처님께서는 사찰은 마을의 가장자리에서 팔힘이 센 장사가 돌을 던져서 닿는 위치에 지어야 한다고 하셨다. 이것은 낮에는 재가신도가 오기 좋고 밤에는 조용히 수행하기 알맞은 곳이라야 좋은 사찰 자리라는 것이다. 절은 개나 닭소리가 들리지 않고 심산유곡에 있어야 한다는 우리나라 사람들의 생각은 잘못된 것이다. 아란야도 오히려 마을 가까이 있어야 하는데, 하물며 대중스님들이 많이 사는 사찰은 마을 근처에 짓는 것이 마땅한 일이다.

율장에 의하면 스님이 자신의 힘으로 아란야와 같은 독립된 수행공간을 만들려고 하면, 집을 짓기 전에 여러 스님들을 청하여 집 지을 자리를 지정해 달라 해야 한다. 스님들의 동의가 나면 그제야 집을 지을 수 있었다. 스님들은 집 지을 자리를 지정해 줄 때 어려움이 없는 곳[無難處]과 장애가 없는 곳[無妨處]을 선택해 주어야 한다.

어려움이 없는 곳이란 사나운 동물이나 개미와 같은 곤충에게 괴로움을 받지 않고, 산사태, 홍수 등의 자연재해로부터 안전해야 하며, 사람들의 시비가 안 생길 만한 곳을 의미한다. 장애가 없는 곳이란 수레를 돌려나올 수 있을 만큼 길이 확보된 곳, 국가의 땅이 아닌 곳, 외도나 주인이 있는 땅이 아닌 곳, 비구니나 탑에 속한 땅이 아닌 곳, 나무·물·돌·구덩이 등에 의한 위험이 없는 곳을 말한다.

집을 지을 때도 규모를 크게 해서는 안 된다. 정해진 규정은 부처님의 손 뼘으로 길이는 열두 뼘이며 안 넓이는 일곱 뼘으로 한다. 뼘은 엄지손가락 끝에서 중지 끝까지 편 것을 기준으로 한다. 부처님의 손 길이는 여러 가지 논란이 있지만, 『오분율』에서는 두 척(尺)으로 하고 있고 이것은 일반사람의 손 세 뼘을 합쳐놓은 것과 같은 길이라고 한다. 척의 단위는 중국에서도 시대마다 약간의 차이가 있는데 거의 30cm 내외에서 많이 어긋나지 않는다. 지금의 척으로 잰다면 1척은 35.8cm이니 부처님의 한 뼘은 86cm가 되는 셈이다.

중국의 선종사찰 가운데 규모가 큰 절을 총림(叢林)이라고 하며 총림의 주지를 방장(方丈)이라고 한다. 이 방장이라는 말은 본래 유마 거사의 거처에서 비롯되었다. 유마 거사의 방은 사방이 각각 1장(丈), 즉 3.58m 정도 크기였다. 이 방에 유마 거사가 병으로 누워 있을 때 문수보살과 수많은 대중이 문병을 왔는데, 그 많은 인원이 들어가도 방의 크기가 늘거나 줄지 않는 이적을 보여주기도 했다.

선종에서 이러한 유마의 방장을 가져와, 총림의 어른이 지내는 곳으로 이름하게 되었다. 대단한 부호이지만 사방이 1장 정도밖에 되지 않는 유마의 방 크기와 안의 넓이가 부처님 손으로 일곱 뼘 정도 되는 스님들

불자로 산다는 것

의 방 크기가 거의 비슷한 것을 보면, 수행자의 공간은 작고 소박한 것이 공통되는 것 같다.

고대 인도의 석굴사원을 보면 큰 동굴 속에 좌우로 작은 굴들이 뚫려 있는데, 이것이 개인 방의 형태였다. 중국이나 한국 옛 사찰의 개인 방들 또한 규모가 작고 검소한 것이 특징이다. 그러나 승방과는 달리 대중이 사용하는 법당이나 강당과 같은 공공건물은 크고 화려하게 하였다. 공익을 위한 건물을 잘 짓는 것은 부처님시대부터 내려오는 전통이며 그 격이 궁전에 비할 만하였다.

티벳의 경우 종교지도자가 정치지도자를 겸하였기 때문에 사찰이 거의 궁전처럼 꾸며져 있지만, 개인이 수행하는 아란야는 열악한 조건에다 검소하기 짝이 없다. 주거에 대한 불교의 전통은 시대와 나라의 환경에 따라 변하였지만 그 기본은 변하지 않았다. 어느 불교전통이든 두타행의 정신은 있었으며 그에 따라 주거 역시 작고 검소하게 지어 생활하였다.

오늘날 많은 스님들이 자신의 토굴을 가지고 있다. 공공 사찰이 많은데 왜 하필 개인 토굴이 있어야 하느냐고 물을 수 있지만, 공찰에 모든 스님들을 다 수용하기에는 역부족이다. 그렇다고 수행자에게 종단 차원의 노후 보장이 되어 있는 것도 아니어서, 공동의 생활을 할 수 없는 연령대가 되면 삶이 불안해질 수밖에 없다. 또 수행 도중에 병이라도 들게 되면 공적으로 치료할 수 있는 장소가 제공되지 않기 때문에 결국 자신의 힘으로 해결할 수밖에 없는 실정이다. 한국의 수행자들은 이런저런 이유로 해서 토굴을 만들어야 하고, 그 토굴의 유지를 위해서 많은 노력을 기울이고 있다.

차(茶)로 유명한 초의 스님은 자신의 거처를 일지암(一枝庵)이라고 이름지었다. 일지는 새가 자그마한 나뭇가지 하나에 의지해 밤을 보낸다는 뜻이다. 이처럼 자신도 지구에 의지해 사는 백년의 손님에 불과하기에, 나뭇가지만 한 조그만 집에서 잠깐 깃들어 산다는 겸손한 의지가 있다. 거처가 크든 작든 결국은 나뭇가지와 같은 존재이다.

삶의 인연이 다하면, 남아 있는 것은 집의 규모가 아니라 그 삶의 흔적이다. 사람의 삶이 아름다우면 뒷사람들은 그 향기를 좇아 집을 세운다. 원효 스님이 머물던 동굴이 기도처가 되고 초의 스님이 살던 초막이 복원되는 것도 그분들이 살던 모습이 감동으로 다가오기 때문이다. 거처를 마련하기 전에 자신의 처지에 알맞은 거처는 어떠해야 하는가 한번쯤 살펴볼 필요가 있다.

장례의식에 대한 단상

　　고대에는 어느 민족이나 관(棺) 없이 장례를 치렀지만, 현대에 관을 사용하지 않고 화장하는 것은 인도에만 남아있는 풍습이다. 인도의 장례는 빈부귀천을 떠나 똑같은 방법으로 망자를 떠나보낸다. 다른 점이 있다면 부유하거나 세력이 있었던 사람의 장례에는 꽃이나 음악이 사용되고, 유해를 좀 더 잘 태우기 위해 장작을 많이 사용한다는 것뿐이다. 인도인에게 있어 죽음은 생명을 주었던 범천에게 돌아가는 것이다. 다시 삶의 근원으로 환원되는 일이기 때문에 죽음 자체에 큰 의미를 부여하지 않는다. 다시 말하면 또 다른 삶으로 태어나는 것이므로, 삶과 죽음을 다른 것으로 보지 않고 변환의 과정으로 여기는 것이다.

화장을 주로 하는 불교식의 장례 역시 인도 장례의 영향을 받은 것이다. 우리나라에서 행해지는 불교식 장례는 인도의 화장법과 중국식의 장례의례가 섞여 있다. 그러한 영향으로 몇 해 전에 치러진 법정 스님의 장례는 그야말로 근래에 볼 수 없었던 것이었다. 관과 화환, 만장, 영결식 등 일체 의례를 생략했다. 고승의 위패에 붙이는 대종사와 같은 수식어도 없애고 단지 '비구 법정'이라는 법명만 쓴 것은 매우 이례적인 일이었다. 아울러 부도나 탑을 만들지 말리는 것은 평소 스님이 주장해 왔던 간소한 삶의 취지를 사후에도 실천하는 일이어서 더욱 의미가 깊다.

비교적 옛 불교풍습이 많이 남아있는 남방불교국가에서는 당연히 오래 전부터 스님들의 장례를 이처럼 지내왔다. 오히려 법정 스님과 같은 장례가 이슈화된다는 것이 이상하게 여겨질지도 모를 일이다. 그만큼 한국불교의 장례의례에는 비불교적인 요소가 많이 들어와 있다는 뜻이기도 하다. 그러나 비구의 신분에 넘치는 호화로운 장례만 아니라면, 한국불교 고유의 유구한 풍속이 깃들어 있는 장례의 방법 또한 보존하고 유지할 만한 문화적 가치가 있다.

부처님의 장례는 전륜성왕의 장례법에 의해 치러졌다고 여러 경전에 기록하고 있다. 이것은 아난 존자가 부처님 열반 후에 어떻게 장례를 해야 하는지 여쭙자 부처님께서 구체적으로 장례방법에 대해 일러주신 것에 근거한 것이다. 『대반열반경(大般涅槃經)』에는 장례절차를 다음과 같이 하라고 전하고 있다.

"아난이여! 전륜성왕의 장례를 공양하는 법은 새롭고 깨끗한 무명 천과 가는 모직물을 사용하여, 그 몸을 두루 싸기를 이와 같이 하여 천 겹을 한다. 그런 뒤에 금관 속에 넣고, 또 은관을 만들어 금관을 담고 또 동관을 만들어 은관을 담으며, 또 철관을 만들어 동관을 담고 온갖 미묘한 향 기름을 붓고, 또 관 안에 모든 향과 꽃으로 바르기도 하고 뿌리기도 하며 온갖 풍류를 지어서 노래하고 찬송한다. 그런 후에, 덮개를 덮고 큰 보배 수레를 만들되 아주 높고 넓게 하여 수레의 위를 덮는 지붕과 난간을 온갖 미묘한 것으로 장엄한다. 관은 그 위에 두며, 또 성 안에 화장할 장소를 마련하되 그 사면을 청소하여 아주 깨끗하게 하고 좋은 전단향과 모든 유명한 향을 모아 큰 땔감을 만들고, 그 위에 비단과 모직을 깔고 큰 보배 휘장을 쳐서 위를 덮는다. 그 후에 관을 마주 들어 화장할 장소에 다다르면, 향을 사르고 꽃을 흩뿌리고 춤과 음악으로 공양하면서, 저 향나무 땔감을 일곱 번 두루 돌고, 그런 후에 관을 향나무 땔감 위에 놓고 향유를 사용하여 뿌린다. 그리고 불을 사용하는 법은 아래로부터 시작한다."

또 상좌부 경전인 『유행경(遊行經)』에서는 다음과 같이 부처님과 아난의 대화가 기록되어 있다.

"만약 부처님께서 멸도(滅度)하시면 장례는 어떻게 해야 하는지요?" "그것은 네가 걱정할 일이 아니다. 나의 장례는 신도들이 알아서 할 것이다. 너는 네가 할 일이나 하거라." "장례 절차는 어떻게 해야 하는지요?" "전륜성왕의 장례법을 따르라. 즉 먼저 향탕으로 시신을 씻고 무명천으로 몸을 차례대로 감고 시신을 황금 관에 넣은 뒤 깨기름을 그 위에 쏟아라. 이 황금관은 다시 쇠관(鐵槨)에 넣고 쇠관은 전단향의 나무관에 안치하라. 나무관 주변에는 온갖 향나무를 쌓고 그 위를 두껍게 덮은 뒤 이것에 불을 붙여 다비를 하라. 다비를 마친 뒤 사리를 거두거든 네거리에 탑을 세워 거기에 안치하고, 탑 표면에는 비단을 걸어 전국의 길가는 사람들로 하여금 법왕의 탑을 보고 바른 법을 사모하게 하여 그들을 교화하도록 하라. 이 탑을 예배하는 사람은 살아서는 행복을 얻고 죽어서는 천상에 태어나리라.”

평소 검소한 모습으로 살아가신 부처님을 생각한다면 위의 『대반열반경』이나 『유행경』의 내용을 액면 그대로 부처님의 유훈으로 받아들이기에는 어려운 점이 있다. 이것은 제자들이 부처님의 너무나 위대하신 생애에 대한 존경심으로 인해, 일반 스님들처럼 다비하기에는 너무나 아쉬워 전륜성왕에 준하는 장엄한 장례를 치르는 것이 이처럼 기록된 것은 아닐까 한다.

대승경전은 물론 상좌부경전조차 후대에 삽입된 내용이 상당부분 있다는 것을 생각할 때, 부처님의 장례와 같은 중요한 사건을 좀 더 극대화한 것은 충분히 이해할 수 있는 일이다. 부처님께서 스님들의 장례의식에 대해 하신 말씀은 율장이나 경전에 나타나지 않는다. 이것은 아마도 당시 인도의 장례가 지금처럼 시신을 그냥 장작 위에 올려놓고 간편하게 화장하는 것이어서, 스님들 역시 같은 방법으로 장례를 지냈기 때문에 특별한 의식이 필요하지 않아 말씀하시지 않았던 것이 아닐까 하고 추측해본다.

사리를 수습하는 것도 지금의 남방불교 스님들 또한 중요하게 여기지 않는 것으로 보아, 사리의 유무에 큰 의미를 둔 것이 아니었을 것이다. 사리는 본래 부처님이나 아라한의 유체 그 자체를 일컫는 말로, 우리나라처럼 화장하고 난 뒤에 나오는 영롱한 구슬 같은 것을 지칭하는 것은 아니다. 사후에 나오는 구슬 같은 것은 스님들뿐만 아니라 세속의 일반인에게도 나오는 일이 허다하기 때문에 그렇게 신비한 일은 아니다.

수행자에게 있어 죽음이야말로 가장 자연스런 일이고 순환의 한 과정에 불과한 것이다. 조건 지어졌던 것이 소멸해가는 것이기에 초기승가에서는 장례의식을 따로 제정하지 않았을 것이다. 출가자에게 알맞은 장례는 간소하면서도 엄숙한 것이다. 유교의 장례처럼 긴 시간이 소요되고 복잡한 의식은 세간의 권력자에게나 어울리는 방법이다.

그러나 요즘 불가에서도 세간 못지않은 호화로운 장례가 가끔 있다. 몇 시간을 장엄하기 위해 수천 만원어치의 꽃을 사용하고, 유학자의 죽음처럼 몇 백 장의 만장이 사용되며, 높고 큰 비석과 화려한 부도가 세워져서 권세를 나타내는 일이 그러한 것이다. 훌륭한 장례는 성대한 의식이 아니라 사람들이 오래도록 그를 그리워하는 일이요, 길이 남는 비석은 돌에 새겨지는 것이 아니라 후세에 남겨지는 그의 영향이다. 대한민국 그 어디에도 원효 스님은 사리탑과 같은 유적은 남겨두지 않았지만 그분의 저서와 정신이야말로 곧 후학들에게 남긴 비석이며 부도이다.

만해 한용운 스님이 통도사에 들렀을 때의 일이다. 그곳 스님들이 만해 스님을 추억하기 위해 비석을 세우려 한다면서 글씨를 청하였다. 그때 만해 스님은 그들을 향해 비석에 세워 추억하는 것보다 여러분 각자의 머릿속에 내 정신을 새기는 것이 더 중요하다는 말씀을 하셨다. 만약어떤 인물을 후세에 전하기 위해 억지로라도 비석과 부도를 세워야 한다면, 크고 사치스러운 것보다는 그 시대의 기예와 가신 분의 정신의 기치를 세울 수 있는 것이면 좋겠다. 잘 만들어진 유산은 때때로 그 어떤 것보다 많은 메시지를 후대에 전할 수 있기 때문이다.

불교에서의 제사문화

불교에서 음력 7월 15일은 하안거를 해제하는 날이면서, 사후의 부모를 위한 재를 올리는 우란분절이다. 우란분절은 부처님의 제자인 목건련이 지옥의 고통 속에 있는 어머니를 구한 뒤 보름달 아래에서 춤을 추었다는 이야기가 전해지는 날로서, 불자들은 이날을 즈음하여 천도재를 올리는 전통이 있다.

불교의 효도에는 다양한 방법이 있는데, 비록 출가한 스님이라 할지라도 예외가 아니다. 율장에는 안거 중에라도 부모의 일로 다녀오는 것은 허락이 될 정도로 효도가 강조되고 있다. 부처님께서 돌아가신 부왕을 위해 스스로 관을 매시려고 하자, 제자들이 만류하고 대신 맸다는 기록도 있다.

그러나 효도하는 것과 별개로 출가한 스님들은 부모에게 절은 하지 않는다. 스님들이 계를 받을 때 마지막으로 부모에게 절을 올리는 절차가 있고 수계가 끝나면 부모가 스님이 된 자식에게 절을 하게 된다. 이것은 스님은 장차 깨달음을 얻어 삼계의 도사가 되고 사생의 어버이가 되는 까닭이며, 삼보의 일원으로서 공양되어야 하기 때문이다. 그렇다 하더라도 스님은 여전히 부모에게 효심을 잃지 않도록 부처님께서는 가르치셨다.

살아계신 부모님을 공경하는 것은 당연한 일이지만 돌아가신 부모나 조상에 대한 예경은 어떻게 하는가? 부처님의 조상 공경에 대한 견해는 마가다국이 밧지족을 정벌하기 위해 부처님께 자문을 구하는 가운데서 찾아볼 수 있다. 부처님께서는 나라가 쇠퇴하지 않는 법을 말씀하시는 가운데, 종족의 종묘(조상)를 공경하고 숭앙하며 지지하여 예전부터 내려온 법에 맞는 공양(제사)을 폐지하는 일이 없어야 한다고 하셨다.

부처님은 영혼이나 사후의 문제에는 침묵하신 분이지만 세상의 관습에 대해서는 대체로 인정하신 편이다. 따라서 예부터 내려온 제도에 의해 종족의 종묘를 공양해야 한다고 말씀하신 것은 그 제도가 옳으냐 그르냐를 떠나, 많은 사람이 관습적으로 하기 때문에 이를 존중하신 것이다. 그러나 지금까지도 내려오는 카스트제도와 같은 여러 가지 인도의 오랜 관습이 부처님 당시의 승단 내에 존재하지 않는 것은 부처님 자신이 세우신 제도에는 관습보다는 현실적이고 합리적인 것이 우선한다는

불자로 산다는 것

의미이다.

한국불교는 제사불교라고 해도 과언이 아니다. 그러나 '이것이 불교냐?'라고 묻는다면 그렇다고 할 수는 없지만 제사와 같은 풍습이 절에 잘 남아 있기 때문이다. 한국에서의 제사는 크게 나누어 두 가지로 나눌 수 있다. 첫째는 단군 이래로 고유로 행하여지던 제사풍습이고, 다른 하나는 중국의 유교에서 비롯되었다. 현재의 제사는 조선을 거치면서 정착된 것으로, 많은 부분이 주자가례를 따온 것이므로 중국의 영향을 받은 유교식으로 보아야 한다.

집집마다 제사 지내는 방법이 달라질 정도로 제사는 조선의 유학자에게는 심각한 논의거리였으며, 정치적인 쟁점이 될 만큼 국가적으로도 중요한 문제였다. 신분이 무엇이든 제사는 반드시 지내야 했고, 심지어 전쟁이 나도 가장 먼저 챙기는 것이 신주였을 정도이다. 또한 한 집안에 며느리로 들어갔을 때 제사음식을 주관하는 것이 큰 책무였으며, 안방 주인으로서의 권위도 제사를 통하여 세워졌다.

이런 제사문화가 서양의 문화와 종교가 들어오면서 또 다시 분쟁거리가 되었다. 즉 기독교를 믿는 사람들이 그들의 종교교리에 의거하여 제사지내는 것을 거부하면서, 전통을 지키려는 사람과 마찰을 빚게 된 것이다. 경우에 따라 음식만 장만하고 제사에 참석하지 않는 사람도 있고 제사에 참여하되 절을 하지 않는 사람도 있어, 일정치 않지만 제사에 부정적인 시각을 가지고 있는 것은 사실이다.

나아가 요즘 젊은 사람들 가운데 제사음식 만드는 데 부담감을 느껴

일부러 기독교에 나가는 사람이 있을 정도이니, 제사로 인한 갈등은 시간이 갈수록 많아질 것이다. 제사가 많은 집은 한 달에 한두 개 정도이니 사실 제사로 인한 시간과 재력이 생각보다 많이 소요되는 것은 부정할 수 없다.

현대의 바쁜 생활 때문에 제사도 줄이거나 간략하게 지내는 추세이며, 아예 명절에 한꺼번에 지내는 집안도 있다. 불교에서 윤회는 중요한 교리 중 하나이다(실제로는 힌두교의 교리이다). 인간이 죽으면 자신이 지은 업에 의해 그에 걸맞은 곳에 태어난다는 것이다. 이 교리대로라면 죽은 사람의 혼이 그대로 존속하는 것이 아니라 업에 의해 다른 몸을 받는 것이니, 조상의 혼도 이미 다른 곳에 태어나 또 다른 삶을 살고 있다는 뜻이 된다.

티벳에서는 사람이 죽은 지 49일 이내에 육도 가운데 한 곳에 태어난다고 믿으며, 그렇기 때문에 49일간 재를 지내며 죽은 영혼에게 좋은 길을 갈 수 있도록 인도하는 것이다. 만약 49일 이내에 갈 곳이 결정되지 않으면 중음신이 되어 허공을 떠돌게 되는데, 이런 귀신이 사람에게 빙의하기도 하고 괴로움을 끼치기도 한다고 말한다. 티벳이나 한국에서 49재나 천도재를 지내는 것이 모두 이와 같은 이유 때문이다. 또 『우란분경』의 말씀처럼 윤회해서 이미 악도에 떨어져 있는 조상은 후손들의 공덕으로 악도를 벗어날 수 있는데, 그들을 위해 삼보께 공양하고 경을 보시하고 선행을 닦는 것이다.

불교도에게 있어서 제사란 조상을 추모하고 기념하는 날이라는 의미가 알맞다. 자신과 가족들을 있게 한 조상에게 감사를 표하고, 가족 간의 우애를 확인하는 날이라고 생각하며 긍정적으로 처신하는 것이 옳다. 제사를 모아 명절날에 집에서 간단히 지내거나, 사정이 여의치 않으면 절에 모셔서 제삿날 추모하러 오는 것도 괜찮은 방법이다.

전통에는 나쁜 것도 있지만 그 의미가 깊고 보존해야 할 가치가 있는 것이 많다. 동서양이 서로 다르긴 하지만 사람이 사는 것은 비슷하다. 동양에는 칠석이 있다면 서양에는 발렌타인데이가, 동양에 추석이 있다면 서양에는 추수감사절이 있다. 오랫동안 우리의 조상이 보존하고 지켜 내려온 아름다운 전통들을 더욱 승화시키고 발전되도록 노력한다면, 오히려 서양에서 들어온 풍습보다 한층 좋은 모습으로 변할 수 있다. 맹목적으로 서양 것을 추구한다면 자신의 정체성마저 혼란을 가져올 것이다.

제사의 의식도 생각하기 나름이다. 굳이 음식을 장만하지 않더라도 고인의 제삿날에 집에서나 절에서 차 한 잔 올리고 추모하는 것은 아름다운 일이다. 바쁘면 가족이 다 모일 필요가 없고 올 수 있는 사람만 참석하거나 혼자라도 괜찮다. 불자라면 짧은 경문을 읽어도 될 것이다. 또 고인을 위해 제삿날 사회복지시설에 단 몇 만원의 돈을 보시하여도 좋은 일이 된다. 조상을 위하여 천도재를 지내고 제사를 지내는 것은 모두 공덕을 쌓기 위함이다.

부처님께서는 공동의 이익이 있는 것에 대해 공덕을 쌓는 것이라고 말씀하셨다. 그렇다면 제사의 의미는 음식물을 가득 만드는 것보다 공공에 도움을 되도록 베푸는 것이 낫다고 해도 무방할 것이다.

4 현대사회에서의 불교적 삶

불교와 정치, 지도자의 길

　　대한민국의 헌법 조항에는 정치와 종교는 분리하는 것을 원칙으로 하고 있다. 이것은 종교가 정치에 개입할 수 없고 정치도 종교에 개입해서는 안 된다는 뜻이다. 그러나 정치인이라고 해서 개인적인 종교를 가져서는 안 된다는 것은 아니며, 종교인이라고 해서 개인적인 정치적 견해가 무시되어서도 안 된다. 정치인으로서 공식적으로 어떤 종교를 두둔하거나 지지해서는 안 되며, 종교인의 신분으로서 정치활동을 하면 안 된다는 것으로 해석할 수 있다. 왜냐하면 정치는 온 나라에 두루 영향을 미치기 때문에 정치인의 특정 종교에 대한 언급은 그만큼 상대적 이익이나 불이익을 초래하기 때문이다.

종교인의 공식적인 정치 참여는 정치인의 종교 경향보다 더 심각한 상황을 불러올 수도 있다. 여기서 종교인은 성직자나 수도자를 의미한다. 헌법에 명시된 정치와 종교의 분리는 해석에 따라 달라질 수도 있지만, 특정 종교를 직업으로 가지고 있는 사람이 정부의 기관에서 일을 하는 것은 그다지 법에 합당한 처사라고 볼 수 없다. 이는 특정 종교인이 나랏일을 할 때 아무리 공정하게 한다고 해도 어떤 이익 앞에서는 아무래도 자신의 종교적 입장을 우선적으로 배려할 가능성이 높기 때문이다.

대한민국이 세워지고 헌법에 정치와 종교의 분리가 선언된 이후에도 많은 종교인들이 정치나 정부기관에 몸담아 왔다. 심지어 종교를 내세운 정당까지도 출현했을 정도로 종교인의 정치 참여는 날이 갈수록 그 심도가 더해지고 있다.

세계 어느 종교든 사실상 정치와 관계를 맺지 않은 종교는 거의 없다고 해도 과언이 아니다. 역사적으로 서방이나 중동에서 정치활동을 해왔던 기독교(천주교와 개신교)와 회교는 물론, 불교 역시 정치적인 일에 직·간접으로 관여해 왔다. 서방에서의 기독교의 정치 참여는 신의 권력이 세속권력의 위에 있음을 강조하며 정치 위에 군림했다. 회교는 그 자체가 종교이자 정치세력이었다.

불교는 중국과 한국에서 왕사(王師) 혹은 국사(國師)라는 이름으로 통치자에게 정치적 조언을 하는 입장에 놓여 있었지만, 언제나 정치실세인 유교세력의 견제 대상이 되어왔다. 또 통치자의 불교선호도에 따라 불교의 정치적 입장은 흥망성쇠의 길을 걸어왔다. 남방불교에서는 불교가 직접적으로 정치에 관여하지 않고 정치인은 항상 불교를 존중한다. 이와 달리 북방불교의 상황은 살아남기 위해 늘 정치에 줄을 대고 있어야 했다. 이로 인해 승가의 삶은 부처님이 의도한 생활과는 다른 양상으로 전개되어 나타났다.

21세기인 지금도 정치가 종교에 미치는 영향은 지대하다. 종교가 종교적 본분을 다할 수 있는 환경을 조성하기 위해서라도 정치에 연결되어 있어야 하는 것이 현실이다. 우리나라에 늦게 정착한 기독교의 정치에 대한 관심은 오랫동안 지속적이었다. 마침내 2명의 장로 신분의 대통령을 비롯해 다수의 기독교인 장관과 정치가들을 배출하기에 이르렀다.

정치가가 어떤 종교를 가졌느냐는 것이 문제가 아니라, 어떠한 일을 하고 있는가가 중요하다. 정치가가 자신이 믿는 종교의 신념에 따라 행동하는 것이 타종교를 믿는 많은 국민들에게 종교적 편파성을 느끼게 하거나 보편적 가치에 위배된다면, 정치가로서 바르게 행동하는 것이 아니라 오히려 국민들 간에 갈등을 조장하는 것이다.

부처님께서는 여러 나라의 왕들과 대신의 귀의를 받으셨다. 이들에게 나라를 다스리는 것에 대해 여러 가지 가르침을 내리셨으며 통치자의 덕목을 강조하셨다. 서양학자들 가운데 부처님의 출가동기의 하나가 정치적 이유라는 설을 제기한 일이 있다. 그만큼 부처님이 출생하신 나라는 정치적으로 강력한 곳이 아니었으며, 부처님이 살아계실 동안 결국 이웃나라에 의해 멸망하고 만다. 부처님께서는 나라 사이의 분쟁과 통치권력의 무상, 잘못된 정치에 의해 고단한 사는 백성의 삶을 보시면서 통

불자로 산다는 것

치자의 자질이 중요함을 말씀하셨다.

『본생담(本生譚)』에는 백성을 다스리는 지도자는 열 가지의 덕목을 갖추어야 한다고 하였다. 그 열 가지를 살펴보면 다음과 같다.

첫째는 보시(布施)다. 지도자는 큰 자비심을 가지고 백성에게 베풀기를 좋아해야 한다. 지도자가 인색하면 복덕이 줄어들고 나라가 초라해진다.

둘째는 지계(持戒)다. 지도자는 높고 고결한 도덕적 품성을 지니려고 노력해야 한다. 살생, 도둑질, 사음, 거짓말 등을 하지 않는 계를 지키며 덕을 쌓아나가야 한다. 도덕을 잃은 지도자는 체면과 위엄을 잃는다.

셋째는 영사(永捨)다. 지도자는 국가와 국민들의 이익을 위해서 모든 것을 희생할 줄 알아야 한다. 이를 위해서는 개인적인 안락에서부터 목숨까지 포기할 각오가 되어 있어야 한다.

넷째는 정직과 성실이다. 정직함에서 국민의 신뢰가 모이고 성실함으로 백성의 본보기가 된다. 지도자에게 있어 진정한 재산은 물질이 아니라 정직과 성실이다.

다섯째는 유화(柔和)다. 지도자는 친절하고 부드러워야 하며 타인과 화합할 줄 아는 성품을 지녀야 한다. 사납고 독선적인 지도자는 외롭고 일이 순조롭지 않으며 백성이 저항한다.

여섯째는 고행(苦行)이다. 지도자는 자신에 대해 엄격해야 한다. 평소 절제와 검소함을 바탕으로 생활하며 향락과 사치를 멀리해야 한다.

일곱째는 호의(好意)이다. 지도자는 모든 사람에게 좋은 마음을 가져야 한다. 증오심이나 적대적인 생각은 나라를 늘 시끄럽게 한다. 사람을 소중히 하고 존중해야 한다.

여덟째는 비폭력(非暴力)이다. 지도자는 대화와 타협으로 평화와 화합을 꾀하여야 한다. 공권력을 남용하고 폭력으로 국민을 위협하는 것은 폭군의 전형적인 형태이다.

아홉째는 인욕(忍辱)이다. 지도자는 국가와 백성을 위해 갖은 모욕을 참을 수 있어야 하며, 사소한 일에 자존심을 세워서는 안 된다.

열째는 불상위(不相違)이다. 지도자는 국민들의 의향을 거슬려서는 안 된다. 민심을 잘 파악하여 국민들이 원하는 방향으로 나라를 이끌어가야 한다. 민주적인 정책은 곧 백성의 뜻과 함께하는 것이다.

또 『법구비유경(法句譬喩經)』에는 지도자가 마땅히 행해야 할 다섯 가지의 일이 있다고 하였다. 그것은 백성에게 억울한 일이 없게 하는 것이고, 장병(군사)을 기르고 때에 맞춰 포상하는 것이며, 좋은 법〔善法〕을 생각해 잊지 않아서 복덕이 끊어지지 않아야 하고, 충신의 곧은 말을 믿고 소인배의 말을 받아들이지 말아서 정직한 관리가 해를 입지 않도록 하며, 탐욕의 쾌락을 절제하여 마음이 방일(放逸)에 빠지지 않게 하는 것이다.

부처님께서는 이 다섯 가지만 잘 실천해도 이름이 사해에 떨치고 복이 모인다고 하셨으며, 이렇게 하지 않는다면 모든 기강이 잡히지 않아 백성은 궁해서 난을 일으키려 하고 관리는 지치고 나라는 쇠퇴의 길을 갈 것이라고 말씀하셨다. 나라는 없어져도 종교는 존속될 수 있지만 민중이 없는 종교는 존재할 수 없다. 그러므로 중생의 안락과 행복을 위해 바른 정치의 길에 대한 종교의 조언은 필요하다고 할 수 있다. 그러나 종교적 본분에 충실하지 못한 종교가 권력이나 자신의 이익을 위해 정치에 관여하는 것은 옳지 못하다.

불교에서 이타행의 궁극적 목표는 중생의 구제이다. 잘못된 정치로 인해 고통 받는 중생에게 전륜성왕과 같은 정법을 지닌 통치자의 출현은 불교의 이상을 현실화하는 일이 된다. 살기 좋은 사회를 건설하기 위한 노력은 세간과 출세간을 떠나 모두가 실천해야 할 과제이다. 불교인에게 있어 정당의 당론이나 정치적 이념보다 중요한 것은 국민의 삶을 고통이 적고 행복이 많아지게 하는 데 초점을 맞추어야 한다. 그런 사회로 만들어 가는 것이 결국 대승보살의 삶이 된다는 것을 항상 명심해야 할 것이다.

자살의 과보

　　요즘 자살이 사회적 이슈로 떠오르고 있다. 유명한 경제인과 정치인, 연예인, 심지어 전직 대통령까지 스스로 목숨을 끊고 있다. 자살은 또 다른 모방자살을 부르고 나아가 생명경시의 풍조까지 불러올 수 있다.

　　그리스의 철학자 아리스토텔레스는 자살은 종교상의 이유로 국가를 더럽히고 또 유용한 시민을 파멸시킴으로써 국가를 약화시키기 때문에 '국가에 대한 범죄'라고 갈파하였다. 그는 자살은 개인의 일이지만 사회적인 입장에서는 무책임한 행위이기 때문에 범죄라고 규정하였던 것이다. 소크라테스는 자살에 찬성하지는 않았지만, 자살은 이상적 존재의 세계로 들어가는 입구이며 이 세상의 현실은 한낱 그 그림자에 불과하다고 하여 완전한 부정도 하지 않았다.

자살의 역사는 거의 인류의 역사와 같이한다. 정치적 이유에서부터 개인적인 사정에 의한 것까지 자살의 동기도 다양하고 자살에 대한 찬탄과 안타까움도 함께 존재한다. 철학자 클레옴브로투스는 플라톤의 『파이돈』에 고무되어 물에 뛰어들어 죽었고, 카토는 『파이돈』을 두 번이나 읽고 칼로 자결하였다. 또 괴테의 『젊은 베르테르의 슬픔』을 읽고 자살을 택한 젊은이들이 적지 않은 것을 보면, 자살은 당시의 분위기에 의한 충동 때문에 일어나기도 한다.

개인이 선택하는 자살이 사회적 동기일 때 그 사회에 충격을 주어 각성을 촉구하는 방편이 되기도 한다. 1960년대 반정부 시위를 벌이며 민중의 자유를 외치던 베트남의 쾅툭 스님이 대로상에서 좌선하며 스스로 몸에 불을 붙였고, 자유주의 사상가 노먼 모리슨이 베트남 전쟁에 반대해서 분신자살했으며, 매천(梅泉) 황현(黃玹)이 일본의 침략에 항거하여 자살한 것 등이 대표적인 예이다. 네로나 히틀러와 같이 자신이 저지른 행위에 대한 도피로 자살을 선택하는가 하면, 제논이나 헤밍웨이, 프리다 칼로 등 명성과 관계없이 개인적인 동기로 생명을 끊은 사람들도 있다.

이러한 개인의 자살 외에 집단적인 자살이 있다. 집단으로 자살을 하는 것은 집단 전체의 존엄이나 종교적 신념을 지키기 위해서 흔히 선택하는 방법이 된다. 천여 명의 남아메리카 사람들은 정복자였던 스페인 사람들이 너무도 잔인하게 다루었던 까닭에, 그것을 견디기보다는 차라리 스스로 목숨을 끊는 쪽을 택했다. 또 샤를르 5세 광산에 끌려와 노동하던 멕시코만 출신의 원주민 40명 가운데 39명이 굶어 죽는 길을 택했다. 스페인 정복자들의 잔혹성 때문에 서인도제도에서는 4천 명의 남자와 헤아릴 수 없이 많은 여자들과 아이들이 절벽에서 스스로 뛰어내리거나 혹은 서로가 서로를 죽임으로써 모두 죽어갔다고 한다.

동양에서의 자살 역시 정치적 이유 때문에 많이 일어났으며, 특히 일본인의 명예를 위한 할복자살은 유명하다. 삶의 시작은 자신의 의지가 아니었다 하더라도 자살은 스스로 선택할 수 있는 것이다. 그러므로 자살은 동기에 따라 세인의 긍정을 받기도 하고 또 비난을 받기도 한다.

자살을 긍정하는 것은 자기의 목숨을 버려 인을 이루는[殺身成仁] 일이고, 비난은 자신을 극복하지 못하고 책임을 다하지 못했을 때이다. 다시 말해 인간에게는 자기보존의 본능이 있는데 대중의 공익을 위하여 자신을 버리는 것은 본능을 넘어선 큰마음이고, 자기 개인의 문제로 자살하는 것은 본능에 대한 거부이며 자신과 연결된 모든 인연에 대한 연민심의 결여라고 해도 된다.

서양의 중심종교였던 기독교의 바이블에는 자살을 금지하는 부분이 없다. 바이블에서 자살은 무심하게 다루어지며 회개의 방법으로 해석하기도 한다. 초기 기독교에서는 예수의 죽음마저 일종의 자살로 간주한 일도 있다. 이것을 주장한 테르툴리아누스는 신적 존재가 다른 존재의 처분에 맡겨진다는 것은 생각할 수 없는 일인 까닭에, 예수는 자의에 의해 스스로 죽은 것이라고 했다.

기독교는 6세기에 이르러 비로소 자살을 금지하는 법률을 제정했는데, 그 근거는 십계명 가운데 여섯 번째인 '살인하지 말라'를 달리 해석한 것이다. 기독교에서 자살을 죄악으로 보는 관념은 뒤늦게, 그것도 하나의 뒷궁리로서 생겨났다. 생명을 주거나 거두어 가는 것은 오직 신만이 할 수 있는데, 그것을 인간 스스로 결정한다는 것은 그들의 교리적 논리로는 신의 전능을 무시하는 일이기에 죄악시할 수밖에 없는 것이다.

불교는 자살하는 것을 하나의 허물로 여긴다. '생명을 죽이지 말라'는 구족계목(具足戒目) 가운데, 스스로 목숨을 끊는 것을 금하는 내용이 매우 구체적으로 나온다. 계목에 따라 약간의 차이는 있지만 기본적으로 구족계에 준하여 10계나 8계, 5계 등의 계율도 해석이 되며, 따라서 8계, 5계를 지켜야 하는 재가불자 역시 자살은 금기되는 사항이다.

인과율로 보면 자살은 자신의 의지에 의한 행위이므로, 그 결과 역시 자신이 책임을 져야 한다. 우리는 흔히 태어나고 싶어서 태어난 것이 아니라고 생각하지만, 불교의 교리로 보면 태어나는 인과 연은 오랜 세월에 걸쳐 자신이 만들어 온 것이기에 지금처럼 태어난 것이다. 즉 자신이 태어난 나라와 부모, 형제 등 주위 환경과 개인이 가지고 있는 용모와 특질 등은 그냥 우연한 것이 아니라, 자신도 인식할 수 없는 과거의 업들이 씨앗이 되어 있다가 그것이 자라나서 지금의 자기를 만든 것이다. 그러므로 지금의 자기 모습은 자신이 만든 결과이며, 미래의 모습도 자기가 만들어 가고 있는 것이다.

『화엄경』에 "온갖 중생은 자기의 번뇌로 지어진 업에 의해 그 몸과 사는 세계를 스스로 만들어 간다. 하나하나 자기의 몸과 사는 세계와 수용해 지니는 것을 스스로 이루는 것이지, 업을 제쳐놓고 다른 무엇이 그렇게 하는 것은 아니다."라고 하였다. 곧 사람들의 신체 용모를 비롯하여 심지어 태어나는 나라까지도 자신이 지은 업의 결과라고 명백히 설명하고 있다. '다른 무엇이 그렇게 하는 것은 아니다'라는 말은 신의 힘으로 운명이 정해졌다든가, 혹은 우연히 인생이 그렇게 되었다는 것이 아니라는 것이다.

업은 살아있는 동안 지어서 살아있는 동안 받는 현세보(現世報)도 있지만, 죽은 뒤나 먼 미래에 받는 미래보(未來報)도 있다. 자살을 하는 것이 타인에게 피해를 주지 않는다 해도 자신에게 업을 짓는 것이 되므로 언젠가는 그 과보를 받는다. 자살의 과보는 여러 가지의 형태로 나타날 수 있는데, 다음생의 몸을 받았을 때 목숨에 대한 고통을 겪거나 일찍 죽게 되는 인연을 만나는 것 등이다.

『열반경』에는 "선악의 과보는 그림자가 형태를 따르는 것과 같다. 그리하여 삼세의 인과가 없어지는 일이 없으니 이생을 헛되이 보낸다면 후회해도 소용 없으리라."고 하여, 이 삶 가운데서 나쁜 인(因)을 심지 않고 열심히 살아갈 것을 말씀하셨다. 부처님께서는 세상 모든 것이 영원하지 않으며 고통임을 인식해야 한다고 하셨다. 이러한 이치를 체득하고 나면 분별과 집착이 줄어들므로 마음은 청정하고 욕망이 점차적으로 사라진다.

자신보다는 이웃과 중생을 위하는 자비심이 증장하는 보살의 삶을 걷게 되면, 자신의 개인적인 문제 때문에 함부로 목숨을 버리지 않게 된다. 보살에게는 고통이 어떤 문제로 오든 상관없다. '문제'라는 모습으로 다가온, 모양만 바꾼 '행복'이기 때문이다.

이
생
이

다
음
생
을

만
든
다

세계의 역사에 불교의 이름 아래 일어
난 종교전쟁은 거의 없다. 이것은 생명을 존중하는 불교의 불살생계(不殺
生戒)라는 가르침에 기인한다고 해도 과언이 아니다. 불교에서의 생명존
중은 사람뿐만 아니라 모든 살아있는 존재(衆生)에게 적용된다.

중생의 세계는 모든 것이 인연에 의해 얽혀 있으므로 자신 또한 다른
생명들과 연관이 있다. 이것은 연기법으로 설명된다. 그러므로 자신을
죽이는 일은 자신과 관련된 생명들을 소홀하게 여기는 셈이 된다. 자살
하는 이유는 여러 가지 있겠지만, 크게 둘로 나누어 감당할 수 없는 허무
감과 견딜 수 없는 현실의 압박으로 인한 경우가 많다.

이 가운데 견딜 수 없는 현실의 압박 때문에 택하는 자살에 대해 플라톤 같은 철학자는 정당성을 부여하고 있다. 나아가 그는 진지한 자살은 하나의 선택 행위라고 규정짓고 있기도 하다. 불교적 관점으로는 자살의 동기가 전자가 되었건 후자가 되었건 모두 바람직한 행위로 여기지 않는다. 불자들은 삶이 여러 종류의 고(苦)라고 인식하므로, 삶 속에서 발생되는 문제점들을 팔정도(八正道)의 실행을 통해 극복해 나간다.

종교적인 신념 때문에 죽임을 당하거나 스스로 죽는 것을 순교(殉敎)라고 부른다. 종교적인 이유로 일어난 전쟁에서 죽는 것이 미화되는 것이 바로 순교라는 이름 때문이며, 수십 명의 무고한 생명을 폭탄으로 테러하면서 죽을 수 있는 것도 순교이기 때문이다. 타종교의 순교에 비해 불교의 순교자는 비교적 적다. 그 까닭은 불교도는 가해자에게 복수하지 않기 때문이며, 비폭력이며 원한을 품는 일이 없기 때문이다.

그러나 '부처님 법을 위해서는 목숨을 버린다〔위법망구(爲法忘軀)〕'라는 말이 있듯, 불법과 여러 중생의 이익을 위해 순교하는 일은 더러 있다. 이차돈처럼 신라에 불법을 퍼트리기 위해 스스로 죽음을 받는가 하면, 구한말 때 천주교인을 위해 그들을 숨겨주고 죽임을 당한 천진암 스님들처럼 중생을 위한 순교가 그러한 예이다. 스님들이 스스로 목숨을 끊는 일은 불교가 권력에 의해 폐해를 입을 때 항의를 나타내기 위해서도 가끔 있었다.

주(周)나라 무제가 불교를 없애려 할 때, 정애 스님(534-578)은 나이가 많고 덕이 높아 승속 사이에서 귀의하는 사람이 많았다. 그는 말하기를 "부처님 제자가 되었는데 어찌 이제 이렇게 부처님의 법이 불타 사라지는 것을 보고도 편안하여 스스로 고요할 수 있겠는가" 하고 곧 표를 올려 이에 항거하였다. 황제가 그래도 불교탄압을 거두지 않자, 스님은 종남산에 들어가 바위에 시를 쓰고 스스로 몸의 살을 갈라 돌 위에 펼쳐놓고 창자를 끄집어내어 나무에 걸고 심장을 움켜진 채 삶을 마쳤다.

또 의주에 살던 도적(道積) 스님도 나라에 불교탄압을 그쳐달라고 호소하였으나 받아들여지지 않자, 마침내 뜻을 같이 하는 사람 7인과 함께 미륵불상 앞에서 먹지 않고 절하고 참회하여 7일간을 마친 뒤 한때에 같이 세상을 떠났다. 이처럼 법을 위하여 목숨을 던진 것은 개인의 일이 아니라 많은 중생의 구제하기 위함이니 일반적인 범주의 자살과는 다르다.

스님이 개인적인 이유로 스스로 목숨을 끊는 경우는 율장에 수록된 다음과 같은 사례를 들어 보기를 삼을 수 있다. 어떤 비구가 수행하는 것을 좋아하지 않았는데 환속하지는 않고 도(道)는 낮아져 갔다. 높은 곳에서 스스로 떨어져 죽으려 하였으나 절벽 아래에 있던 어떤 사람 위에 떨어져 그 사람은 죽고 비구는 죽지 않았다. (이 일에 대해) 의심이 나서 부처님께 여쭈니 부처님께서 말씀하시기를 '너는 무슨 마음이었는가?' 하고 물으시자 답하기를 "스스로 떨어져 죽으려 하였습니다." 부처님께서 말씀하시기를 "저 사람이 죽은 것은 계를 범한 것은 아니다. 방편을 지어 스스로 죽는 것은 모두 투란차(偸蘭遮, 바라이죄나 승잔죄에 이를 수 있는 죄)이다."라고 말씀하셨다.

또 유부(有部)의 율장에 만약 비구가 몸을 버리거나 혹은 자살을 하

불자로 산다는 것

면 저 비구는 파라시가(波羅市迦)를 얻게 된다고 하였는데, 파라시기는 곧 바라이(波羅夷)이다. 바라이는 범하게 되면 바로 그 신분을 잃게 되는 허물인데, 구족계를 지닌 사람이 자살을 하면 자살하는 순간 비구나 비구니의 신분을 잃는 것이다. 또 구족계를 지닌 사람이 자살하는 것 외에, 다른 사람의 목숨을 자기가 죽이거나 칼을 주어 죽게 하거나 권하여 죽게 하거나 등 여러 가지 방법을 써서 죽게 하면 바라이가 된다고 하였다.

한편 『미륵보살소문경론』에 의하면 아라한과를 성취한 사람이 자살을 하게 되면 살죄(殺罪)를 범하는 것이 아니라고 하였는데, 이것은 아라한이 된 사람은 진심(瞋心)을 떠난 까닭이라고 하였다. 또 아라한으로 몸의 병고가 극심할 때 선정(禪定)의 힘으로 세상을 떠나는 것을 부처님께서 허락한 일이 있으며, 부처님께서 열반을 앞두고 있을 때 대애도 비구니가 차마 부처님의 열반을 볼 수 없다며 스스로 먼저 입멸한 일도 있다.

부처님께서는 자신이 열반에 든 뒤의 장례문제를 승단에 맡기지 않으시고, 전륜성왕의 법으로 재가신도가 치르도록 하셨다. 평생 옷 세 벌과 발우 하나로 살아오신 부처님께서 국왕에 준하는 장례법으로 호화롭게 치르도록 하신 것은 재가신도의 복과 신심을 위해서이다. 부처님께서 스님의 장례에 대하여 자세한 말씀을 하신 일은 없다. 그러나 부처님 자신을 세속의 법으로 장례를 치르게 한 예를 보면 일반 스님들은 당시 일반 인도인의 방법에 준했을 것으로 추측된다. 입적한 스님의 재산이 있으면 돌보아 준 사람부터 먼저 분배해주고 나머지를 승가에 보시하였다.

불교에서 생명이란 이번만 있는 것이 아니라 윤회를 통하여 삶이 계속되므로 이생을 바르게 살아야 한다고 가르치고 있다. 자신의 뜻대로 되지 않는 세상 속에서 용맹심을 내어 보살도를 닦아 나아가는 것이 불자들이 할 일이다. "보살은 대비(大悲)로 본질을 삼는다. 그러므로 남을 도우는 것에 매우 힘써서 아비지옥에 들어가더라도 낙원에 노니는 것과 다를 바가 없다. 더구나 그만 못한 다른 괴로움 속에서야 어찌 두려움을 일으켜 물러설 마음이 되겠는가?"라는 『대승장엄경론(大乘莊嚴經論)』의 말씀은 자신보다는 철저히 중생을 위한 비원(悲願)을 가져야 함을 일깨워준다.

불자에게 있어 중생을 위한 희생이 아닌 염오심(染汚心)에 의한 자살은 퇴전(退轉, 수행에서 물러남)을 의미한다. "보살은 정진바라밀에 안주하여 처음 (불교에) 마음을 내었을 때부터 묘보리좌(妙菩提座, 성불)에 앉게 될 때까지, 스스로 생명을 해치지 않으며 남에게도 권해서 생명을 해치지 않게 하며 생명 해치는 일을 칭찬하지도 않는다."라는 『대반야경(大般若經)』의 말씀은 불교도가 생명을 어떻게 다루어야 하는가를 잘 보여주고 있다.

병든 사람을 돌보는 공덕

　　대만의 자제공덕회는 증엄 비구니스님의 원력으로 세워진 복지단체이다. 자제공덕회는 지구의 어느 지역이라도 재난을 당하면 가장 먼저 구호의 손길을 보내고 가장 늦게 철수하는 철칙으로 유명하다. 또한 불교의 단체이지만 이슬람과 기독교를 믿는 사람들이 재난을 당했을 때는 그들이 지내야 할 숙소는 물론 모스크나 교회를 지어줄 정도로 재난당한 사람들의 입장에서 도와주고 있다. 이러한 정신은 멀리 인도의 아쇼카 대왕이 자신은 불교에 귀의한 왕이지만 모든 종교를 평등하게 대하고 사람과 짐승을 차별 없이 병을 치료하는 병원을 만든 것에까지 거슬러 올라갈 정도로 그 연원이 깊다. 이 범인

류적이고 종교마저 초월한 정신은 부처님께서 모든 중생을 마치 외아들처럼 대하시는 자비심을 배우는 것에 그 바탕을 둔다.

자제공덕회도 처음에는 작은 일 때문에 시작되었는데, 그것은 소외되고 가난한 사람은 병이 나도 치료를 제대로 받을 수 없는 것을 보고 결성된 것이다. 자제공덕회는 구호활동만 하는 것이 아니라 가난하거나 재난을 입은 사람들이 스스로 재활하는 능력을 길러주는 데 중점을 두고 있다.

세상에 괴로운 일은 많지만 그 가운데 가장 고통스러운 것은 병에 의한 것이다. 부처님께서도 극심한 병고나 정신적 질환 때문에 계율을 파하게 되었을 때는 계율을 범한 것이 아니라고 하셨다. 또한 생활에 관한 여러 가지 계율에서도 병이 있는 사람의 경우에는 예외를 허락하셨다. 그만큼 병으로 인한 고통은 인간이 인간답게 사는 것을 방해하는 요소이기 때문이다.

부처님께서는 병에 관해 많은 말씀을 하셨는데 경전 가운데 『선생경(善生經)』에 병에 대한 여러 가지가 잘 나와 있다. 율장에도 스님들의 생활 속에서 나타나는 병과 약에 대한 내용이 잘 나타나 있다. 특히 간병의 문제는 부처님께서 매우 강조하신 부분이기도 하다.

어느 때 부처님께서 스님들의 방을 둘러보시다가 자신의 배설물 위에 누워 있는 병든 스님을 발견하셨다. 부처님께서는 그를 씻기고 약을 바르고 방을 청소하신 뒤 그를 눕게 하고 덮을 것으로 몸을 가려주셨다. 부처님께서는 그에게 "왜 다른 스님들이 돌보아 주지 않느냐"고 물으시

불자로 산다는 것

자 그가 답하기를 "내가 건강할 때 병든 스님들을 돌보아준 일이 없었기 때문에 오늘날 아무도 나를 돌보아 주지 않습니다."고 하였다. 부처님께서는 제자들을 불러 모으시고 "누구든 나에게 공양하고자 하는 사람이 있다면 병든 사람을 돌보아 주라. 병든 사람을 돌보는 것은 나에게 공양하는 것과 다름이 없느니라."고 말씀하셨다.

『범망경』에서도 "불자로서 온갖 병자를 보았을 때는 언제나 이를 공양하되 부처님을 대하듯 해야 한다. 여덟 복전 중에서 간병의 복전이 으뜸이다."라는 구절이 있어 간병의 공덕이 큰 것을 말해주고 있다. 병이 생기면 재물이 줄어들고 친구도 멀어져서 외롭게 된다. 주위에 병든 사람이 있을 때 한두 번 정도를 방문할 뿐 나을 때까지 지속적으로 가기는 힘들다. 그러므로 병든 사람을 돌보는 공덕은 부처님께 공양을 올리는 것과 마찬가지로 크다는 것이다.

부처님께서는 병든 사람을 간호하는 데 다섯 가지 어려운 일과 쉬운 일이 있다고 하셨다. 다섯 가지 어려운 일은 환자가 먹지 않아야 할 것은 먹으려 하고 약은 먹지 않으려 하는 것, 간병인은 지극한 마음으로 하는데 병자가 사실대로 말하지 않는 것, 가야 할 곳에 가지 않고 머물러야 할 곳에 멈추지 않는 것, 몸에 고통이 있는 것을 참지 못하는 것, 자신에게 움직일 힘이 있어도 움직이지 않고 남이 해주기를 바라는 것이다. 다섯 가지 쉬운 일은 위의 다섯 가지 어려운 일의 반대를 말한다.

부처님께서는 간호하는 사람에 대한 말씀을 하셨으니, 역시 다섯 가지 조건이 있다. 병자가 먹을 수 있는 것과 먹지 못할 것을 알아서 먹을 수 있는 것만 주는 것, 병자의 대소변을 더럽게 생각하지 않는 것, 자비한 마음으로 입히고 먹이는 것, 낫거나 죽을 때까지 약을 충분히 준비하는 것, 병든 이를 위하여 설법하여 병든 이를 기쁘게 하면 자신도 착한 일이 더욱 늘어나는 것 등의 다섯 가지 법이다.

불교에서 말하는 간호는 환자의 병에 대해 보살피는 것은 물론, 나아가 정신적인 것에까지 이르러야 진정한 간호라고 말할 수 있다. 이것은 위의 '병든 이를 위하여 설법하라'고 한 대목에서 알 수 있듯, 환자가 연기법과 사성제의 진리를 듣고 이해하게 되면 생사라고 하는 큰 병에서 벗어날 수 있다. 특히 임종을 앞둔 환자에게는 더욱 부처님 법을 잘 전해야 한다고 『선생경』에서 강조하고 있다.

"병을 간호하는 사람은 병자가 꼭 죽을 것을 안다 해도 죽음을 입 밖에 내서는 안 되며, 마땅히 타일러 삼보에 귀의하여 불법승을 마음에 새겨 잊지 않고 공양에 힘쓰도록 해 주어야 한다. 그리고 병의 괴로움은 다 지난 세상의 좋지 않은 인연으로 해서 이 고통의 과보를 얻는 것이니 지금 마땅히 참회하라고 말해야 하며 병자가 이 말을 듣고 성내든가 사나운 말을 하든가 욕하든가 하더라도 대꾸하지 말며 또 그를 버리는 일이 없어야 한다."

우리나라의 불자들은 개개인을 보면 모두 아량이 넓고 타인에 대한 배려도 잘 하지만, 병든 사람이나 죽은 사람을 위해 조직적으로 일을 봐 주는 경우가 그리 많지 않다. 타종교인들을 보면 귀찮을 만큼 찾아다니며 위로해주고 도와주는 것이 일상화되어 있을 정도이다. 불자 가운데서도 아프거나 가족의 장례 때 타종교인이 와서 정성껏 돌봐준 것에 감동받아서 개종한 경우가 종종 있다.

보살행은 말이 아니라 행동으로 하는 것이다. 종교를 떠나서 가족들도 힘들어 하는 일을 힘써 대신해주는 사람들이야말로 보살의 행위를 하는 것이다. 우리가 불자라는 점을 자랑스럽게 여기려면 부처님 말씀을 실천하는 데서 출발해야 한다. 다시 말해 불교인으로서 해야 할 종교적 덕목이 행위로 나타나지 않으면 불자라고 말할 수 없다.

그런데 불자들 가운데서 위의 병든 스님의 경우처럼 자신이 건강할 때는 주변의 사람들의 병고나 죽음에 대해 관심을 가지지 않다가, 자신이 아프거나 임종을 앞두고 아무도 와주지 않으면 스님이나 신도를 원망하는 일이 더러 있다. 이것은 스스로 지은 행위의 결과이므로 원망하는 자체가 어리석은 것이지만, 사찰 측에서도 이러한 불자의 사정을 외면해서는 안 된다.

불교에서는 타인을 돕는 자체를 수행과 서원으로 여길 정도로 중요한 부분을 차지한다. 그런데도 현실에서는 그렇지 못한 것은 체계적인 교육과 행동할 수 있는 조직의 부재가 그 원인이다. 자재공덕회가 성공한 이유는 세 가지가 있다. 첫째 참여하는 사람들이 보답을 바라지 않고 순수한 원력과 보시의 마음으로 하나가 된 것이고, 둘째 투명하고도 건실한 경영과 조직이며, 셋째는 체계적이고 연속성이 있게 교육과 훈련을 한다는 점이다.

자재공덕회에서 만든 의과대학을 졸업한 의사들은 투철한 보살심으로 자제병원에서 헌신하는 것을 매우 자랑스럽게 여긴다. 뿐만 아니라 간병에서부터 청소하는 사람에 이르기까지 자제공덕회의 정신을 매일 되새기고 실천하려고 노력한다. 이러한 많은 인력이 거의 자원에 의한 무료봉사라는 점에서 한국의 불자들이 배울 점이 있다고 여겨진다.

『열반경』에서 보살은 보리를 수행할 때 모든 병자에게 의약을 베풀고 마땅히 이런 원을 세워야 한다고 말씀하셨다. 그 원이란 "중생들로 하여금 길이 온갖 병을 끊어버리고 부처님처럼 금강신(金剛身)과 같은 몸을 완성케 하여지이다."라는 것이다. 전 세계에 수많은 중생들이 병고로 몸부림치는 것을 생각하면 이처럼 깊고 높은 원력을 세울 수밖에 없는 것이 보살의 길이기 때문이다.

생활 속 선禪문화

우리나라의 선(禪)은 신라시대에 중국으로부터 유입되었다. 가장 빠르기로는 중국 선종의 4조인 도신으로부터 법을 받은 법랑 스님이 있는데 그 활동은 미미했던 것으로 알려져 있다. 신라 말에 와서 육조스님의 제자인 서당지장으로부터 법을 이은 도의 스님이 있고, 그 뒤부터 당나라에 가서 법을 구해오는 스님들이 점차 많아지게 되었다. 신라 말과 고려 초기에는 구산선문이 세워져서 본격적으로 선을 설파하게 되었는데 이 구산 가운데 여덟은 마조도일 계열이라고 알려질 만큼 홍주종을 중심으로 한 선이 널리 펴졌다.

우리나라는 신라시대와 고려 중기까지는 화엄이나 천태와 같은 교학을 중시하는 풍조가 있었으나 고려 말 이후에는 거의 선이 주도하게 되었다. 조선의 모진 억불정책 아래 겨우 명맥을 이어오던 불교는 일제시대를 거쳐 해방을 맞으며 새로운 희망을 맞이하게 된다. 경허, 만공과 같은 조선말기 대표적인 선사가 출현함에 따라 한국의 선은 다시 도약하게 되었다.

현재 한국 불교의 대표 종단인 조계종(曹溪宗)은 그 이름에서도 알 수 있듯이 육조혜능 대사가 주석했던 곳을 따서 조계(曹溪)라고 종명을 붙였으며, 이것은 선을 중점으로 수행하는 종단이라는 의미가 된다. 간화선을 위주로 수행을 하고 선방의 수좌가 입김이 센 종단인 까닭도 바로 이 선 중심의 종단이기 때문이다.

이런 역사적인 과정을 생각한다면 우리나라에 있어서 선의 내력과 영향은 대단한 것이다. 선이 우리나라 사람들에게 어떤 영향을 주었느냐를 생각해보면 생각보다는 그리 크지 못한 것이 사실이다. 사실 한국 사람들의 대다수가 불교를 잘 모를 뿐 아니라 불교신도조차도 불교를 바로 인식하는 사람은 크게 많지 않다. 그런데 선을 이해한다는 것은 더욱 어려운 일이 아닐 수 없다. 이러한 사실을 쉽게 알 수 있는 것 가운데 하나가 생활 속에 불교가 거의 없다는 것을 보아도 알 수 있다.

어떤 사상이나 종교가 영향이 강하게 되면 그것은 어떤 형태가 되었건 하나의 문화현상으로 자리 잡게 된다. 그 종교가 아무리 오래 되었다 하더라도 민간에 영향을 미치지 못했다면, 그 내부에서만 중요한 것이지 세간과는 상관없는 것이 되어버린다. 선종이 우리나라에서 오랜 역사를

불자로 산다는 것

가지고 있지만, 민간의 일반생활에는 어떤 영향을 주었을까 하는 물음에는 쉽게 답을 찾을 수 없다. 실제 우리나라의 일반사람들에게 선은 거의 아무런 영향을 주고 있지 못하는 것이다. 그것은 한국사람들이 인식하는 선이 거의 미미한 수준일 뿐만 아니라, 선을 쉽게 접촉할 수 있는 선문화와 같은 부산물도 접근하기 어려운 까닭이다.

일반에게 선이 어렵게 인식되고 열려 있지 않은 것처럼 느껴지는 가장 큰 까닭은 선을 이해할 수 있도록 연결해주는 매개물이 많지 않다는 것이다. 이 매개물이야말로 일종의 선이 문화화된 형태인데 순수선(純粹禪)만을 지향에온 한국의 선종에는 이러한 문화적 자산이 너무나 빈약하다. 순수선이라고 해서 수많은 선사들이 군림해서 각 산중마다 거량이 벌어지고 선의 감화를 받은 남녀가 넘쳐나느냐 하면 그것도 아니기 때문에, 결과적으로 보아 한국의 선을 살리고 사회에도 영향을 미치기 위해서는 다각도의 연구가 필요하다.

세계적으로 선을 이해할 때 일본을 가장 먼저 떠올리게 된다. 일본은 선을 전 세계에 그 문화와 역사, 그리고 정신을 알렸다. 오늘날 패션에서나 디자인에서 '젠(ZEN) 스타일'이라고 하는 것도 바로 일본의 선문화에서 파생된 것이다. 젠이란 선을 일본식으로 발음하는 것이며 오늘날 국제적으로 선에 관한 모든 것에 공식용어가 되어 있다. 선의 종주국이었던 중국을 능가하여 오히려 일본이 선의 전통을 잘 지키는 나라로 인식되어 있으며, 실제로 오늘날에도 선의 체계와 문화를 잘 지키고 있기도 하다. 중국은 명대 이후로 선종이 몰락하면서 정토종이 널리 퍼지고, 지금도 선종보다는 정토종의 영향이 크다.

　일본 역시 종파를 위주로 한 불교국가이지만 선종의 문화가 민간에 미친 것은 우리가 상상하는 이상이므로, 선종을 내세우고 있는 한국의 불교가 타산지석으로 삼을 만하다. 일본의 선문화가 세간에 영향을 준 것을 살펴본다면 우선 예술을 들 수 있다. 선예술로서는 산수화 등의 수묵화, 그리고 정상(頂相)이라고 부르는 초상화이다. 이러한 예술은 선을 수행하는 스님들 스스로가 작품을 많이 남겨 승속 간에 감상을 통해 선의 의미를 되새길 수 있게 하는 것이다.

　선문화의 또 다른 장르는 건축과 정원, 요리 등 일상의 삶 속에 들어와 있는 요소들이다. 일본 용안사(龍安寺)의 정원과 같이 선의 정신을 표현한 정원이 선종의 사찰에는 기본적으로 조성되어 있고, 정진요리(精進料理)나 보차요리(普茶料理) 같은 일상의 음식도 몇 백년이 넘는 오랜 역사를 가지고 있어 민간에 깊은 영향을 주었다. 일본의 선은 문학, 노(能), 꽃꽂이, 묵적(墨蹟)이라고 부르는 서예에까지 두루 문화적인 감화를 주게 된다. 특히 시문, 일기, 수필, 어록을 망라하는 한문 중심의 문학인 오산문학(五山文學)에는 선을 절대적인 영향이 있었고, 노와 같은 연극에도 깊이 선의 향기가 배어있다.

　선을 일본인에게 가장 널리 펴지게 한 가장 큰 공헌자는 역시 다도(茶道)라고 할 만하다. 일본의 다도는 상류층에서는 배우지 않으면 안 되는 덕목으로 그 풍습이 일반 백성들도 다투어 익히는 문화로 자리매김해왔다. 다도는 선과 가장 직접적인 연관을 가지고 있으며, 차를 마시는 자체가 바로 선에 들어가는 길로 여겨졌다.

이 밖에 무사나 장인의 정신들도 선과 연관 지어 이야기 할 만큼 일본 문화와 선은 불가분의 관계에 놓여 있다. 선의 정신이 아무리 높다 하더라도 구체적으로 눈에 보이는 것이 중요하다. 선문화는 고양된 정신세계를 중생에게 이해되도록 하는 효과가 있고 이를 통해 세간 사람들도 드높은 경지를 간접적으로나마 맛보게 된다.

한국의 선 역사는 오래되었지만 세속에까지 영향을 줄 만한 이렇다 할 문화를 구축하지 못하였다. 또한 선 수행에 대한 여러 문제점들을 현재 고민하고 있으며 실제적이고 유익한 방법을 모색하고 있다. 선이 불교의 여러 가지 수행법 가운데 가치 있는 법이며 종교를 넘어 인류의 삶에 다양한 가치와 문화를 전하는 것이야말로 오늘날 선종이 해야 할 일이다.

일본에는 옛 문헌에 나오는 중국 선사들의 글씨나 가사가 그대로 전해지면서 자국의 유명한 선승의 유물도 잘 정리가 되어 있어 객관적으로도 선의 나라라는 것이 느껴진다. 한국의 선종 역시 이를 타산지석으로 삼아야 한다. 견물생심이란 말처럼 역사적인 존재와 실제적인 선의 문화가 존재할 때 선의 가치는 더 높아진다.

한국의 선 수행 전통은 잘 살아있기에 다만 어떻게 이용해야 하는가라는 숙제를 안고 있을 뿐이다. 선지식이 나오면 그 영향이 몇 대는 가지만, 그것이 문화로 만들어지면 몇 백 년을 두고 영향이 이어진다. 우리의 뛰어난 정신인 선을 문화로 확산시키며 중생을 교화하는 것은 오늘날 물질만능의 시대에 더 없는 명약이 될 것이다.

승복은 한복일까, 아닐까

우리나라의 한 유명한 호텔의 뷔페식당에서 한복 입은 사람의 입장을 거부한 일이 해외에까지 알려져 웃음거리가 되었다. 호텔이나 이름난 레스토랑에는 그 격을 유지하기 위한 나름대로의 옷차림에 대한 기준은 있다. 그러나 어느 나라이든 자기 나라의 의상을 가장 존중하고 다음으로 서양식 정장을 입는 것이 일반적인 관례이다. 한복을 뷔페식당에 출입할 수 없는 옷으로 분류한 이유로 옷이 옆 사람을 불편하게 하거나 음식이 묻기 때문이라고 한 것은 우리 스스로가 한복을 어떤 시각으로 보고 있느냐는 것을 말해주고 있다.

오래전에 국립박물관에서 한복을 입은 사람(개량한복 포함)에 한해 무료관람을 하게 한 일이 있는데, 필자가 들어가자 승복은 한복이 아니기 때문에 무료입장이 안 된다는 황당한 말을 들은 일이 있다. 시비하기 싫어하는 필자의 성격 탓에 관람료를 지불하고 입장하였지만, 조선시대를 거쳐 지금까지 거의 원형을 유지하고 있는 민족고유의 복색인 승복을 한복이 아니라고 거부당한 일은 어떻게 이해해야 할 것인지 답답하기만 하였다.

우리 한복은 먹물을 들이면 스님들의 옷이 되고 희게 입거나 다른 색으로 염색하면 일반인의 옷이 되기 때문에, 결국 색으로 승속의 복장을 구분하였던 것이다. 다른 곳도 아니고 우리민족의 문화재를 연구하고 있는 박물관에서조차 이런 실정이었으니 다른 곳은 말해 무엇 하겠는가?

한복만 문제가 아니라 한식도 일류 호텔에서는 기피하고 있는 실정이다. 한정식만 전문으로 하는 고급식당도 일본식 음식과 한국음식이 섞여 나오는 것이 일반적이므로, 엄격해 말해 순수 한국음식만 맛볼 수 있는 경우가 적은 편이다. 고급 식당일수록 우리나라 음식보다는 일본식이나 서양식이 많은 것은 잘사는 층이 어떤 음식을 선호하고 있는가를 단적으로 보여준다.

미국 뉴욕에 있는 한식당에 유달리 손님이 많은 곳이 있는데, 아이러니하게도 주인은 일본인이었다. 한국인이 경영하는 다른 한식당들의 손님은 거의 한국인이고 장사도 그만그만 하지만, 일본인이 경영하는 이 한식당은 그야말로 연일 만원에다가 서양사람이 주를 이룬다. 도대체 같은 음식을 파는데 왜 일본인이 경영하는 곳은 사람들이 모이고 한국인이 주인인 곳엔 외국인이 오지 않을까? 이것은 음식이 문제가 아니라 경영하는 사람의 자세에 문제가 있다는 것을 알 수 있다. 우리나라 일류호텔에 한식당이 없다는 것은 매출이 그만큼 없다는 뜻이고, 매출이 없다는 것은 우리나라 사람들조차도 잘 이용하지 않는다는 것을 보여주는 것이다.

우리가 자신의 문화를 홀대하는 경향은 의복이나 음식에만 그치지 않는다. 한국사람조차 별로 관심을 가지지 않았던 한옥을 외국인이 소송을 해서 지켜내는가 하면, 우리 고유의 민화도 외국에서 먼저 그 예술성을 알아주었던 것이다. 우리의 고려불화나 도자기의 가치도 일본사람이 먼저 눈을 떠 수집하게 되었다.

역사가 길고 문화가 풍부한 나라의 국민은 자신의 나라에 대한 자부심을 가지고 있다. 인도나 중국, 유럽 사람들처럼 나라에 대한 강한 자존심은 곧 그 나라의 문화에 대한 깊은 교육으로 자라난 것이다. 따라서 문화에 대한 자존심은 교육되어지고 항상 보여져야 길러질 수 있다. 약소국가인 우리는 예로부터 중국을 사대(事大)하며 살았고, 지금은 미국을 사대하고 있다. 조선시대에 한글을 언문(諺文)이라 비하하고 한문을 진서(眞書)라고 높여 부른 것이 대표적인 예인데, 요즘은 국어와 같은 우리 언어의 교과과목조차 영어로 수업해야 한다는 말이 나올 정도의 지독한 사대를 하고 있는 것이다.

옛날에는 서적이나 기술은 물론 음악마저도 마음대로 가져오지 못하였기 때문에, 큰나라의 문화에 대한 동경은 절실했을 것이고 따라서 사대하는 풍조가 생겨날 수 있다. 그러나 모든 것이 열려 있고 미디어가 발달된 오늘날에 강대국이라서 사대한다는 것은 생각해 볼 점이다. 선진 문화를 받아들이는 태도와 사대주의는 차이가 있는데, 전자는 우리에게 도움이 되도록 변화발전을 시키는 것이고 후자는 맹목적인 추종을 말하는 것이다.

한국의 역사에서 우리는 두 번의 황제국이 된 일이 있다. 한 번은 묘청이 세운 황제국이고 다른 하나는 조선말 고종 때 대한제국이라는 황제국을 세웠다. 그러나 불행히도 이 두 제국은 오래가지 못했다. 만약 묘청이 세운 황제국이 오래 갔다면 우리는 지금과는 다른 자부심을 가지고 있었을 것이다.

단재 신채호는 묘청의 난을 역사적 쾌거라고 주장하였다. 묘청이 일으킨 혁명은 황제국으로서 당당히 자신의 연호와 국호를 가진 최초의 일이기 때문이었다. 중국을 사대하고 있던 유학자 중심의 정부에서 중국에 복종하지 않고 스스로 황제국이라고 칭하는 것은 있을 수 없는 일이었다. 그러므로 유교의 역사에서는 이 혁명을 난(亂)이라고 규정지었지만, 실제로는 긴 우리의 역사에서 자주적으로 한 국가를 형성하려는 몸부림이었다. 묘청이 스님이었기에 독립적 사상이 강하였고, 불교는 상대적으로 다른 종교에 비해 사대성이 적기에 가능한 일이었다.

현재도 개신교는 미국에, 천주교는 바티칸의 영향을 받고 있지만 불교만큼은 어느 나라의 영향을 특별히 많이 받지 않는다. 물론 사람에 따라 다르겠지만 아무래도 종교적으로 종속이 되어 있으면 사상이나 행동에 그 여파가 미치는 것은 당연한 일이다.

조선말 황사영은 천주교인들이 대원군에 의해 박해를 당하자, 프랑스 군대를 보내 조선을 침공해 달라는 백서를 보냈다. 국가보다 종교가 우선되는 대표적인 예라고 할 수 있다. 스스로 독립된 제국이 되는 것을 싫어한 선비들이나 자기가 믿는 종교를 위해 자신의 나라를 공격해 달라는 사람에게 과연 나라에 대한 자존심이 남아 있겠는가? 국가에 대한 자존심이 있다는 것은 모든 분야에서 큰 힘이 된다. 마치 올림픽게임에서 우승하였을 때 우승한 선수의 국가가 울리고 국기가 게양되면, 자신도 모르게 나라에 대한 자긍심이 생기듯 진정한 자존심은 나라에서 기인하는 것이다.

어떤 형태로든 문화는 그 나라 사람들의 정신과 삶의 산물이다. 문화 속에 당시 사람들의 종교, 철학, 이상, 생활이 모두 담겨 있다. 같은 민족이라도 고구려, 백제, 신라의 문화가 다르고 고려와 조선의 문화에 차이가 있는 것을 보면 그 당시의 배경이 얼마나 중요한 작용을 하는가 알 수 있다. 이러한 문화로 혜택을 입는 것은 결국 후손의 몫이 되니 결국 현재 우리가 내딛는 발걸음이 매우 중요하다 하겠다.

백범 선생은 그의 자서전에서 우리 민족이 문화민족이 되는 것이 소원이라고 하였다. 경제나 군사적으로 강대한 나라가 아닌 문화로서 힘이 있는 나라가 되는 것이라면 그 나라 국민의 자부심은 얼마나 높을 것인가?

세계적으로 이름 난 박물관을 가보면 동양 삼국의 전시물 가운데 한국 것이 제일 초라하며, 중국이나 일본에 비해 그 특색이 두드러지지 않

불자로 산다는 것

다고 말한다. 그래서 문화적인 나라라는 인식보다는 오랫동안 중국의 지배 아래에 있다가 근래 일본식민지를 거쳐 요즘 경제발전으로 잘 사는 나라라고 여기고 있다. 잘 사는 것도 경제적으로 잘 사는 것과 문화적으로 잘 사는 것은 다르다. 한때 우리가 일본인을 경제동물이라고 비하하였지만, 지금은 우리가 도리어 선거부터 자연개발에 이르기까지 모든 가치를 경제에만 초점을 맞추고 있지 아니한가?

비록 뛰어난 문화가 있다 하더라도 우리 스스로 아끼고 즐기지 않으면 아무런 빛을 발할 수 없다. 진정한 자존심은 훌륭한 자국문화라는 우산 아래서 나온다는 것을 되새길 때, 우리가 지향해야 할 목표는 뚜렷하다 하겠다.

번뇌가 적으면 삶이 쾌적하다

　　　　　다윈의 진화론에 대한 일부 내용이 교과서에서 수정 혹은 삭제된다는 보도가 있었다. 성경에 의거한 창조설만이 절대적인 진실로 믿어져왔던 서양사회에 다윈의 진화론은 그야말로 충격적인 사건이었다. 진화론은 생물의 존재가 처음부터 고정된 것이 아니라 환경에 의해 진화되어 왔다는 이론은 신의 완벽성에 대한 도전이고 심지어 창조에 대한 부정적인 견해였기 때문이다.

　　일반적으로 진화론을 말할 때 원숭이가 사람으로 어떻게 진화할 수 있느냐고 하지만 실제 다윈이 쓴 글에는 이와 같은 내용은 없다. 진화과정에서 연결되어야 할 고리들이 아직 풀리지 않고 있는 것은 많이 있지

불자로 산다는 것

만, 같은 과의 생물들 가운데 진화한 흔적을 가지고 있는 것이 존재하기 때문에 진화론이 힘을 얻고 있는 것이다.

이에 반해 창조설은 일부 미국의 종교적 색채가 심한 곳을 중심으로 확산되고 있지만, 전세계적인 인정을 얻기에는 부족한 점이 많은 것이 사실이다. 기독교와 같은 유일신을 믿는 사람들로서는 그들의 종교에서 가르치는 내용이 절대 진리로 받아들일 수 있겠지만, 그러한 종교를 가지지 않은 사람에게는 맹신적 주장으로 생각될 뿐이다.

진화론이 특히 공격의 대상이 되는 까닭은 신의 전지전능한 지적 설계가 완벽한 것이 아니고, 나아가 생물체가 신의 작품이 아니라는 것이 밝혀지는 데 따른 두려움 때문이라고 할 수 있다. 한국의 교과서에서 진화론이 사라지는 것은 교육의 도태를 의미할 뿐만 아니라 미래의 세대를 위해서도 좋은 일은 아니다.

우리는 어떤 집단이 자신의 이익을 위해 역사의 왜곡이나 진실을 은폐하는 것을 종종 보아왔다. 중국의 동북공정이나 일본의 역사날조 못지않게 우리 내부에서도 많은 부분이 그러한 문제를 안고 있다. 특히 종교의 이름 아래 이루어지는 비이성적인 주장들은 사회 화합을 저해하는 요소를 안고 있다.

일반 불자들은 그동안 타종교인 특히 기독교 신자들과의 대화에서 세상의 창조 부분에 대해 곤혹스러운 입장에 놓여있는 경우가 더러 있었다. '세상은 누가 만들었는가?', '인간은 누가 창조했는가?' 등 성경을 믿는다는 전제를 두고 하는 질문이 그러하다. 이러한 문제는 조금만 신경

써서 불교교리를 공부해보면 아무런 어려움 없이 대답이 가능하다.

세상창조의 이론은 기독교뿐만 아니라 불교가 발생된 인도에서도 오래전에 있어왔던 것이다. 그러나 창조신의 존재에 대해 불교는 부정적일 뿐만 아니라, 신의 의지에 의해 세상이 움직인다고 하는 것에도 동의하지 않는다. 윤회나 업보와 같은 힌두교의 교리를 사용하고 있는 불교가 힌두교적 절대신은 인정하지 않는 것처럼 기독교의 유일신도 같은 맥락으로 이해하고 있는 것이다.

초기불교 경전인 『기세인본경(起世因本經)』에 의하면 원래 인간은 광음천(光陰天)에 살던 존재이다. 지구에 날아와서 흙의 맛을 보고 그것에 집착하게 되어 점차 땅에 정착하게 되었다는 것이다. 물론 이 이야기는 오래전 지어진 설에 불과하지만, 불교에서는 인류의 시작이 유일신의 창조설과는 아무런 관련이 없다는 것을 보여주고 있다.

실제 불교의 입장은 인류의 기원이나 창조 혹은 진화에 대해 크게 중요하게 여기지 않는다. 또한 인류의 종말이나 우주의 끝과 같은 것도 관심의 대상이 아니다. 초기경전에 의하면 부처님 제자 중 이러한 문제를 제기한 사람이 있었지만 부처님께서는 침묵하셨다. 부처님께서는 미래나 미지의 세계와 삶에 대한 관심보다는 당면한 인생의 문제를 푸는 것이 더 가치 있는 일이라 생각하셨다. 그러므로 이러한 문제의 답을 알고 계셨다 하더라도 제자들에게 말씀하지 않으신 것이다. 불교는 중생이 받는 고통을 제거하는 것에 더 중점을 두기 때문에, 이런 학문적이거나 과학적 과제에 대해서는 그 분야의 전문인들이 해결해야 할 일이라고 보는

불자로 산다는 것

것이다.

불교의 주된 가르침은 인간이 왜 고통을 받는지 원인을 알고, 그 고통을 해결하고 완전한 열반을 추구하고 성취하는 것이다. 그러므로 불교인은 창조나 진화에 대해 답을 꼭 해야 할 의무나 필요가 없다. 그러나 꼭 창조설이나 진화론 같은 논리를 주장해야 한다면 불교는 연기설(緣起說)이라고 할 수 있다. 연기설은 어떤 것에 인연되어진 것에 의해 결과가 일어나게 된다는 이론이다. 흔히 이것이 존재하므로 저것이 존재하고, 저것이 소멸하면 이것도 소멸하게 된다는 말로 요약된다. 연기는 조건이 형성되면 그 조건에 따라 어떤 것이라도 생성되거나 변화할 수 있다는 것으로, 여기에는 어떤 입장도 가능성을 열어놓고 있는 셈이다.

현대과학의 힘으로 남자가 아이를 낳는다든가, 한 개의 식물에서 여러 종류의 열매를 수확한다든가 하는 것도 결국 그러한 조건만 형성되면 얼마든지 가능한 것이다. 그러므로 이 역시 연기의 법칙이라 할 수 있다. 또 일례로 한 조각의 빵에 곰팡이나 벌레가 생기는 것도 습도와 온도, 공기 등의 조건에 의한 것으로 설명할 수 있으니, 조건이야말로 온갖 것을 존재하게 하고 사라지게 하는 요인이라고 말할 수 있다. 더 나아가 영화 속에서나 볼 수 있는 미래 사회의 로봇과 같은 인조인간이나 사람보다 영특한 슈퍼컴퓨터도 조건만 되면 존재할 수 있으니, 이 역시 연기법이라 할 수 있다.

뿐만 아니라 과거에 신의 영역이었다고 생각하던 생명에 관련된 부분도 조건의 법칙에 의해 얼마든지 발전되고 조절될 수 있으니, 연기야말로 어떤 이론보다 실제적이면서 현실적인 것이다. 과학이나 의학의 변천에 따라 수반되는 인류의 도덕이나 윤리의 문제 역시 조건에 따라 형성될 수 있으니, 어떻게 인간이 주어진 조건들을 지혜롭게 이용하는가가 그 관건인 것이다. 인연되어 일어나고 사라지는 것, 다시 말해 조건에 의해 생겨난 것은 조건에 의해 사라지게 되니 세상의 모든 것은 연기의 법칙으로 간단히 설명되는 것이 불교의 논지라고 할 수 있다.

세상에는 실제 생활이나 사람이 사는 데 필요하지 않은 논리들이 너무나 많다. 그런 것들이 상황에 따라 필요할 수도 있지만, 삶에 방해받는 요소들이라면 관심을 적게 가지는 것이 좋다. 번뇌가 적을수록 인생은 쾌적하다. 우리가 알 수 없었던 미지의 세계를 탐구하는 것은 인류의 미래를 위해 필요한 일이다. 그러나 영원히 풀리지 않고 도달하지도 못하는 것을 논한다는 것은 시간을 헛되이 보내는 일이다.

불교의 교리에도 공(空)과 유(有)에 대해 여러 의견으로 보냈던 시절이 있었다. 이러한 이익 없는 논리들에 대해 용수보살은 희론(戲論)이라고 정의한 바가 있다. 희론이란 요즘 표현으로 쓸데없는 소리 정도라는 뜻이다. 불자들은 삶에 이익 되지 않는 것에 유혹 당하지 않아야 하며, '닭이 먼저냐 계란이 먼저냐' 같은 논쟁에서도 벗어나 있어야 한다. 그리고 부처님 법과 관계없는 이론들, 즉 신의 존재, 종말론, 구원론 등 다른 종교에서 주장하는 것들에 대해 무심해지는 것이 좋다.

부처님께서는 "일체 존재하는 모든 법이란, 꿈과 같고 환상 같고 물거품 같고 그림자 같고 이슬과 같고 번갯불 같다."고 『금강경』에 말씀하셨다. 존재의 허망함과 가치 없음을 갈파하신 것이니 이처럼 세상을 보아야 한다. 나아가 부처님께서는 "법, 혹은 진리라는 것도 결국 버려야 할 것인데 하물며 그렇지 않은 것이겠는가?" 하고 말씀하셨다. 이것만이 최상이고 진리라는 집착도 없애야 하는 것이라는 뜻이라고 볼 수 있다.

학교에서 진화론이든 창조설이든 교육은 할 수 있되, 과학적이고 합리적인 사고를 할 수 있는 열린 교육이 중요하다. 어떤 학설이나 이데올로기에만 천착되지 않고 유연하면서, 인류의 이익과 번영을 가져오는 그런 공부야말로 지금 당장 필요하다. 인류의 가장 중요한 숙제는 행복이기 때문이다.

우상숭배에 대한 바른 인식

　　대만을 여행하다보면 도시나 시골 곳곳에 작은 사당들이 있는 것을 볼 수 있다. 이 사당들은 토지신이나 뱃사람을 지켜준다는 마조를 모신 사당이다. 대체로 그 마을 사람들이 십시일반으로 돈을 보태어 지은 것들이다. 뿐만 아니라 집안이나 가게에도 작은 단을 만들어 관세음보살이나 마조, 혹은 관운장을 모시고 있는 경우가 많다. 일본에도 거의 집집마다 불단을 만들어 부처님과 함께 일본 전통의 신들을 모시고 있는 것을 흔히 볼 수 있다.

　　이처럼 섬이나 바다가 가까운 고장에서는 예로부터 부처님과 신을 모시는 풍속이 성행하였으며 지금도 마찬가지이다. 그러나 인도처럼 대

　　　　　　불자로 산다는 것

류인 곳에서도 곳곳마다 신전이 있고 태국에서도 길거리마다 간이 불단이 모셔져 있는 것을 보면, 꼭 바다와 가까워야 이런 풍속이 유행하는 것은 아니라는 것을 알 수 있다.

청나라 이전의 중국대륙에도 곳곳에 토지공을 비롯한 민간신앙의 신들을 모신 묘당과 관운장을 모신 사당들이 있어 매우 성행하였다. 100년 전의 한국에도 마을 어귀에는 반드시 성황당이나 신목이 있었고, 길 위나 들판에 미륵불을 모신 곳이 비일비재하였다. 규모가 큰 집안에는 조상을 섬기는 사당을 만들어 아침마다 문안인사를 하였으며, 서민들은 조그만 신단을 만들어 쌀을 올려놓는 풍속이 있었다.

우리나라 사람 가운데 기독교를 믿는 일부 사람들은 언젠가부터 아주 오래전부터 내려오던 민간신앙을 미신이라는 이름 아래 철저하게 무시하고 미개한 행위로 간주하고 있다. 조상들이 고된 마음을 의지하고 소박한 정성을 바쳐오던 신앙을 외국에서 온 신앙의 잣대로 재어 바른 믿음이 아니라고 성토하고 있는 것이다.

한국민족의 시조인 단군상의 목을 자르는가 하면, 불교조차 미신으로 간주하고 타도해야 할 대상으로 여겨 불상이나 성물에 낙서하고 훼손하는 상황까지 발생하고 있다. 그들이 타종교의 숭배대상을 파손하려 하는 것은 바로 '우상을 숭배하지 말라'는 그들 교주의 가르침에 의한 것이다. 그들의 책에 나오는 우상은 원래 소의 모습을 의미하는데, 이것은 당시 사람들이 신을 대신하여 소를 숭배함으로써 이러한 가르침이 나온 것이다.

우상을 숭배하지 말라는 가르침 때문에 지금도 유대교의 회당(시나

곡)에서는 신의 모습을 비롯한 사람의 형상이 없다. 유대인과 뿌리를 같이하고 있는 이슬람교의 모스크에서도 인간에서 동물까지 어떠한 종류의 형상도 찾아볼 수 없다. 다만 그들의 성전을 장식하고 있는 것은 문자나 식물, 또는 기하학의 무늬가 전부이다.

인간은 오래전부터 자신이 존경하는 인물이나 좋아하는 동물 혹은 상상의 존재까지 조각하거나 그림을 그려 가까이 두려는 본능이 있다. 이러한 형상들은 때로는 토템의 상징으로 사용되었고 숭배나 기념으로도 그 사회에 공헌하는 기능이 있었다. 우상은 이러한 여러 가지 광범위한 형상을 말하는데, 이것은 문명의 발상지에 공통적으로 존재하는 현상이다.

특히 고대 그리스에는 정치가나 철학자, 예술가 등의 우상을 시내 곳곳에 설치하였으며, 로마와 유럽을 거쳐 신생국인 미국에 이르기까지 그 전통이 이어지고 있다. 이들 우상에 직접 제사를 지내는 숭배행위는 하지 않았지만 그들은 위인들의 우상을 통해 정신을 기르고 존경의 뜻을 표현하였던 것이다. 기독교에서 형상을 만들어 놓고 기도하는 대상인 예수도 그가 신인가 인간인가에 대한 논쟁을 거듭하다가 니케아 공회에서 신으로 결정한 것이니, 결국 인간의 판단에 의해 신으로 격상된 것이다. 예수가 신으로 결정된 후 그의 모습을 상상하여 많은 조각과 그림이 그려졌으며, 그러한 형상이 없는 곳에서는 그가 죽을 때의 모습을 연상할 수 있는 십자의 형틀이라도 걸어놓고 숭배하고 있다.

불교는 본래 제례를 중시하는 종교가 아니다. 불교에서는 이 세상을 창조하였다는 범천신을 예배하지 않을 뿐만 아니라, 도리어 그에게서 예배와 공양을 받는다. 부처님께서는 신의 의지에 의해 세상이나 인생이 결정된다는 것을 인정하지 않으셨다. 불자가 부처님께 귀의하는 것은 깨달음을 얻기 위해 스승을 모신다는 의미가 있으며 신을 믿는 것과는 다르다.

불교에서도 부처님 형상을 모시고 예배를 드리니 타종교에서 볼 때 우상을 숭배하는 것처럼 느낄 수 있다. 부처님의 형상은 부처님께서 열반에 드신 후 서기 1~2세기 전후에 만들어지기 시작했다. 그 전에는 부처님의 모습을 인간들의 상상으로 조각한다는 것을 어렵게 여기어 보리수나 법륜, 금강보좌 등으로 부처님을 대신하여 표현하였다. 그러나 세월이 갈수록 부처님에 대한 존경심이 날로 더하여, 마침내 현재 우리가 보는 부처님의 모습으로 조각하고 그림을 그려 예배의 대상으로 삼은 것이다. 경전에는 부처님 생존 당시에 우전왕이 당시의 뛰어난 조각가인 미슈갈마에게 부처님 모습을 조성하라고 하여, 부처님이 그 나라에 계시지 않는 동안 그 조각을 향해 예배 공양했다는 기록이 있다.

옛 사람들은 불상을 조성하면서 부처님의 자비로운 모습과 원만한 덕성, 그리고 끝없이 지혜로운 상호를 나타내려고 노력하였다. 이러한 부처님의 모습은 모든 중생의 본래 청정한 마음과 우리가 갖추고 있는 복덕을 표현하여 형상화한 것이다. 그러므로 불상을 향해 예배하는 것은 모든 생명의 근원에 존경심을 보이는 것이며, 자신에게 본래 구현되어 있는 부처에게 예경하는 것이다.

다시 말해 지금 우리의 모습은 범부로서 업(業)과 연(緣)에 따라 여러 가지 형상으로 태어났지만, 본래로 오염되지 않은 자신의 성품은 저

거룩한 부처의 모습과 조금도 다름없으니 결국 자기 자신을 향해 존경하는 일이다. 우리가 불상을 모셔놓고 예배하는 참뜻은 부처님의 형상을 통해 우주의 실상과 진리를 가르쳐주신 부처님께 감사하고, 스스로는 점점 부처님을 닮아가는 공부를 하는 것이다.

서양의 지성들은 자신들이 그간 믿어왔던 신의 존재에 대해 도리어 우상숭배로 생각하여 점차 버리고 있는 실정이다. 그들은 인간이 지은 선악과는 관계없이 신의 판단에 따라 현재와 미래가 결정되고 끝없는 종속의 사슬만 있는 삶의 형태를 벗어버리려고 노력하고 있다. 아울러 비상식적이고 비이성적인 일이라도 신의 말이기 때문에 믿고 따라야 한다는 편집적인 생각에서도 탈피를 시도하고 있다.

불교에서 보는 우상숭배는 탐욕과 성냄과 어리석음을 떠나지 않으려는 것이고, 망상과 분별과 집착을 놓지 않으려는 것을 의미한다. 중생들이 가지고 있는 이런 병과 마음의 우상을 안타까워하신 부처님께서는 『열반경』에서 다음과 같은 말씀을 하셨다.

"만약 내가 중생의 여러 잘못된 마음을 깨뜨려 줄 수만 있다면, 내가 아비지옥에 늘 있으면서 한량없는 세월에 걸쳐 중생 때문에 큰 고뇌를 받게 된다 해도 고통으로 여기지 않으리라."

부처님께서는 사람들이 일상적인 소박한 기원을 담고 천신에게 예배드리는 것이나 관습적으로 내려오는 사방허공을 향해 절하는 행위 등에 대해 관대하게 보셨다. 『육방예경』과 같은 경전에서는 오히려 어떻게 해야 바르게 예배하는 것인가에 대해 설명하고 있을 정도로 민간신앙을 존중하셨던 것이다. 중생들의 근기가 천차만별이어서 어떤 사람은 복과 재물을 주는 신을 좋아하고 어떤 사람은 심판을 내리는 신을 좋아하며 어떤 사람은 산이나 물의 신을 좋아하고 어떤 사람은 중음신을 좋아한다. 부처님께서 모든 중생이 좋아하는 바에 따라 설법하시는 것도 사람들이 점차적으로 무지를 벗어나도록 하려는 깊은 배려가 있는 것이다.

사람도 인격이 훌륭해지면 타인을 칭찬하고 조건 없이 이웃을 널리 사랑하게 된다. 하물며 신의 신분으로 다른 신을 질투한다면 신들 가운데 가장 정신수준이 낮은 신일 것이다. 진정한 우상숭배의 타파는 외적인 형상을 부수는 것이 아니라 자신의 마음속 어리석음을 없애는 것이다. 우리 불자들은 이교도들이 불교를 비방하는 말을 들을 때마다 마음속으로 『보장경』에 있는 다음과 같은 말씀을 기억해야 한다.

"원한 없는 가르침을 부처님의 가르침이라 한다. 다툼 없는 가르침을 부처님의 가르침이라 한다. 비방 없는 가르침을 부처님의 가르침이라 한다."

시대를 담은 불교문화재

　　　　　　　　부처님이 계실 때 스님들 개인의 재산
은 옷 세 벌과 발우 한 벌이 대부분이었다. 거처하는 곳은 무덤이나 나무
아래에서 지내거나, 집에서 지낸다 하더라도 간단하게 지은 아란야나 동
굴 혹은 많은 대중이 함께 머무는 정사(精舍)였다. 스님들의 일상이 우기
에 안거하고 나머지 때에는 이리저리 유행을 다니며 수행하는 것이 전부
였으므로, 특별히 자신의 물건을 놓아둘 고정된 장소도 없었다.
　　일반적으로 스님이 입적하면 화장할 뿐 특별한 기념물은 남기지 않
았지만, 교단에 큰 영향을 끼친 스님은 사리탑을 제작하여 화장한 재를
모시기도 하였다. 이런 전통 아래 초기불교의 문화재라면 사리탑 정도라

고 할 만큼, 불교도들은 유형의 유산을 남기는 것에 대해 크게 의미를 부여하지 않았다.

또 스님들이 모인 공동체를 승지(僧地)라고 불렀는데 이곳에서는 부처님을 신앙하는 것보다 수행만 전념하였다. 부처님의 탑을 모시고 예배 공양이 되었던 곳은 불지(佛地)라고 하여 재가제자들이 관리하였다. 불지는 신앙의 장소인 만큼 예술적 가치를 지닌 조각과 종교적인 의식이 발전되었다.

종교문화재가 많다는 것은 그만큼 그 종교가 제례를 위한 형식이 번다했다는 증거이다. 크고 화려한 건축물과 예배대상의 그림과 조각, 그리고 각종 의례를 위한 장엄도구와 의복, 무형으로 전하는 음악과 춤, 행사의식 등이 그러한 것을 말해주고 있다. 불교는 본래 제례를 중시하는 종교는 아니지만 중국에 넘어온 불교는 도교나 유교 등의 중국적 영향으로 의식이 발전하게 되었고, 우리나라 불교에도 크나큰 영향을 끼치게 되었다.

우리나라의 문화재 가운데 반수가 넘는 문화재가 불교와 관련이 있다. 불교문화재는 긴 역사 동안 온갖 풍상을 겪었다. 특히 유교가 성행한 조선조에는 수많은 불교 문화재들이 편견과 무지로 인하여 사라져갔다. 예컨대 한국을 대표해서 세계에 내놓을 만한 불교예술품으로 고려불화를 꼽을 수 있는데, 불행히도 고려불화는 한국에 많이 남아 있지 않다. 흔히 일본이 약탈해간 탓으로 돌리는 일이 있지만, 오히려 우리나라에 남아있던 것도 보존에 힘쓰지 않아서 사라진 것도 많을 것이다.

불과 100년 전만 하더라도 불상이나 탱화가 오래되어 새 것으로 교체할 때 옛 불상과 탱화는 묻어버리거나 태우는 일이 비일비재하였다. 성물이 파손되었을 때는 땅에 묻거나 태우는 법이 예로부터 전해져온 방법이지만, 보존할 만한 가치가 있는 것조차 방치하거나 없애버린 것이 허다하다.

한국불교의 대표적인 성보인 석굴암 불상은 신라 때 조성한 이후 스님들이 기거하면서 끊임없이 향화(香火)를 받들어 이어왔다고 하는데, 일제강점기 때 찍은 사진을 보면 그 보존 상태는 심각하기 짝이 없다. 이처럼 훌륭한 석굴암 불상마저 이러한 상황인데 다른 군소 사찰의 성보문화재 보호는 재론할 필요를 느끼지 않을 만큼 열악한 상태였다는 것을 알 수 있다.

우리나라의 문화재 보호에 대한 인식은 영국이나 프랑스, 혹은 일본에 비해 많은 차이가 있다. 우리 민족만의 정체성이 느껴지는 민화나 불화도 다른 나라에서 주목하고 난 뒤에 겨우 관심을 가졌다. 조선에서 만든 찻사발도 일본에서 먼저 그 아름다움을 알고 400여 년을 사용하며 다도가 퍼지게 되니, 우리나라에서는 해방 이후에나 찻사발에 대한 붐이 일어나게 되었다.

전국의 산하에 산재되어 있는 크고 작은 옛 사찰의 보수나 유지를 위해 국민의 세금이 사용된다. 또 대부분의 큰 고찰들은 관람료를 징수하며 사찰을 운영해 나가기도 한다. 불자 이외의 시민이 사찰은 찾는 것은 불교의 매력이 아니라 바로 문화재가 그곳에 있기 때문이다.

불자로 산다는 것

문화재의 보존은 최대한 원래의 모습을 유지시켜 나가는 데 핵심이 있다. 따라서 문화재가 있는 절에서 흔히 하는 복원불사라는 것도 원형을 제대로 재현해야 가치가 있다. 섬세하기 짝이 없는 일본의 복원기술이나, 무조건적인 복원을 지양하고 폐허가 된 그 자리마저 철저히 관리하는 유럽의 문화재 보호방식은 많은 문화유산을 가진 우리가 귀감으로 삼을 필요가 있다.

사찰의 전각 배치는 시각적 아름다움은 물론 불교의 교리와 아울러 풍수적 이로움도 함께 지니고 있다. 그러나 불사라는 명목으로 옛 건물들 주위로 너무 큰 건물을 지어 조화를 깨거나 어설픈 구조물을 설치한 것들은 문화재를 망치는 행위일 뿐이다. 스페인의 빌바오는 오래된 도시를 보호하기 위해 강을 사이에 두고 신도시를 만들었다. 오랜 도시는 몇 백년의 역사를 그대로 느낄 수 있도록 옛 모습 그대로 보존하고 있으며, 신도시는 현대인의 삶에 적합한 모든 편리성을 갖추고 있다. 오랜 도시에 사는 사람들은 불편하지만 옛 도시 모습을 그대로 보존한다는 점에 큰 자부심을 느끼며 살고 있다.

사찰은 문화재를 관람하는 곳이기에 앞서 수행자들이 수행하며 사는 곳이다. 따라서 수행자들의 필요에 맞게 개조하는 것은 자연스러운 일이다. 그러나 편리함만을 내세워 문화재가 가진 가치에 손상을 입히는 것은 안 된다. 사찰문화재는 옛 스님들이 피땀으로 일구어낸 유산인 동시에 미래의 수행자에게 물려줄 자산이기 때문이다.

문화재는 특정 시대의 산물이다. 고려시대는 고려의 향기가 서려 있는 문화재를 만들었고, 조선시대는 조선만의 특성이 배어 있는 문화재를 만들었다. 시대의 정신과 정서가 배어있는 불교문화재를 만드는 것은 현대를 사는 우리에게 주어진 몫이다. 옛 사찰이 당시의 문화수준을 보여주듯 지금의 사찰은 오늘의 문화를 담아야 한다. 새로운 절을 지을 때는 고려나 조선 사찰을 모방하기보다 현대적 기능과 아름다움을 살려야 한다. 그것은 우리가 전법할 대상인 사람들이 과거와는 다른 교육과 환경에서 살고 있기 때문이다.

성현도 중생의 근기에 맞추어 출현한다는 말이 있는 것처럼 사찰의 문화 역시 자신이 살고 있는 시대에 초점을 맞추는 것이 당연한 일이다. 문화가 변하였다고 부처님 가르침이나 스님들의 수행이 변하지는 않는다. 이러한 불교의 정체성은 현대인에게 귀의처와 함께 더욱 뛰어난 문화예술을 창조할 근거를 마련해 줄 수 있다.

선(禪)이 중국 송나라 예술 전반에 큰 영향을 끼치고, 일본 오산(五山)문화를 열 수 있었던 계기가 된 것처럼 불교는 시대를 주도할 잠재성이 얼마든지 있다. 늘 깨어 있으라는 말은 정신에만 해당되는 것이 아니라, 우리를 둘러싸고 있는 모든 것에 대한 관심을 의미하는 것일 수도 있다.

신라의 불상이나 고려의 불화가 훌륭한 것은 장인의 정신이 투철한 점도 있지만, 무엇보다도 불사를 지휘하는 당시의 스님들의 안목과 식견이 뛰어났기 때문이다. 미래의 불교를 준비하는 우리에게 불사는 어떻게 해야 한다는 것을 알려주는 살아있는 교과서가 곧 문화재이다. 빠른 시일에 가시적인 효과를 위해 하는 불사는 결국 한계점과 졸속성을 면하지 못한다. 문화재 가운데서도 후대까지 찬사와 영향을 주는 명작이 있고 그렇지 않은 것이 있다. 지금 명작이라고 평가받는 문화재는 만든 당시에도 뛰어난 작품이었다.

500년 동안 계속해서 성당을 짓는 스페인처럼 한국에서도 100년을 계획하여 최고의 예술과 디자인을 갖춘 성당을 만드는 일이 진행되고 있다. 이처럼 정성들인 것들이 결국 미래의 문화재가 될 것이고 우리시대를 대표하는 사적지로 남을 것이다. 여기저기서 많은 불사가 추진되는 요즘 불자가 수행하고 기도하는 도량을 극락처럼 훌륭하게 장엄하는 것은 곧 부처님과 중생에게 공양하는 일이기도 하다.

교리와 수행을 겸하는 공부

　　　　　교육에 대한 문제는 지금뿐만 아니라 조계종이 출발할 때부터 관심을 가져온 대상이다. 조계종은 도제양성, 역경, 포교를 종단의 3대 과제로 설정하고 지금까지 노력을 기울여 왔다. 역경과 포교는 인재가 있어야 할 수 있는 사업이다. 그러므로 도제양성이 무엇보다 중요하다. 불교에서 말하는 도제양성이란 사회적 기준의 학력이나 학위를 갖춘 사람이 아니라 불교의 목적에 적합한 사람을 길러내는 것이다.

　　불교의 목적에 적합한 사람이란 보살심(菩薩心)을 갖춘 인격자를 의미한다. 보살심을 갖춘다는 것은 보리와 자비를 길러 나가는 것이다. 이것을 기르기 위해서는 널리 베푸는 마음, 좋고 알맞은 말을 하는 것, 중생의 일을 이해하는 것, 배려하는 마음을 가지고 육바라밀을 수행해 나가야 한다. 이러한 수행을 통하여 원만한 인격을 배양하게 되고 모든 중생에게 이익을 베풀 수 있다. 이처럼 불교의 교육목표는 스스로에게는 고매한 성품을 갖게 하고 대중에게는 자비와 덕행을 나누어 주어야 하는 것이다.

교육에 있어 두 가지 중요한 일이 있다. 즉 교육의 목표와 방법이다. 우리나라 출가수행자들이 받는 교육은 그 목표는 뚜렷하지만 그 방법에 있어서는 아직까지도 제대로 정립된 것이 없는 실정이다. 전통교육방식은 한문 위주로 된 중국스님들의 참선에 관한 서적들과 대승경전이며, 현대교육방식은 기존의 대학교육 방식을 빌어 한글로 된 경전들과 부교재, 그리고 각종 논문을 참고서로 배우고 있다.

전통교육의 장점은 예불, 공양, 운력, 소임 등을 통해 절집의 전통과 승려의 삶을 몸으로 배운다는 점이다. 현대교육방식의 장점은 여러 명의 교수들에게 다양한 주제를 배우며 지속적인 리포트 작성을 통해 글쓰기를 향상시키는 것이다. 이 두 가지 방법은 전통강원과 승가대학을 통해 그 학습효과를 경험하고 있으며 상호 보완되어야 할 점이 뚜렷이 제시되어 있다.

그러나 한 발 깊이 들어가 생각해 보면, 한국불교 교육문제의 가장 큰 난제는 목표나 방법이 아닌 바로 승가 내부에 있다. 현재 출가자의 연령은 평균 40세 전후이며 출가 희망자도 해마다 줄어들고 있다. 부처님께서 허락하신 출가할 수 있는 연령은 적게는 7세부터 많게는 70세까지이다. 7세 어린이라도 까마귀를 쫓을 수 있을 만큼 사찰에서 자신의 몫을 할 수 있을 때 출가를 허락하고, 70세 노인이라도 타인의 도움 없이 움직이고 수행할 수 있으면 출가가 가능하다. 그러나 나이에 관계없이 평생 지병이나 전염병, 또는 타인의 도움이 있어야 움직일 수 있는 사람은 출가할 수 없다. 현재 조계종에서는 고등학교 졸업 이상이 되어야만 출가할 수 있고 제한 연령은 50세까지이다.

오늘날 한국불교 교육은 출가하면 전통강원이나 승가대학에서 4년간 공부한다. 졸업하고 더 공부하기를 원한다면, 구족계를 받고난 뒤 율원에서 2년간 혹은 승가대학원에서 3년간 공부할 수 있다. 율원을 졸업한 사람은 율원 연구생으로 3년을 수학할 수 있다. 4년의 강원이나 승가대학은 의무교육이지만 나머지는 본인들의 의사에 따라 진학하지 않아도 무방하다.

대체로 나이가 많이 들어 출가한 사람들은 의무교육만 마치면 율장이나 경장을 연찬하려고 하지 않고, 바로 선원으로 가거나 은사스님을 돕는다는 명목 아래 개인사찰의 총무나 부전과 같은 소임을 사는 경우가 많다. 또 상급교육기관으로 옮겨서 공부하지 않아도 구족계 받은 지 5년 이상이면 주지발령을 비롯한 종무행정 등 자격이 인정되기 때문에, 구태여 힘들게 할 필요가 없다는 생각이 팽배해져 있다. 공부도 습관이기 때문에 사회에서 공부하기 싫어하는 사람은 절에 와서도 마찬가지이다.

출가자에게는 두 가지 의무가 있다. 수행과 교화가 그것이다. 수행이란 법과 같이[如法], 율과 같이[如律], 부처님 가르침과 같이[如佛所敎] 하는 것이고, 교화는 공양을 받으면 설법을 해주라는 가르침에 의한 것이다. 승가교육의 내용은 위의 두 가지 의무를 체득하게 하고 이행할 수 있는 능력을 갖추는 데 있다.

부처님 당시에도 출가하여 구족계를 받으면 의무적으로 계율을 5년간 배워야 하며, 10년이 될 때까지 유행은 하되 반드시 의지사를 두어 필요한 공부를 계속하였다. 이로 미루어 본다면 불교초기의 출가자도 기본으로 10년을 배워야 하는데, 2,500여 년 동안 교리와 역사가 발달해 온 것만 따져도 현대에는 더 많은 것을 배우지 않으면 안 된다. 더욱이 재가인의 평균 교육수준이 과거에 비교하지 못할 만큼 높아져 있다는 것을 감안한다면 질 높은 교육이 더욱 요구된다고 할 수 있다.

현대 승가교육의 시스템은 사회교육제도와 흡사하다. 사회교육제도는 대학 4년, 석사·박사과정 각 2~3년으로 그 대상은 대체로 19세에서 30세 미만이다. 그런데 요즘 출가하는 사람의 평균 연령이 40세 전후로 학습 능력이 20대만 못하므로 사회일반 교육방식을 따르는 것은 큰 효과를 내기 어렵다. 그 연령대 출가자들의 세속 학력이나 사회인으로 있었을 때 무슨 일을 했는가도 그들이 출가하고 난 뒤의 학업의욕이나 성취도에 영향을 미친다.

불교의 교리와 경전은 타종교에 비해 어렵고 그 양이 방대하다. 그러므로 티벳 같은 곳에서는 어릴 때 출가하여 거의 학습에만 20여 년을 보낸다. 이에 비해 4년 기본교육만 마치고 선방에 가는 것이 대부분인 우리나라의 풍토는 한번쯤 생각해 봐야 한다. 우리에게는 절대적인 공부 방식인 선(禪)이 티벳에서는 왜 성행하지 않을까? 그 이유는 중국의 마하연 선사가 인도승려 카말라실라와의 문답에서 굴복하였기 때문이다. 서양에도 티벳불교보다 선이 먼저 소개되었으나, 지금 티벳식 불교가 더 많이 보급된 것은 그 수행과 학습체계가 점차적이며 실제적이기도 한 이유에서이다.

부처님 당시에 늦게 출가한 사람에게 경전을 익히지 않고 곧바로 수행에 들어갈 수 있도록 배려한 일이 있다. 이것은 부처님이 계시어 그 사람의 근기를 알아 과위를 얻게 했기 때문에 가능한 일이다. 만약 오늘날에도 이와 같이 사람의 근기를 알아보고 깨달음을 얻게 지도해주는 선지식이 있다면 교육의 문제를 왜 걱정하겠는가?

결론적으로 선원이든 또 다른 교육기관이든 부처님의 가르침에 충실한 자비로운 인격을 가진 수행자를 배출하는 것이 목적이다. 어느 시대 어느 나라 어떤 형식의 불교라도 만고불변의 수행기준이 되는 것은 경율론 삼장을 익히고, 계정혜 삼학으로서 탐진치 삼독을 없애는 것이다. 아무리 오래 경율을 배웠다 하더라도 행위가 바르지 않으면 그의 수행에는 아무런 이익이 없으며, 아무리 오래 참선했다 하더라도 부처님의 법을 설파하지 못하고 중생에게 이익을 줄 수 없다면 그 참선이 무슨 소용이 있겠는가?

필자는 출가자의 기본 교육연한을 10년으로 하되 교리와 수행을 겸하는 공부가 바람직하다고 생각한다. 예컨대 경학으로 아함을 배울 때는 수식관과 위빠사나 수행을 체험해보고, 어록을 배울 때는 간화선을 닦는 시간을 가지며, 『화엄경』을 배울 때는 보현행원을 직접 해보는 등의 교학과 실제수행을 아우르는 공부법을 채택하는 것이다. 염불이나 기도 역시 그에 알맞은 경전을 배우면서 실행할 수 있는데, 이처럼 하게 되면 어느 한쪽만 고집하는 병폐도 사라지게 될 것이다.

불교는 자신 스스로 닦아 나아가는 종교이기 때문에, 일생동안 끊임없이 수행해야 하는 점이 타력신앙 위주인 다른 종교와는 다르다. 물론 다른 종교에서도 기도와 봉사를 하며 일생을 통하여 노력해야 하지만, 궁극에 가서 그들의 운명은 오로지 신이 결정할 뿐이다. 우리는 노력의 여하에 따라 부처님과 같은 대인격자가 될 것을 믿고 이러한 인격이 많아질수록 우리가 사는 세상이 좋아진다는 것을 잊지 말아야 한다. 불교는 바로 우리 스스로를 구하는 종교이기 때문에 그 바탕이 되는 교육은 더욱 신중하고 깊이가 있어야 할 것이다.

마음을 맑히는 불교음악

　　　　　　　종교와 음악과의 관계는 비유하면 물
과 물고기와의 관계와도 같다. 세계 모든 종교에는 나름대로의 제례가 있
으며 제례에는 반드시 음악이 쓰인다. 어떤 종교에서는 비록 악기를 사용
하지 않는다 하더라도 운율이 섞인 낭송을 하거나 일정한 형태의 리듬을
가지고 기도를 하기도 한다. 여러 종교의 경전들 가운데 음악에 대한 것
이 가장 많이 등장하는 것이 불교의 경전이다. 불국토에는 갖가지 음악으
로 가득 차 있고 부처님께서 설법을 마치셔도 하늘에서 음악으로 공양하
는 등 경전 속에는 장엄과 찬탄을 음악으로 나타낸 것이 허다하다.

　　그런데 오히려 사찰에서는 목탁이나 요령, 사물 등 의식용 타악기들

을 제외하면 지극히 비음악적인 분위기이다. 불교에서 음악을 연주하거나 보고 듣는 것을 권장하지 않는 가장 큰 이유는 음악에는 감정을 움직이게 하는 요인이 풍부하기 때문이다. 2,500여 년 전 부처님 당시의 음악은 지금과 같은 여러 장르의 음악이 없었고, 주로 의전이나 연회용 음악이거나 혹은 민중의 흥취가 담긴 세속적 음악이었을 것이다. 지금 전해져오는 인도의 고전음악이나 무용에 관능적인 면이 많은 것을 보면 당시의 음악을 유추하여 생각해 볼 수 있다. 이런 음악이 수행하는 데는 별로 도움이 되지 않고 도리어 감정에 끄달리게 하기 때문에 금했던 것은 당연한 일이다.

요즈음 사찰에서도 합창단을 만들거나 산사음악회를 여는 등 어느 때보다 음악활동이 활발하다. 사람들의 근기에 맞추어 불교도 변화하고 있는 현상같이 보이지만, 실은 사찰 내에서 음악활동은 그 역사가 매우 오래되었다. 음악을 전혀 사용하지 않는 남방의 상좌부불교에서도 경문을 암송할 때는 곡조가 있는 것으로 보아 그 전통이 오래된 것을 알 수 있고, 북방의 대승불교권은 뛰어난 수준의 음악을 갖추고 있다.

옛날 스님들은 '성명(聲明)'이라는 것을 반드시 배워야 하는 과목으로 여겼다. 이것은 일종의 음운학(音韻學)으로서 인도에서 시작되어 중국을 거쳐 일본에까지 전해졌다. 이러한 것으로 미루어 볼 때, 스님들이 경전 내용이나 부처님에 대한 찬탄을 노래로 불러왔던 것은 즉흥성이 아니라 치밀한 연구와 훈련을 거쳤다는 것을 알 수 있다.

대승불교권 가운데서도 티벳의 불교음악은 여러 종류의 악기를 사용하고 여기에 화려한 의상과 무용이 곁들어져서 독특한 분위기를 연출한다. 우리나라에는 범패가 불교의 전통음악으로 자리잡고 있는데, 이것은 신라의 진감 국사가 중국에서 들여온 것이다. 범패는 불교적 내용을 담은 가사와 여러 종류의 타악기, 지화(紙花)나 바라를 이용한 무용이 어우러져 그야말로 악(樂), 가(歌), 무(舞)를 겸하고 있다. 일본에서는 아직도 고대 중국이나 백제의 불교음악 색채가 남아있는 음악이 전승되고 있어, 편린이나마 당시의 우아했던 모습을 떠올릴 수 있다.

범패는 삼국지에 등장하는 조조의 아들인 조식이 처음 만들었다고 한다. 한국에 전래된 범패는 중국과 다르게 변하였는데, 특히 고려조에 와서는 다양한 불교의식이 베풀어지고 이에 따라 범패음악도 크게 발전하였다. 아울러 고려의 사원에서 팔관회와 연등회 같은 행사를 할 때는 국민적인 관심을 기울였는데, 음악과 연극, 메스게임 같은 것을 공연하여 종교의식을 하면서도 문화적인 충족감을 함께 가질 수 있게 하였다. 조선에서의 범패는 겨우 천도의식 등을 위주로 명맥을 유지하게 되는데, 일제강점기 이후 정화를 거쳐 선을 종지로 한 조계종이 탄생되면서 소강상태에 있었다. 그러나 문화적 중요성이 강조되고 있는 지금 조계종에서도 범패가 가지고 있는 전통과 가치를 새롭게 인식하여 계승발전을 꾀하고 있다.

성현을 찬탄, 공양하는 데는 여러 가지 방법이 있다. 그 가운데 음악공양은 고대 인도에서부터 행해오던 방법이다. 우리나라 사찰에서도 다양한 음악으로 부처님을 공양하고 있는데, 크게 전통적인 범패와 현대적인 노래형식으로 나눌 수 있다. 재가신도들의 법회에는 기본적인 의례인 삼귀의나 사홍서원이 노래를 하면서 진행되고, 그 밖의 여러 찬탄의 곡은 합창단이 주로 부르게 된다.

찬불가는 불교의 대중화와 현대화라는 명목 아래 교회의 찬송가를 벤치마킹한 것으로 불교 입장에서는 필요한 일이었다. 그러나 불교가 찬송가를 모방하려 힘쓰는 동안, 천주교의 일각에서는 우리 국악을 미사전례에 사용하는 역발상을 하여 민족정서의 계승과 천주교의 빠른 한국화에 도움을 주고 있다.

종교음악은 경건함과 장엄미를 갖추어야 그 목적에 알맞은 효과를 거둘 수 있다. 같은 서양종교음악이라도 파이프 오르간이 위주가 된 유럽의 종교음악과 피아노를 주로 사용하는 미국의 종교음악은 느낌이 많이 다르다. 불교가 어차피 서양종교처럼 찬불가를 부르면서 의식을 진행해야 한다면 음악의 수준을 높여야 할 필요가 있다.

새로 짓는 현대식 사찰에는 피아노는 물론이거니와 나아가 파이프 오르간을 설치하고 작은 오케스트라도 형성해, 다양한 음악활동이 펼쳐지는 공간으로서 미래의 음악가들이 사찰에서 배출되도록 종교활동과 음악실행이 어우러지는 장소가 되어야 한다. 또 의식에 따라 범패를 위주로 하기도 하고 국악을 사용하기도 하는 등 불교가 좀 더 폭넓은 관심으로 음악에 다가가야 한다. 물론 이러한 사찰은 포교를 전문으로 하는 도심사찰의 경우이며 산중의 전통사찰은 전통 그대로 고요함을 잘 지키는 것이 좋다.

불교의 가장 큰 특징은 어떠한 이치[理]나 일[事]도 잘 거두어[攝] 융화되게 하는 것이다. 불법 가운데는 중생을 불법의 바다에 이끌어 들이게 하기 위하여 제시된 사섭법(四攝法)이라는 훌륭한 제도가 있다. 중생의 근기로는 그들이 좋아하는 것에 먼저 관심을 보이기 때문에 방편의 선택은 불가결한 일이기 때문이다.

중생과 함께 불도를 성취하기 위해 음악은 큰 방편의 힘을 발휘할 수 있다. 단지 즐거움만 취하기 위해 음악을 연주하거나 듣는다면 수행의 목적에 크게 어긋나는 것이다. 불자들에게 있어 음악은 성품을 닦고 마음을 밝히는 도구로서, 중생과 동사섭(同事攝) 하기 위한 보살의 원력이 되어야 한다.

옛 사람들의 말에 성인도 시대를 따라 출현한다고 한 것처럼, 음악이 필요한 시대에는 음악이 훌륭한 교화의 도구가 될 수 있다. 지금처럼 정신에 도움이 되는 명상음악과 동서양의 고전음악들도 널리 보급되어 있는 시대에, 부처님이 생존하셨던 당시의 음악상황과 동일시하여 음악을 배척한다면 불교의 활동은 더욱 위축될 수밖에 없다. 교화의 방법에 있어 도구가 문제가 아니라, 사람이 어떻게 그 도구를 효율적으로 사용하느냐가 핵심이라는 것을 상기해야 한다.

"현자(賢者)는 세상의 일을 모두 알고 있어서 온갖 활동에 미혹함이 없다."라는 『출요경(出曜經)』 말씀이나, "보살은 늘 기예, 기술, 음악 등을 모두 익혀야 한다."라는 『대방편불보은경(大方便佛報恩經)』 말씀은 음악과 같은 세상일에 대하여 대승보살도를 닦는 사람이 어떤 태도를 취해야 하는가를 가르쳐주고 있다.

戒

계
를
스
승
으
로
삼
으
라

         고구려 때 받아들였던 불교는 통일신라를 거쳐 고려에 이르기까지 천년에 가까운 시간 동안 우리 민족의 정신적 지주가 되어 왔다. 조선시대에는 비록 유교가 국가이념의 중심이 되었지만 민중에게는 여전히 불교가 자리매김하여 마음을 기댈 수 있는 종교였다. 배불이 극심한 데다가 경제까지 어려웠던 조선시대에, 절마다 불사를 할 때 백성들이 십시일반 동참한 것을 생각하면 불교가 얼마나 뿌리 깊게 영향을 미쳤는지 알 수 있다.

    일제강점기를 거쳐 해방과 전쟁을 겪고 산업사회로 진입하면서 과거의 이념들이 조금씩 멀어지고 각종의 사상과 종교가 넘쳐나면서 여러 가지 혼돈을 경험하게 되었다. 이런 시대를 겪으며 성장한 사람들은 개인의 뚜렷한 인생목표나 철학을 갖지 못한 채 살고 있는 것이 대다수인 실정이다.

이럴 때일수록 우리에게 인생의 가치를 배울 수 있고 삶의 철학을 말해주는 스승의 존재야말로 가장 필요한 요소라고 말할 수 있다. 그러나 깊은 성찰과 함께 훌륭한 인품을 지녀 모든 사람들이 존경할 만한 사람은 그리 쉽게 발견할 수 없다. 모든 것이 물질로 판단되고 자리로 가늠되는 현시대에, 설령 그런 사람이 존재한다 하더라도 모두에게 받아들여지기는 요원한 일이다.

부처님께서 입멸하시기 전 제자 아난이 "부처님께서 입멸하신 뒤에 누구를 스승으로 삼아야 합니까?"하고 여쭙자, 부처님께서는 "계를 스승으로 삼으라."고 말씀하셨다. 부처님 당시에 가섭 존자를 비롯하여 아라한 과위를 증득하고 스승이 될 만한 훌륭한 스님들이 많았지만, 부처님께서는 구태여 계를 스승으로 삼으라고 하신 것은 큰 뜻이 있다고 생각된다. 아난 존자는 위의 질문 외에 세 가지 질문을 부처님께 여쭈었는데 모두 뒷날을 위한 것들이었다.

첫 번째 질문은 "스님네는 무엇에 의지하고 머물러야 합니까?"였는데, 이는 수행자가 어떤 자세로 살아야 하는가에 대한 질문이었다. 이에 대해 부처님께서는 사념처(四念處)에 의지하고 머물러야 한다고 말씀하셨으니, 수행자의 삶은 외적으로 의지할 곳이나 머무를 곳에 신경을 쓰기보다 본래의 목적인 수행 자체에 힘쓰라는 것을 분명히 하고 계신 것이다.

사념처란 호흡, 몸의 움직임, 신체 내부, 지수화풍(地水火風)에 따른 몸의 현상, 몸에 대한 일체 현상 등을 관찰하는 신념처(身念處), 희로애락(喜怒哀樂)과 세간 및 출세간의 모든 느낌과 안팎으로 일어나는 모든 느낌을 알아차리는 수념처(受念處), 탐욕·성냄·어리석음과 여러 가지로 일어나는 마음의 현상을 잘 알아차리는 심념처(心念處), 오온(五蘊)·십이처(十二處)·칠각지(七覺支)·사성제(四聖諦) 등 법을 잘 관찰하는 법념처(法念處)가 곧 그것이다. 부처님께서는 사념처를 의지해 머물면 성인의 과위를 얻을 수 있다고 말씀하셨는데, 과위야말로 스님들이 의지하고 머무는 곳이다.

두 번째 질문은 위에서 말한 '누구를 스승으로 삼아야 하는가'에 대한 것이다.

세 번째 질문은 "부처님께서 설하신 모든 경전의 첫 구절을 어떻게 시작해야 합니까?"라는 물음이었다. 이에 부처님께서는 경전의 첫머리를 "이렇게 나는 들었다."로 시작하라고 하셨는데, 오늘날 우리가 경전을 읽을 때마다 접하는 '여시아문(如是我聞)'이란 구절이 곧 이것이다.

율장과 경장을 결집할 때 계율은 우파리 존자가 어디서 누구에 의해 무엇 때문에 생겨났는가를 암송해내면, 모여 있던 오백의 아라한들이 검정하였다. 경전은 아난 존자가 "나는 이렇게 들었다."로 시작하여 경의 내용을 암송하면, 아라한들이 "나도 또한 이와 같이 들었다."로 동의하였다. 그러므로 율장에는 여시아문이라는 말이 없고 경전에만 있게 되었던 것이다.

네 번째 질문은 "고집이 세고 말을 듣지 않으며 대중과 화합하지 않는 스님은 어떻게 대해야 합니까?"라는 물음이었다. 부처님의 태자시절 마부였던 천타는 후에 출가하였다. 그는 늘 "내가 부처님을 말에 모시고 출가하심을 도와드렸으니 부처님은 내 부처님이고 부처님법도 내 법이다." 하며 다른 사람의 충고하는 말을 귀담아 듣지 않고 자신을 비난하지 말라고 큰소리를 쳤는데, 감히 그를 제어할 사람이 없었다. 아난 존자는 부처님이 입멸하신 후 천타가 더욱 안하무인으로 변할 것을 염려한 나머지 이와 같은 질문을 여쭈었던 것이다.

부처님께서는 이러한 스님에 대해서는 묵빈대처(默賓對處), 즉 아무런 말도 상대해 주지 말라고 하셨으니 마치 그 사람이 보이지 않는 것처럼 대하라는 말씀이다. 부처님께서 입멸하신 후 모든 스님들이 천타의 말에 반응을 보이지 않고 상대하지 않자, 결국 천타는 아난 존자를 찾아 자신의 과오를 참회하고 진정한 수행자가 되었다. 이 네 번째 조항은 천타뿐만이 아니라 오늘날에도 정법을 무시하고 대중의 화합을 깨뜨리는 사람에게 얼마든지 적용될 수 있는 것이다.

아난 존자가 질문한 이 네 가지 조항은 현대에 와서도 여전히 유효한 것이다. 첫 번째 질문은 불교가 발달한 오늘날 여러 가지 수행법이 있으므로, 각자 종지와 근기에 알맞은 법을 채택하면 된다. 세 번째는 불교의 경전마다 잘 지켜지고 있으므로 아무런 문제가 없다고 하겠다. 네 번째는 오늘날의 승가는 비교적 교육이 잘 되어 있으므로 극단적인 행위를 하는 스님은 그리 많지 않고, 수행풍토도 부처님 생존 당시와는 매우 다

불자로 산다는 것

르기 때문에 천타와 같은 스님이 머물 수 있는 환경이 아니다.

그러나 두 번째 문제인 '누구를 스승으로 할 것인가'에 대해서는 오늘날에도 큰 숙제가 아닐 수 없다. 불자에게 귀의처는 불법승 삼보가 되며 또 법과 자신을 등불로 삼으라는 가르침도 있다. 결국 부처님이 안 계신 오늘날에는 부처님께서 설하신 법이 모든 것을 우선하여 의지할 수 있는 대상인데, 그 법에 나아가기 위한 행위로서 계의 존재야말로 스승과 같은 역할을 할 수 있는 것이다.

티벳불교와 같이 자신을 가르쳐 주는 스승의 존재를 절대적으로 의지하는 경우도 있지만, 사람을 스승으로 했을 때 잘못된 견해를 전할 수 있는 위험이 있다. 또 사람 사이에는 여러 가지 이해관계가 얽히게 되고, 원망과 실망이 있게 되며, 심할 경우에는 법에 대한 믿음까지 없어지게 될 수도 있다.

계를 스승으로 할 때에는 그 누구도 특별한 권위를 누리지 못하며, 계율답게 생각하고 행동하는 것만이 존중을 받게 된다. 그리고 모든 사항은 율법에 의한 대중갈마를 통하게 되므로 원칙과 기강이 바로 서며 동일한 법 앞에서 평등하게 되는 것이다. 『승기율(僧祇律)』에 계를 지닐 때 얻어지는 이익을 다음과 같이 기록하고 있다.

"계는 위대한 뱃사공이니 능히 생사의 바다를 건네준다. 계는 시원한 못이니 온갖 번뇌를 씻어낸다. 계는 두려움을 없애는 술법이니 악하고 해로운 독을 제거한다. 계는 위없는 벗이니 험악한 길을 통과하게 한다. 계는 감로의 문이니 성자들의 근거처다. 그러므로 계를 수지하여 마음에 동요가 없고 전념하여 포기하지 않으며 바르게 계를 수지하는 것을 헐뜯지 않고, 또 나쁜 방법으로 살아가려고 하는 마음이 없으면 이를 일러 청정한 계라고 하는 것이다."

이것을 보면 '왜 계가 스승이 될 수 있는가'를 분명히 알 수 있다. 불신의 풍조가 만연하고 거짓과 위선이 앞세워질 때일수록 우리는 바른 안내자가 필요하다. 부처님께서 마련해 놓으신 계율은 바른 수행을 하고자 하는 사람에게 언제나 스승과 같은 역할을 해줄 것이다.

고령자와 장애인의 출가

고령자와 장애인도 출가할 수 있게 해야 한다는 주장이 나오고 있다. 현재 조계종에서는 출가할 수 있는 연한을 50세로 하고 있으며 장애인의 출가는 허용되지 않고 있다. 출가자가 줄어드는 현상 때문에 출가자의 연령을 폐지해야 한다는 말이 나온 것은 어제오늘의 문제가 아니다. 또 율장에 출가자의 연령제한이 없다는 것을 들어 고령자의 출가를 허용하지 않는 것은 맞지 않는다는 주장을 펴기도 한다.

장애인의 출가문제는 근래 들어 갑자기 대두된 문제이다. 장애인을 보는 시각이 옛날과 다를 뿐만 아니라 장애인이 출가하지 못하는 것은 여러 가지 형평성으로 고려할 때도 맞지 않다는 것이다. 종교는 다른 사회단체에 비해 보수적인 경향이 짙은 것이 사실이다. 오랜 역사를 가진 종교일수록 전통적인 면을 고수해 나가고 있는데, 이는 그 종교가 성립되고 발전하는 과정에서 그 사회의 영향을 받았으며 그것이 그대로 영위되어 오늘에 이르렀기 때문이다. 가톨릭 사제나 힌두교 성직자, 혹은 회교의 지도자 가운데 여성이나 장애자가 없는 것이 비슷한 사례이다.

불교는 오래된 종교이지만 나라에 따라 다르게 발전되어 왔다. 가령 출가자는 절대 결혼할 수 없지만 일본에서는 그것이 가능하며, 출가자가 정치를 할 수 없지만 티벳에서는 가능한 것이 바로 불교가 다양한 형태로 변화되어 왔다는 것을 보여주고 있는 예인 것이다. 지금 한국의 불교계에서 고령자와 장애인도 출가를 허용해야 한다는 주장이 나오는 것은 바로 이 불교의 포용력과 변화 가능한 힘 때문에 야기되는 것이다. 그러나 우선 근본을 살펴서 부처님의 뜻에 부합한가를 연구하는 것이 선행되어야 한다. 왜냐면 불교는 부처님말씀을 근간으로 하여 실천하는 종교이므로, 설령 주장하는 바가 현대에 알맞은 논리더라도 불교의 본래 목적과 어긋나게 되면 가치가 없기 때문이다.

고령자의 출가는 이미 부처님시대에 있었고 근대까지 출가가 가능하였다. 여러 다른 불교종파에서는 나이의 고하를 따지지 않고 출가를 허용하지만, 조계종에서는 종법으로 50세 이상의 출가를 금하고 있다. 출가자의 연령폐지를 율장에 의거하여 주장하기도 하는데 이는 율장을 잘 모르고 하는 것이다. 율장에서는 고령자의 출가를 허락하고 있으나,

불자로 산다는 것

그 조건이 다른 대중을 번거롭게 하지 않을 정도로 몸의 운신이 가능하고 스스로 대중생활을 감내할 수 있어야 하는 것으로 한정되어 있다. 다시 말해 고령자라도 타인의 도움을 받지 않고 수행생활을 해 나갈 수 있는 건강한 사람이라야 출가가 가능하다는 뜻이다.

이와 비슷한 것으로 너무 어려도 출가할 수 없는데 7살쯤 되어 까마귀라도 쫓을 수 있을 정도가 되어야 출가를 허락하니 이것 역시 대중에 살면서 자신의 몫을 해야 한다는 의미가 있다. 또한 고질병이나 전염병 등 평생 타인에게 영향을 줄 수 있는 지병이 있는 경우에 출가가 허락되지 않는다. 이것도 바로 대중생활과 수행생활을 원활하게 할 수 없는 것에 초점이 맞추어져 있음을 알 수 있다.

부처님 당시에는 몇몇의 수행법과 경구를 외우면서 평생을 수행하였지만, 2,500여 년이 지난 지금은 수많은 경전과 불교에 관련된 많은 자료를 공부해야 하기 때문에 고령자로서는 이것을 감당하기 어렵다. 또 어떤 경우는 단지 노후의 생활을 위해 출가하는 자도 있어 그 수가 많아지면 승단의 질적 저하와 교단이 양로원화 되는 것은 능히 짐작할 수 있는 일이다. 그러므로 출가는 연령의 문제가 아니라, 수학과 수행을 감내할 수 있으며 건강이 어떠한가에 따라 결정되어져야 한다.

장애자의 출가는 본래 율장에 허락되지 않는다. 뿐만 아니라 간질, 당뇨, 옴병 등 평생의 지병이 있는 사람도 출가가 허락되지 않는다. 이는 부처님께서 당시 사람들의 비난을 피하고 또 유행과 같은 고행을 견딜 수 없기 때문에 허락하지 않으신 것이다. 구족계를 받기 전에 고질병과 몸의 형상을 살피는 갈마를 하는 것도 이러한 부처님의 뜻에 따라 정해진 제도이다. 신병이 있어 출가를 금하는 제도는 부처님의 주치의였던 기바가 부처님께 청하여 정해졌다. 당시에 몸에 병이 있는 사람들이 병을 치료하기 위해 출가하는 것을 방지하기 위한 것이며, 고자나 양성 등 성기에 이상이 있는 사람들과 몸에 장애가 있는 사람들은 거사들이 모두 싫어하고 비방하기 때문에 출가를 금하게 된 것이다.

율장에는 수행할 수 없을 만큼의 장애뿐만 아니라, 정상인과 비교하여 조금만 달라도 출가를 하지 못하도록 하는 대목이 있다. 예컨대 몸에 얼룩이 있거나 좌우의 어깨가 기울었거나 이가 드러난 경우에 출가할 수가 없다. 심지어 몸에 머리카락과 털이 없어도 출가할 수 없다. 튀어나온 눈, 크게 찢어진 눈, 붉거나 푸르거나 누런색의 눈을 가진 사람이거나, 머리 모양이 이상하게 생기는 등 온갖 모습으로 대중을 욕먹게 하는 문제를 가지고 있는 사람들의 출가를 금하고 있다.

장애인의 출가를 주장하는 사람이 어느 선의 장애까지를 뜻하는 것인지 알 수 없지만, 손발이 없거나 듣거나 말할 수 없는 장애처럼 대중생활을 영위할 수 없다면 출가는 할 수 없는 것이다. 장애인 가운데 설령 특정한 능력이 뛰어난 사람이 있다 하더라도 출가인으로서 기본을 할 수 없다면 출가는 불가능하다고 보아야 한다. 출가생활에서 개인적인 수행도 중요하지만 무엇보다 우선하는 것은 공동체생활이다.

그러므로 부처님께서는 유행과 안거시에도 항상 설계포살을 해야 할 것과 여러 가지 갈마를 하는 것으로 비구의 의무로 삼으신 것이다. 이 때문에 '불편한 몸으로도 개인적으로 수행할 수 있는데 출가가 왜 안 되느냐'고 묻는 것은 승가의 본질을 망각한 질문이라 할 수 있다. 신을 귀의의 대상으로 하는 다른 종교와 달리 수행자를 귀의 대상으로 삼는 불교는 신중하게 출가자를 엄선해야 할 필요가 있다. '삼보의 일원으로서 불자들의 예배를 받는 존재가 어떤 사람이면 좋겠느냐'는 물음을 자신에게도 물어볼 필요가 있다.

대다수의 사람들이 원하는 그러한 스님의 모습이 바로 부처님께서 원하셨던 승가의 모습이다. 고령자나 장애인이 정말로 불법을 좋아하고 수행하려고 한다면 굳이 출가의 길을 걷지 않아도 된다. 불교의 가르침에는 출가하지 않고도 얼마든지 공부하고 보살행을 하는 길이 열려 있기 때문에, 부처님께서 허락지 않은 것을 억지로 강행할 필요가 없는 것이다.

출가자가 줄어 절을 지킬 사람이 없다는 걱정으로 편법을 주장해서는 안 된다. 출가자는 절을 지키기 위한 사람들이 아니고 수행하며 정법을 지켜나가야 할 사명이 있는 사람들이다. 절을 운영하고 스님들을 공양하는 것은 바로 재가신도에게 주어진 몫이다.

사람들의 선근이 무르익고 모든 것을 평등하게 볼 수 있을 만큼 성숙해졌을 때 승가는 이러한 문제에 대해 갈마할 수 있을 것이다. 갈마가 부처님법대로 이루어지지 않는 지금 현실에서 부처님께서도 허락하지 않은 부분까지 손댈 필요는 없는 것이다. 그런 것보다는 스님들의 수행과 계행이 바로 서고 불자들의 승가에 대한 의식이 바로 되는 것이야말로 지금 우리가 추구해 나가야 할 과제인 것이다.

불자로 산다는 것

ⓒ 도일, 2015

2015년 5월 28일 초판 1쇄 발행
2018년 5월 31일 초판 3쇄 발행

지은이 도일
발행인 박상근(至弘) • 편집인 류지호 • 상무 이영철
책임편집 양동민 • 편집 김선경, 이상근, 주성원, 김재호, 김소영
디자인 koodamm • 제작 김명환 • 마케팅 허성국, 김대현, 최창호, 양민호 • 관리 윤정안

펴낸 곳 불광출판사 (03150) 서울시 종로구 우정국로 45-13, 3층
　　　　대표전화 02) 420-3200 편집부 02) 420-3300 팩시밀리 02) 420-3400
　　　　출판등록 제300-2009-130호(1979. 10. 10.)

ISBN 978-89-7479-263-3 (03220)

값 14,000원

이 도서의 국립중앙도서관 출판예정도서목록(CIP)은
서지정보유통지원시스템 홈페이지(http://seoji.nl.go.kr)와
국가자료공동목록시스템(http://www.nl.go.kr/kolisnet)에서 이용하실 수 있습니다.
(CIP제어번호: CIP2015013661)

잘못된 책은 구입하신 서점에서 바꾸어 드립니다.
독자의 의견을 기다립니다. www.bulkwang.co.kr
불광출판사는 (주)불광미디어의 단행본 브랜드입니다.